TERESA DE ÁVILA

UNA VIDA DE ORACIÓN

EDITORIAL PATMOS

EDITADO POR

JAMES M. HOUSTON

Una vida de oración

Publicado por Editorial Patmos, Miami, FL 33169, E.U.A.

Publicado originalmente en inglés por Victor Books, una division de David C. Cook, 4050 Lee Vance View, Colorado Springs, CO 80918, con el título *Life of Prayer*.

Traducido por Silvia Cudich
Adaptación de portada por Wagner Leonardo Francia

ISBN 13: 978-1-58802-436-7

Categoría: Vida Cristiana/Oración

Impreso en Brasil
Printed in Brazil

PRÓLOGO

La falta de oración como forma de vida entre cristianos hace que esta antología de los escritos de Teresa sea oportuna. Pero tengo la esperanza de que la intensidad de la vida de oración de Teresa, con sus experiencias místicas de locuciones y visiones, y la firmeza de su deseo por Dios no parezca demasiado para el cristiano común.

Mi madre, una misionera protestante en España, fue apedreada en las afueras de un pueblo cercano a Ávila, el lugar donde vivió Teresa. Con esa experiencia como niño, nunca pensé que llegaría a admirar la devoción de esta mujer católica. Sin embargo, cuanto más trato de entender el espíritu de Teresa, tanto más siento la profundidad de devoción en su fervor por Dios, en su deseo de ser como Cristo y en su realismo práctico como la fundadora de diecisiete conventos.

A través de la distancia de cuatro siglos y los prejuicios de las diferencias religiosas, Teresa llega a todos nosotros. Nos llena con el aliento de la oración y nos desafía a enriquecer nuestra vida interior más plenamente con la presencia de Cristo. En 1897, el Dr. Alexander Whyte escribió una antología de algunas de las obras de Teresa.

> El mejor y mayor talento que Dios le da a un hombre o mujer en este mundo es el talento de la oración. Esto fue lo que me atrajo inicialmente a Teresa. Fue su singular

originalidad en la oración y su completo cautiverio a ella. Fue el tiempo que pasaba en oración y el refugio y la paz y la santificación y el poder de llevar adelante una obra difícil y no correspondida que ella, toda su vida, encontró en la oración. Fue su fidelidad y su absoluta renuncia de sí a este primer y último de todos sus deberes religiosos, hasta que se convirtió más en un deleite y, verdaderamente, más en una complacencia que en un deber. Con Teresa era la oración primero, y la oración al final, y siempre la oración. Con Teresa, literalmente todo se santificaba, y endulzaba y daba fruto mediante la oración.[1]

LOS ESCRITOS DE TERESA

Si se desatiende mucho la oración hoy día, en la época de Teresa había caído bajo sospecha. En 1525, la Inquisición condenó unas cuarenta y ocho propuestas de los *alumbrados* (aquellos que buscaban experiencias místicas mediante la inspiración interior). El temor a la posesión demoníaca era otra preocupación de la época.

Por consiguiente, la sociedad de España en aquellos días no era favorable para las mujeres como Teresa, ni para cualquiera que tuviera experiencias místicas de oración. Bajo esas circunstancias, ella tomó la sensata decisión de buscar asesores espirituales y estar dispuesta a describir todo el estado de su alma. Lo hizo en diversos documentos que fueron luego publicados.

Primero, Teresa compuso varias *Relaciones espirituales* para la información de sus confesores. Luego, en 1562, ante el pedido del Padre García de Toledo, ella se embarcó en un relato completo de su *Vida*. Correctamente hablando, no es una autobiografía, como tampoco lo son las *Confesiones* de San Agustín o *Gracia abundante* de Bunyan. Más bien, es una apología para el crecimiento de su vida espiritual. Ella misma negó que fuera la historia de su vida, prefiriendo llamarla *Las misericordias de Dios*.

Cuando otro de sus consejeros, Domingo Báñez, se niega a permitir que sus monjas lean La vida, ellas le imploran que escriba algunas direcciones simples sobre la oración vocal. El camino de perfección (1566) fue su respuesta a escribir "algunas cosas sobre la oración". Tres años más tarde, ella revisa su obra. En ella, acentúa que la oración incesante es la verdadera vida del cristiano porque Cristo está presente con el cristiano todo el tiempo.

Teresa había también escrito sus *Meditaciones sobre los Cantares*, posiblemente en 1566; la revisó en 1572-75. Esto fue algo osado, teniendo en cuenta el encarcelamiento de Fray Luis de León en 1572-77 por traducir los Cantares a la lengua vernácula. Por cierto, Teresa no tenía conocimiento alguno del latín, de modo que su acceso a las Escrituras obedecía únicamente a su comprensión de las referencias bíblicas en el breviario (un libro que contiene oraciones, himnos, etc., que los clérigos católicos aprendían de memoria) y otros libros.

En 1577, el padre Gracián le pide también a Teresa que escriba otro libro sobre la vida espiritual, ya que la Inquisición se había apoderado de su vida. Ella tenía sesenta y dos años y, habiendo tenido cinco años para contemplar la vida de unión con Dios, Teresa escribe *El castillo interior* en unos pocos meses. Se trata posiblemente de su obra maestra espiritual sobre la vida de oración. Como lo muestran algunas de sus cartas, fue un año difícil para ella, repleto de persecuciones y calumnias. Sin embargo, fue también un año de riquezas espirituales.

En 1582, Teresa escribe las *Máximas* o "Advertencias a sus monjas"; éstas se publicaron con *El camino de perfección*. Después de su fallecimiento, Fray Luis de León editó sus *Meditaciones* o "Exclamaciones del alma a Dios" en 1588. Ellas revelan algunos de los sentimientos religiosos más íntimos de Teresa. *El libro de las fundaciones* comenzó como un diario de los comienzos de cada una de sus casas. Lo comenzó a escribir en 1576 y lo completó en 1582. Se publicó en 1610.

Las otras obras menores que no están incluidas en esta antología son: las *Constituciones dadas a sus monjas* de 1568, el *Juicio y Modo de visitar los conventos para las carmelitas descalzas*. Ella escribió varios poemas e himnos, algunos intercalados en su correspondencia y otros manuscritos. Allison Peers ha recopilado treinta y uno de ellos. Se han recogido unas 441 cartas escritas por ella y se las ha editado junto con otros veintisiete fragmentos. Este material está fechado entre 1546 y 1582.[2]

LAS IMÁGENES DE LAS OBRAS DE TERESA

Teresa ha tenido un increíble impacto en muchos cristianos desde su época. El fervor y la sumisión de su amor por Dios son profundos. Pero sus imágenes son también reales y vivas. Fray Luis de León, en su edición de los escritos de Teresa en 1588, dice: "Nunca la conocí ni vi a la Madre Teresa mientras que ella vivía en la tierra… pero ahora que vive en el Cielo, la conozco y la veo casi continuamente en las dos imágenes vivas de ella que nos dejó en sus hijas y sus libros."

Aparte quizás de Cervantes, no existe ningún escritor en el mundo de habla hispana más conocido que ella. Los eruditos y los simples lectores están encantados con ella, no porque sea instruida, ya que no lo es. Ni tampoco están impresionados los lectores simplemente por su devoción, a pesar de que ella inspira a todos con su profunda experiencia de vida y la experiencia de la oración. La gente está admirada porque ella es simplemente ella, en un olvido inconsciente de sí. Y es también práctica: ¡tan práctica! Tersa, vigorosa, viva, ella nos habla en vívidas metáforas que iluminan, de manera delicada y sencilla, el camino del espíritu.

Las imágenes literarias nos pueden afectar profundamente. Son el lenguaje del alma. La primera de las imágenes de Teresa es el viaje o peregrinación del alma. Tiene infinitas posibilidades, porque es el viaje a Dios unido a la experiencia de estar cerca de Él. Es un trayecto compuesto por una serie de transformaciones, porque el propósito de Dios para el hombre es que, mediante la creación, el hombre lleve su imagen y, mediante la redención, que el hombre se transforme a la imagen de su Hijo. Las imágenes de Teresa exploran estos propósitos de las Escrituras. Por consiguiente, son esencialmente alusiones bíblicas. Intrínsecamente son también imágenes humanas.

La imagen dominante que ella retrata es la de un castillo. Es una imagen de la integridad del alma. Es el lugar de las experiencias de la persona entera con Dios en su presencia interior, siendo Dios el Rey de reyes a quien Teresa cariñosamente llama "Su Majestad". Ella nos dice que esta imagen le vino en un instante, como "una esfera muy hermosa de cristal". Esto indica cuán preciosa es cada persona en particular delante de Dios que mora en ella. En lugar de la estrechez del alma solitaria sin Dios, Teresa ve la infinita inmensidad de la experiencia sola de la presencia de Dios dentro de la vida interior. Porque es la presencia de Dios dentro del alma del hombre lo que le da semejante amplitud y deleite. Qué contrastante es el *Castillo* de Kafka con la temerosa ausencia de su propietario, que describe no sólo la ausencia del padre terrenal del novelista, sino también su alejamiento de Dios.

Éste es, quizás, el centro de la revelación bíblica sobre el hombre. Porque él fue creado para adorar a Dios. La adoración, entonces, no es más que el espíritu de lealtad del hombre con Dios como "Su Majestad".

De la misma manera, el propósito de toda peregrinación es volver al hogar donde tenemos que vivir: o sea, Dios. Esto lo entiende Teresa como nada menos que la unión con Dios. Cada etapa del viaje tiene sus propias estipulaciones que, si no las satisfacemos, no nos permiten avanzar más.

Por empezar, Teresa ve desde las primeras Moradas a las terceras, que el alma es el domicilio de Su Majestad. Esto nos exige adoptar los modales y el protocolo de la corte: o sea, una vida piadosa. De modo que los animales inmundos, víboras y otros reptiles del pecado y la pasión tienen que ser, donde sea posible, erradicados. En las últimas cuatro Moradas, la cercanía de Su Majestad es más íntima todavía. Uno se traslada de su presencia cercana a su amistad, su enlace y, a la larga, unión con Él.

El agua es otra de las imágenes de Teresa. Su escasez en las áridas estepas de Castilla y las prácticas de riego que había heredado España de los moros le resultaban familiares. Además, el agua es una imagen primordial de vida utilizada con frecuencia en las Escrituras. Teresa piensa en ella como una imagen de toda la vida y dice: "Yo no hallo cosa más apropiada para explicar semejantes experiencias espirituales que esto del agua" (*Castillo interior*, IV, 2, 2).

En particular, el agua para Teresa equivale a las diferentes clases de oración, las verdaderas fuentes de vitalidad espiritual, que se experimentan en la vida del cristiano. Primero, ella vincula el agua que se saca del pozo con cubos al ejercicio de la meditación activa. Ésta es también la experiencia de Dios en las primeras tres Moradas.

La segunda experiencia de oración la asocia con la metáfora de un acueducto o canal que toma el agua de un manantial o fuente. Teresa asocia esto con la oración que se concentra por completo en la presencia de Dios. Esto produce una gran alegría y paz personal que no son el resultado de ningún esfuerzo humano. Es lo que ella experimenta desde las cuartas a las sextas Moradas.

Luego habla de la frescura de las lluvias que saturan la tierra como la máxima unión que tiene el alma con Dios. Eso se experimenta en las séptimas Moradas.

De esta manera Teresa fusiona las tres series de imágenes: el viaje, el *Castillo interior* y el agua en el jardín. Sin embargo, a diferencia de la psicología secular que trata de conocer mediante el autoconocimiento, Teresa admite: "En mi opinión, nunca nos conoceremos completamente a nosotros mismos si no nos esforzamos por conocer a Dios" (*Castillo interior*, I, 2, 8).

La otra imagen deliciosa que nos da es la de una mariposa. Representa la vida fresca aunque frágil que aparece tan bellamente cuando el alma pasa de la oscuridad de su capullo egocéntrico a la luz del amor y la unión con Dios. El liberarse a uno mismo para tener una relación con Dios requiere transformación; es la presencia de Dios lo que puede darnos la liberación y transformación subsiguientes. La oración es el secreto de todo. El capullo es el yo apartado; la separación de Dios por el pecado. La lucha del alma por liberarse es la historia completa de las séptimas Moradas. Teresa relata sus luchas de manera vívida. Son luchas en sus sufrimientos agravadas por la pecaminosidad, pero también por el deseo por Dios. "¡Qué pruebas interiores y exteriores padece el alma hasta que entra en la séptima morada!" (*Castillo interior*, VI, 1, 1).

Tales imágenes de Teresa tienen el propósito de brindar aliento y guía para vivir una vida centrada en la oración. Ella nos recuerda que existe una cuarta dimensión de nuestra existencia que está más allá de las esferas de lo empírico y científico, más allá de lo estético y más allá aún de lo personal. Esta cuarta dimensión es la esfera de la oración y unión con Dios. Es el ámbito de la adoración delante de Su Majestad.

En la recopilación de esta antología, he consultado varias otras antologías, especialmente aquellas de Alexander Whyte[3] y Pierre Serouet[4]. Utilicé también varios comentarios, tales como los de Ruth Burrows[5] y Trueman Dicken[6] y las biografías de Stephen Clissold[7], Mary Terese Donze[8] y Allison Peers.[9]

Quizás se haya puesto demasiado énfasis tradicionalmente en las categorías y etapas de oración que describe Teresa. Ella misma creía que no todos experimentarían lo mismo que ella, de modo que creo que su énfasis yace más bien en la relación del individuo con Dios en Cristo y no en aceptar sus direcciones para repetir todo lo que ella había experimentado. Por consiguiente, he organizado los materiales según reflejan los diversos aspectos de oración en esta mujer extraordinaria. El resumen del *Castillo interior*, la síntesis redactada con mayor precisión de todas sus obras, ha sido también la más difícil de abreviar. Animo a los lectores a que lean el texto completo de este clásico en otras publicaciones.

El texto se basa en una revisión de las siguientes fuentes básicas:

Dalton, John. *The Way of Perfection* (que incluye *Conceptions of Divine Love, Letters, Maxims*). London: C. Dolman, 1852.

Dalton. *The Interior Castle* (y *Letters*). London: Catholic Publishing and Bookselling House, 1859.

Lewis, David. *The Life of St. Teresa of Avila* (que incluye *Relations or Manifestations of Her Spiritual State*). London: Thomas Baker, 1854.

Estoy también agradecido por haber podido consultar traducciones modernas como las de Allison Peers[10] y Kieran Kavanaugh y Otilio Rodríguez.[11]

Le estamos agradecidos al Dr. Clayton Berg por su ensayo de introducción sobre Teresa de Ávila. Este estadista misionero de una de las misiones protestantes más grandes de Latinoamérica expresa su profundo respeto por la vida de oración de Teresa con el ecumenismo de devoción que engendra la verdadera oración. Le estoy sumamente agradecido a la Srta. Cheryl Bjorklund por escribir a máquina el manuscrito, y al Sr. Craig Gay por su ayuda de investigación.

James M. Houston

NOTAS

l. Alexander Whyte, *Saint Teresa, an Appreciation* (London: Oliphant, Anderson, & Ferrier, 1897), 18-19.

2. Efren de la Madre de Dios & Otger Steggink, *Santa Teresa de Jesus, Obras Completas* (Madrid: Biblioteca Autores Cristianos, 1974), 667-1126.

3. Whyte, *Saint Teresa, an Appreciation.*

4. Pierre Serouet, *Sainte Terese d'Avila* (Amour et Priere: París, Editions du cerf, 1965).

5. Ruth Burrows, *Fire Upon the Earth: The Interior Castle Explained.* (Denville, NJ: Dimension Books, 1981).

6. Trueman Dicken, *The Crucible of Love* (New York: Sheed & Ward, 1963).

7. Stephen Clissold, *Saint Teresa of Avila* (London: Sheldon Press, 1979).

8. Mary Terese Donze, *Teresa of Avila* (New York: Paulist Press, 1982).

9. E. Allison Peers, *Mother of Carmel* (Wilson, CT: Morehouse-Barlow, Co., 1944).

10. Peers, *The Complete Works of Saint Teresa of Jesus*, 3 vols. (London: Sheed & Ward, 1946).

11. Kieran Kavanaugh & Otilio Rodríguez, St. Teresa of Avila, 2 vols. (Washington, D.C.: Institute of Carmelite Studies, 1976, 1980).

INTRODUCCIÓN

Era a finales de los años cincuenta. Yo era un joven misionero que recién acababa de terminar mis estudios del idioma español y servía como pastor en una zona rural, fanáticamente católica romana aún, en las hermosas montañas de Costa Rica. Recién comenzaba además a enseñar en el Seminario Bíblico Latino Americano en la ciudad capital de San José.

Como misionero existían, por supuesto, las dificultades idiomáticas comunes. Y existía la necesidad urgente de comprender lo más completamente posible e identificarme con la gente con la que serviría durante los próximos trece años. En medio de estos conflictos transculturales, también descubrimos los problemas más generales de establecer una identidad propia y promover un crecimiento espiritual. Se deseaba un crecimiento espiritual especialmente con referencia a la oración.

En esa época, un colega misionero me hizo conocer los escritos de los "místicos españoles" del siglo dieciséis. (Aparte de Teresa de Ávila, una lista parcial de místicos españoles incluía a San Ignacio de Loyola, Luis de Granada, Francisco de Osuna, San Juan de la Cruz, Luis de León y Juan de los Ángeles.) Las lecturas generales me ayudaron a comprender la "mentalidad española" y su cultura religiosa característica. Las obras de San Juan de la Cruz me resultaron particularmente útiles.

Pero los escritos de Teresa de Ávila incitaron mi deseo de entender lo que significa la verdadera espiritualidad y oración en la práctica. Se sembraron semillas de nuevos conceptos. A pesar de que me gustaría decir que estos conceptos se transformaron de inmediato en patrones nuevos en mi experiencia, debo confesar con toda honestidad que apenas arañé la superficie. Sin embargo, viajes subsiguientes a España y mis estudios recientes de sus escritos, como así también obras sobre su vida y ministerio, me han suscitado un aprecio aún mayor de Teresa de Ávila.

Además, este estudio ha traído como resultado una dedicación más profunda a mi Señor.

Pero, ¿quién era esta Teresa de España? ¿De dónde venía?

El 4 de octubre de 1982 marca el aniversario de los cuatrocientos años desde la muerte de Teresa Sánchez de Cepeda y Ahumada, la mujer comúnmente conocida como Teresa de Ávila. Cuarenta años después de su muerte (1622), Teresa fue canonizada por el Papa Gregorio XV.

En 1972, el Papa Pablo VI nombra a Teresa de Ávila y Catalina de Siena "doctoras de la iglesia". Fueron las primeras mujeres en unirse a ese grupo selecto. Por fin, el 1° de noviembre de 1982, en Ávila, España, el Papa Juan Pablo II le rinde homenaje a Teresa de Ávila ante la presencia de doscientos mil españoles entusiastas. Él afirma que la vida de pobreza y meditación de la mística del siglo dieciséis era un ejemplo para las mujeres cristianas de todo el mundo.

VIDA Y CONTEXTO DE TERESA DE ÁVILA

Santa Teresa de Jesús (como también se la conocía) nació en 1515 en una familia española prominente y prestigiosa. Tenía seis hermanos, todos ellos soldados. Su madre falleció cuando ella era aún bastante pequeña.

De niña, Teresa leía incesantemente, primero la vida de los santos y luego libros de caballería. Aparentemente, Teresa era una niña encantadora y atractiva. El matrimonio y una vida cómoda podrían haber sido su suerte, pero ella no fue guiada hacia ellos. Después del fallecimiento de su madre y el casamiento de su hermanastra mayor, su padre la envía a un internado cuando tiene dieciséis años. Permanece allí dieciocho meses. Allison Peers lo resume de la siguiente manera: "Cuando niña, a Teresa la conmovían las esperanzas del cielo; como adolescente, la influían los pensamientos y temor al infierno. Sin embargo, en su vida de adulta (muchos años después), nadie la supera debido a su completa abnegación" (*Mother of Carmel*, pág. 6).

El lugar de su nacimiento y donde pasa sus primeros años de servicio es Ávila, que se erige solitaria en la meseta de Castilla. Sus sombrías murallas medievales reflejan su nombre: "Ávila de los Caballeros." Durante varios siglos hasta la Reconquista de 1492, Ávila era el puesto central en la gran lucha de los cristianos contra los moros.

El reconocimiento de este telón de fondo militar es importante para entender, al menos en parte, la característica casi masculina de su ministerio. Incluso sus versos sobre la iglesia de Dios eran a menudo reflexiones de temas marciales, tales como los siguientes:

> *Todos los que pelean con nuestro Señor,*
> *Y junto a su bandera se plantan,*
> *No duerman, no duerman hasta que no sea de noche:*
> *No hay paz en toda la tierra.*
> Poemas, *XXIX (III, 309)*

Durante los últimos años de su adolescencia, la salud de Teresa dejaba mucho que desear. Pero fue también en este período crucial de su vida cuando ella descubre su vocación religiosa. En 1536, deja su hogar para convertirse en una novicia en el Convento de la Encarnación y, unos meses más tarde, toma los hábitos como monja carmelita.

La Orden de los Carmelitas afirmaba descender de Elías y los "hijos de los profetas", así como de los primeros ermitaños cristianos que vivían una vida de austeridad en las montañas sagradas. En el siglo quince se añadieron frailes y hermanas carmelitas a la Orden. Durante la época de Teresa, la Orden vivía bajo la "Regla mitigada" o arduos rigores, aun cuando su falta de coherencia la condujo a importantes reformas.

Esos primeros años fueron marcados por la grave enfermedad de Teresa, incluyendo su parálisis. Sin embargo, en 1542, ella se recuperó y atribuyó su cura a la intercesión de San José.

Al poco tiempo, Teresa comenzó a enfriarse, y abandonó la práctica de la "oración mental". Esos años de falta de vida espiritual están señalados en la confesión de Teresa: "A menudo, a lo largo de algunos años, estaba más preocupada por mi deseo de que se acabase mi hora de oración, y por escuchar las campanadas del reloj, que en pensar en cosas buenas. Muchas veces hubiera preferido acometer alguna penitencia grave que me hubieran puesto delante que recogerme para la oración... Cuando entraba al oratorio... tenía que armarme de valentía para obligarme a orar. (*Vida*, VIII [I, 51])

En 1955, vinieron los Jesuitas a Ávila y Teresa se confesaba con el Padre Juan de Padranos. Justo antes de esto, ella tuvo una visión del Cristo herido, la cual describe en su *Vida* (capítulo IX, 1), que le cambió la vida. Éste fue el comienzo de la vida mística de Teresa. Representa además el comienzo de la oposición por parte de sus confesores y otros amigos que la declaran poseída.

Después de experimentar varias locuciones y buscar la dirección de Dios para que la guiara por "otro camino" o "le mostrara la veracidad de esto", ella experimentó una visión conocida como "Desposorios místicos" (*Vida*, capítulos XXVII, XXVIII).

Ésta, su "segunda conversión", llevó a Teresa a buscar la soledad para tener vívida conciencia del estado laxo del Convento de la Encarnación donde ella había pasado los primeros veinte años de su vida religiosa. Cundía la mundanalidad. Se dio cuenta de que estaba totalmente insatisfecha con el estado de las cosas.

En 1562, Dios la inspiró a fundar el Convento de San José y las otras fundaciones o conventos. La mayor parte de lo que restaba de su ministerio estuvo dedicada a esta gran empresa. Las otras dieciséis fundaciones con los años de su fundación incluyen: Medina del Campo (1567), Malagón (1568), Valladolid (1568),

Toledo (1569), Pastrana (1569), Salamanca (1570), Alba de Tormes (1571), Segovia (1574), Beas (1574), Sevilla (1575), Caravaca (1576), Villanueva (1580), Palencia (1580), Soria (1581), Granada (1582) y Burgos (1582). En 1571, Teresa acepta a regañadientes el nombramiento como Madre Superiora en su antiguo convento, la Encarnación, donde sirve durante tres años.

En este breve relato, debemos hacer mención de dos puntos importantes de oposición y conflicto que confrontaron a Teresa en su ministerio. El primero tiene que ver con la Inquisición.

A principios de 1567, el Prior General de la Orden de los Carmelitas visitó Ávila y aprobó la reforma iniciada y mantenida por Teresa. Sin embargo, en 1574, ciertas monjas dejaron el convento de Pastrana a causa de las dificultades ocasionadas por la fastidiosa Princesa de Éboli. Luego, la Princesa denunció la Vida de Teresa a la Inquisición. Siguieron más dificultades cuando una novicia ofendida presentó cargos a la Inquisición en contra de ella. El Prior General desaprobó luego la Reforma y le ordenó a Teresa regresar del sur a Castilla. Más adelante, las fuerzas de la Inquisición le restauraron su buen nombre.

La otra controversia tuvo que ver con la disputa entre las Carmelitas Calzadas y Descalzas que alcanzó su punto culminante en 1578 dentro de la Orden de los Carmelitas. Teresa lideró la facción Descalza para practicar la Regla estricta de la Orden en todos sus antiguos rigores, celo y pobreza. Aun cuando ella y el Padre Gracián habían caído en la desgracia, un poco más adelante le permiten a Teresa reanudar sus viajes.

Como mujer de su época, Teresa de Ávila siguió un camino muy diferente de muchas maneras al que seguimos hoy día. Sin embargo, la vitalidad de su fe en Cristo y la increíble importancia de su vida y obra son eternas; ellas hablan muy claramente en un lenguaje que podemos, y deberíamos, entender.

LAS OBRAS DE TERESA DE ÁVILA Y SU IMPORTANCIA

Teresa nació en una época apasionante de España. El siglo dieciséis en España era la época de oro de su historia. Se vanagloriaba de personajes tales como Miguel de Cervantes, El Greco, Lope de Vega e Ignacio de Loyola.

Veintitrés años antes del nacimiento de Teresa, Cristóbal Colón descubre América y la reclama para el rey Felipe II de España y la Iglesia Católica Romana. Unos años más tarde, vino la Reforma. Las riquezas del Nuevo Mundo y la reacción de Teresa a las supuestas herejías de los luteranos les dan forma a algunos de sus escritos más tardíos. Teresa vivió en el ambiente de la contrarreforma y, de hecho, formó parte de ella.

A pesar de su falta de profunda educación formal, Teresa nos ha dejado una literatura vigorosa, apasionada y brillante. Ella tiene un estilo natural de excepcional mérito que es muy humano. Algunos han dicho que ninguna literatura de autor español es tan ampliamente conocida en España, salvo el Don Quijote de Cervantes.

La lista de sus obras en orden cronológico incluye: el *Libro de la vida* (su autobiografía); la *Constitución*, el *Camino de perfección*; los *Conceptos del amor de Dios*; las *Exclamaciones*; las *Fundaciones* (sobre las reformas); el *Castillo interior*; las *Relaciones*; los *Conceptos*; algunas obras menores: poemas, himnos y otros versos y numerosas cartas.

LA ORACIÓN Y TERESA DE ÁVILA

La mayoría de nosotros estaríamos de acuerdo con estas palabras de Jacques Ellul, aun cuando aludan a nosotros:

> El hombre de nuestra época no sabe cómo orar; pero mucho más que eso, no tiene ni el deseo ni la necesidad de hacerlo. No encuentra la fuente profunda de oración

dentro de sí mismo. Estoy familiarizado con este hombre. Lo conozco bien. Soy yo mismo. (*Prayer and Modern Man*, pág. vi)

Vivimos en una época que se opone a la meditación, la contemplación y la oración. Los valores culturales de nuestra sociedad han permeado excesivamente la adoración, vida y servicio de la iglesia. En gran medida, todos nos enfrentamos a una mentalidad que se caracteriza por el síndrome del éxito, el funcionalismo pragmático (si funciona es bueno), el mito de la realización de nuestros más íntimos deseos, el materialismo, una fragmentación e impersonalidad de vida, una búsqueda frenética del placer y la tiranía de relojes, horarios, computadoras, viajes en avión y teléfonos.

Unido a este espíritu de la época existe una marcada confusión entre muchos cristianos con relación al gran marco de la gracia de Dios en nuestra espiritualidad y vida de oración. Uno de los grandes problemas que tenemos es nuestra incapacidad de reconocer que nuestro Dios y Padre celestial está esperando, listo y dispuesto a ayudarnos en nuestras plegarias. Con demasiada frecuencia dejamos de confiar en Dios y no nos damos cuenta del poder de su Espíritu en y entre nosotros.

La vida y los escritos de Teresa de Ávila nos pueden ayudar mucho en esta vital dimensión de oración de vida. Sus pensamientos y ejemplo son verdaderamente importantes para la iglesia de Cristo cuatro siglos más tarde.

1. La oración de vida es fe

La oración de vida para Teresa comienza siempre y primero con Dios. Sin duda, la realidad más importante para ella en toda su experiencia era que su vida estaba oculta con Cristo en Dios.

Por tanto, su énfasis constante y sistemático no consiste tanto en lo que uno hace. En cambio, su énfasis consiste en "sólo mirarlo a Él". Y así, en su *Camino de perfección*, el lector recibe la impresión de que, en cada centímetro del camino, lo guía alguien que nunca se apartó de la fe en la gracia de Dios y en la dependencia del viajero de ese Padre de gracia.

Existe una necesidad constante del compromiso llamado confianza y la capacidad de creer en nuestra completa aceptación en Cristo. Nos acercamos con las manos vacías y, por consiguiente, estamos libres para darnos por entero a Dios.

La oración para Teresa es mucho más que "decir nuestras plegarias". Es Dios que se entrega y nosotros que lo recibimos. Por tanto, cuando estamos buscando, con seriedad y constancia, la voluntad de Dios, con una actitud de fe y un acto de confianza y dedicación, no tardaremos en ser bendecidos por su toque de vida. Ésta es la realidad vital que impregna su vida y sus escritos.

Ruth Burrows lo expresa de esta manera: "La venida del Reino al corazón individual, el gran sismo, el derrocamiento del orden de este mundo en el evento Pascual es de lo que trata la enseñanza de Teresa" (*Fire Upon the Earth*, pág. 4).

Una serie de hermosas afirmaciones preservan el simple pero heroico credo de Teresa en una canción delicada:

No permitas que nada te perturbe, que nada te atemorice.
Todo pasa;
Dios no cambia jamás.
La paciencia lo alcanza todo.
Al que tiene a Dios nada le falta.
Dios solo alcanza.

Teresa nos llama con gran urgencia a tener comunión con Dios: "Las almas sin oración son como personas cuyos cuerpos y miembros están paralizados: tienen pies y manos pero no los pueden controlar." Nos insta a tomar un primer paso para el comienzo o renovación. No existe ninguna otra manera de crecer, ninguna otra manera de entrar en el castillo (su *castillo interior*), que mediante la oración y meditación.

De manera que, la oración es una manera de estar con nuestro Señor así como una etapa de crecimiento como persona. En su *Vida*, ella alude a "aquellos que están comenzando a ser siervos de amor".

Es la vida de fe que este mundo en las últimas décadas del siglo veinte necesita tanto. Esto es lo que necesita la iglesia de Cristo. Es nuestra necesidad más importante.

2. La oración de vida es humildad

La humildad de Teresa caracteriza su vida y sus escritos. Emana directamente de su fe en Dios. Ella creía con todo su ser que Dios moraba en el centro mismo de su alma. Su creencia en Dios era siempre intensamente personal.

La maravilla de todo es que el "Rey de gloria" habitaba en Teresa en toda su belleza y gracia y gloria. Su respuesta sistemática nos da una clara idea de lo que Dios hace en un corazón que está completamente entregado a Él.

Ya en los primeros renglones, me impactó su abnegación. En su prólogo al *Castillo interior,* como mujer de más de sesenta años, ella escribe:

> Pocas tareas que me hayan encomendado por obediencia han sido tan difíciles como ésta de escribir cosas de oración: por una razón, porque no me parece que el Señor me haya dado el espíritu para hacerlo ni el deseo… La única excusa que tienen ellos de acreditármelo [la capacidad de resolver dificultades relacionadas con la oración entre las monjas de los conventos de nuestra Señora del Carmen] podría ser que ellos tienen tan poco entendimiento como yo habilidad para cosas semejantes, a menos que el Señor, por su misericordia, me la otorgue.

La personalidad de Teresa se ve claramente en su voluminosa correspondencia. Echa luz a sus relaciones con personajes dominantes como Pedro Gracián y San Juan de la Cruz. Y la revela como una mujer viva y humana, y no algo así como un ídolo fuera de este mundo. Teresa manifestaba imperfecciones y una cierta ordinariez. Pero poseía también una maravillosa gracia de modales, una asombrosa eficiencia y energía, un magnífico sentido del humor y humillación propia.

A Teresa le gustaba su turno en la cocina. Aparentemente, ella era una excelente cocinera y podía hacer maravillas con escasas provisiones. "El Señor camina entre ollas y sartenes," le gustaba decir a sus colegas.

Se ha observado que ella parecía ser tanto Marta como María. Allison Peers lo describe de esta manera:

> En amplios términos, tal era Teresa, la mujer, quien combinaba la eficacia práctica de una Marta y la devoción calma y absorta de una María, compartiendo las alegrías y los problemas peculiares de cada una y ofreciéndolos como un obsequio a su Señor. (*Studies of the Spanish Mystics*, I, 151)

Continuamente, Teresa instaba a las monjas a criticar sus propias faltas como lo harían con las faltas de los demás. Se sometía también a mortificaciones humillantes con toda la mansedumbre que esperaba de sus hijas. Esto sería algo repugnante si no reconociéramos el importantísimo valor que ella le atribuía a la práctica de la humildad. A sus ojos, la humildad era la principal de todas las virtudes.

Esto es más asombroso aún cuando consideramos una característica cultural española prevaleciente que argumenta Clissold.

> En una España dominada por el culto al "honor" (orgullo del linaje, desprecio por las ocupaciones plebeyas y labores manuales y una sensibilidad que llevaba a una

> represalia feroz a toda injuria imaginada), la práctica de la humillación propia se erigía en dramático contraste. Incluso su padre piadoso y sus hermanos no habían sido inmunes a la malsana obsesión con el "honor" y Teresa temía que el contagio se extendiera a las Descalzas. (*St. Teresa of Ávila,* pág. 109)

Por cierto, el mejor antídoto para esta terrible obsesión es la práctica de la humildad. Muy cerca de la humildad se encuentra la obediencia, que Teresa identifica como la piedra de toque de su vida espiritual. A nuestra mente moderna le puede resultar difícil aceptar, mucho menos aprobar, la práctica personal de Teresa de obediencia absoluta a la Regla de su Orden, a sus superiores y confesores, e incluso a sus revelaciones.

Un aspecto del carácter de Teresa que podría estar relacionado con la humildad es su increíble sentido del humor. Ella afirmaba que no le agradaban las "personas de mal humor" y pedía que la libraran de los "santos con el ceño fruncido". En realidad, en el centro de su vida de pobreza y penitencia latía un inmenso gozo y espontaneidad. Además, su profunda alegría interior parecía crecer aún más con las carencias.

Existe su famoso diálogo con el Señor cuando, luchando por cruzar un río en su edad avanzada, ella se queja al Señor de que tenía dolor de garganta y mucha fiebre. Por tanto, agrega que esto le ha impedido disfrutar los incidentes del viaje de la manera debida. Se dice que el Señor le dijo: "Pero ésta es la manera en que yo trato a mis amigos," a lo cual ella responde de buena gana: "Sí, mi Señor, y ésta es la razón por la cual tienes tan pocos."

Por último, su humildad en confiar en Dios está subrayada por una gran preocupación por el peligro de buscar favores en la oración. Una vez más, ella enfatiza que Dios escoge entregarse sólo al humilde; únicamente a aquellos que no merecen nada.

Se esperaría que en su lecho de muerte, sus últimas palabras, repetidas una y otra vez, hayan sido las palabras de un salmo de David: "El sacrificio que te agrada es un espíritu quebrantado; tú, oh Dios, no desprecias al corazón quebrantado y arrepentido" (Salmo 51.17).

3. La oración de vida es firmeza de propósito

La vida y los escritos de Teresa suenan auténticos. Aquí encontramos a una persona que sabe a dónde se dirige. Ella lo resalta como el resultado de la gracia mística.

En Teresa, no encontramos miedo a la ilusión ni búsqueda frenética de seguridad. Ella nos muestra que Dios no guía a sus hijos de forma ambigua, sino que los lleva por senderos rectos. Su completa certidumbre abruma al lector.

Lo que es maravilloso en su vida es la manera en que todo sirve el propósito de Dios. Se debe en gran manera a la firmeza de su corazón. Realmente deseaba que el Señor recibiera todo el honor y la gloria.

Como comenta Ruth Burrows, su mentalidad básica de autenticidad y firmeza de propósito es que "… aquello que Jesús proclamaba, lo que Pablo, Juan y los demás habían tratado de expresar como el destino máximo del hombre de estar con Cristo en Dios, un espíritu con Él que es Espíritu, se había convertido aun en esta vida en una realidad viviente en ella" (*Fire Upon the Earth*, pág. 1).

Supongo además que Burrows está en lo cierto cuando observa que Teresa tenía un conocimiento especial, vivo y vital y que ella tenía la misión de comunicar ese conocimiento a los demás. Es una dimensión única de la existencia humana que nunca puede conocerse de forma teórica, sino ingresando en ella y viviendo allí.

La firmeza de Teresa se ve en su denuncia de cualquier acercamiento calculado a la oración. Esto tendería a idear y crear penosos esfuerzos para producir un estado o enfatizar técnicas especiales. En esta conexión, ella censura la tiranía de los "horarios cuidadosos" en los que corremos el riesgo de usar "tiempo sagrado" para cultura propia.

Para Teresa, la esencia de la oración se encuentra en la actitud interior de la persona, que les da vida a los pecados del espíritu o las "criaturas del foso". Por tanto, se necesita el conocimiento propio. Pero esto no se logra "hurgándonos incesantemente, tratando de dar vuelta cada piedra para ver qué reptiles viven bajo ella, sino mirando constantemente a Cristo Jesús nuestro Señor" (Burrows, pág. 19). Con relación a esto, necesitamos la ayuda de los demás. Ella nos advierte que, bajo el disfraz de la espiritualidad, podemos ser terriblemente tercos.

De manera que, para Teresa, la santidad tenía que ver con cosas comunes y corrientes: la veracidad, la cortesía, la bondad, la dulzura, la consideración de los demás, la felicidad con lo que nos toca, la honestidad, la valentía y la confiabilidad. Pero a partir de su sola experiencia, ella afirma categóricamente: "Sin Él, no puedes hacer nada." Una y otra vez, Teresa enfatiza la necesidad del conocimiento propio "hasta el final de nuestra vida". Ella lo practica hasta el día de su muerte.

Otra área de su ministerio que refleja la firmeza de propósito era su preocupación continua por las fundaciones.

El cuidado de Teresa por sus conventos no acababa con su fundación. Ella seguía sus destinos con una cuidadosa atención afectuosa, velando el progreso material y espiritual de cada uno con una solicitud inteligente y maternal, y manteniendo una incesante correspondencia con su madre superiora, con los protectores y protagonistas de la Reforma y con su propia familia. (Clissold, *St. Teresa of Ávila*, pág. 196)

El núcleo de la "virilidad espiritual" de Teresa de Ávila se encuentra en las palabras de su *Vida* (XIII [I, 80]: "… pase lo que pase, lo más importante para nosotros es abrazar la cruz." ¡Qué magnífico sentido común que poseía Teresa! En su *Mother of Carmel*, Allison Peers comenta sobre su temerario realismo: "Cuando tenemos en cuenta la época y el país en el que ella vivía, ambos muy diferentes a los nuestros, nos damos cuenta de que ella era increíblemente moderna" (pág. 52).

4. La oración de vida es el cultivo del "ser interior"

Teresa de Ávila está clasificada en la *Encyclopaedia of Religion and Ethics* [Enciclopedia de religión y ética] de la siguiente manera: "Misticismo, Cristiana, Católica Romana... la descripción más completa y vívida que se haya escrito jamás de los fenómenos sucesivos de la experiencia interior de un santo" (Peers, *Studies of Spanish Mystics*, I, 163).

En esta era moderna y electrónica es difícil para la mayoría de nosotros comprender que la oración es un milagro. No es un procedimiento técnico. Además, la oración que sobrepasa toda oración, como la practicaba Teresa, es ajena al protestantismo histórico, mi trasfondo particular.

La oración en el misticismo nos confunde y hasta atemoriza. Es apabullante. "Ya sea de repente o de forma gradual, la persona deja de estar consciente del yo y ya no es capaz de hablar" (Ellul, *Prayer and Modern Man*, pág. 9). Incluso, puede sobrepasar el hablar en lenguas (*glosolalia*). Los sentidos y el entendimiento se entorpecen, pero existe una inexpresable conciencia de la presencia de Dios. Ellul compara la experiencia mística con lo que los jóvenes de hoy buscan en las drogas. Los místicos lo encuentran en la oración.

El problema para nosotros es que el término "misticismo" se utiliza para describir una amplia variedad de experiencias religiosas. Puede ser una experiencia firmemente basada en las Escrituras como Gálatas 2.20 o Juan 14.17, 20, 23, o Pablo "llevado al paraíso". Estos son algunos de los trances más extasiados e histéricos.

Cuando leemos los místicos españoles, y Teresa en especial, es bueno tener presente que el misticismo era una realidad verdadera y vital en la España del siglo dieciséis. No era meramente una teoría o doctrina experimentada sólo por unos pocos individuos en numerosas ocasiones. Para los místicos especiales, significaba un anhelo contemplativo y el alcance de una unión única e inefable con Dios mismo.

Teresa mantuvo sus visiones y locuciones en secreto por el mayor tiempo posible. Sólo cuando los demás comenzaron a notar sus convulsiones extáticas, las divulgó, pero con gran reticencia. Estas experiencias de éxtasis servían como una forma de oración en las que ella apenas intervenía, testificando que todo emanaba del enorme poder de Dios.

Enfatizaba también que las bendiciones espirituales eran la prueba máxima de las experiencias extáticas. Además, declaraba que era posible tener las experiencias espirituales más sublimes y, sin embargo, "ser un mero embrión cuando se trata de la capacidad de Dios". Una vez más vemos el sentido común práctico de esta extraordinaria santa del Señor.

Es bueno tener presente que "así como las *visiones*… eran algo percibido por el ojo de la mente, así las *locuciones* se comunicaban como "voces interiores" pronunciadas en silencio, dirigiéndola en lo pequeño y lo grande, instruyéndola a hacer esto o no hacer aquello, advirtiendo, alentando, a veces, reprendiendo" (Clissold, *St. Teresa of Ávila*, pág. 44).

Teresa clasificaba las visiones y locuciones de tres maneras, en orden ascendente de perfección: (1) *corpóreas*, manifestadas a los ojos del cuerpo; (2) *imaginarias*, o la representación mediante la acción de la imaginación sola, sin la participación de los ojos; (3) *intelectuales*, o la percepción mediante la comprensión sin la manifestación de ninguna imagen sensible, ni con los "ojos del cuerpo ni con los del alma" (*Vida*, XXVII).

¿Qué se puede decir como evaluación de las experiencias místicas de Teresa?

Ella creía fervientemente en que muchas de sus experiencias sobrenaturales provenían directamente de Dios. A nosotros nos cuesta pensar que así no fuera. Alexander Whyte, el más leal de los protestantes, y sin embargo uno de sus admiradores más fervientes, ha dicho que nosotros sospecharíamos que aquel que no cree en tales sucesos tampoco cree en las propias palabras de Cristo que dijo que Él y su Padre se manifestarían a aquellos que lo aman y guardan su palabra.

> Por pura desesperación, me siento impulsado a creer tales testimonios y logros como los de Teresa, aunque no sea más que para respaldar mi débil fe en las palabras de mi Señor. Prefiero creer cada sílaba de las asombrosas locuciones y visiones de Teresa que pensar que desde que Pablo y Juan se fueron a su hogar al cielo las más grandes promesas de nuestro Señor no hayan sido más que palabras vanas. Los demás pueden burlarse de mí, pero yo ya no puedo sentarme con ellos en la silla de los escarnecedores. (Whyte, *Teresa de Ávila, an Appreciation,* págs. 25-26)

Lo único que puedo decir es que, gracias a Teresa de Ávila, he tomado una mayor conciencia de esta integridad e integración con el Señor, dentro de mí mismo, y con otros mediante la oración que es más que palabras. Esto coincide en muchas instancias con lo que he observado en la iglesia próspera y dinámica de Latinoamérica. La reflexión, meditación, éxtasis, comunión especial, no importa cómo lo llamemos, implica, mediante el Espíritu de Dios, el cultivo del "ser interior" en Cristo Jesús.

5. La oración de vida es una manifestación práctica

La boda con Jesús para Teresa significaba una absorción total en su amor y el convertirse en un vehículo de amor. Algunas de sus últimas palabras a los lectores son la necesidad de dejar de lado toda noción romántica y toda clase de manifestación artificial de espiritualidad. "¡Líbranos, Señor, de tontas devociones!" (*Vida*, XIII [1, 80]). Nos tenemos que sujetar a la obra que nos haya encomendado Dios, con nuestros ojos fijos en el Señor Crucificado, totalmente dedicados a los demás, sin prestar atención al yo.

A lo largo de sus escritos y enseñanzas, encontramos la presentación del ideal de la vida buena y la práctica de los principios del Sermón del Monte. Ella enfatiza vívidamente sus virtudes cardinales y el deber doble del hombre, hacia Dios y hacia sus semejantes.

Teresa comprueba también que el crecimiento espiritual en el Señor incrementa la generosidad. Utilizando su terminología, la gracia mística se manifiesta en una mayor generosidad mediante el don de uno mismo. Esto refleja una creciente disposición a poner el yo de lado y dedicarse plenamente a los demás.

Además, ella subraya que dicho fruto (fe profunda, humildad, generosidad) no procede normalmente de un solo encuentro místico. En realidad, ella advierte sobre los peligros de apoyarse en tales experiencias. Nuestras tentaciones comienzan a ser más sutiles y poderosas y nuestra responsabilidad es aún mayor.

La descripción de Clissold de los antecedentes e implicaciones del fenómeno "Descalzo" es una expresión del estilo de vida de Teresa:

> El regreso a las simplezas y virtudes primitivas no era una nueva ambición en España. Se habían hecho ciertamente varios esfuerzos en esa dirección por más de medio siglo. La mayoría de las Órdenes poseían, o llegarían a poseer, sus hermanos reformados ("Descalzos") que trataban de practicar su Regla en todo su antiguo rigor, celo y pobreza. Hasta ahora, los movimientos reformadores se habían restringido casi por completo a los frailes. (*St. Teresa of Ávila*, página 70)

Un ejemplo del ministerio temprano de Teresa en la rica Toledo demuestra cómo se resolvió este "concepto descalzo" en la experiencia. "No sé por qué fue, salvo que Dios deseara que probáramos las bendiciones de la pobreza. Yo no le pedí nada a ella [la adinerada Doña Luisa de la Cerda], ya que detesto preocupar a la gente, y quizás ella no lo habría pensado" (*Fundaciones*, XV [III, 74]). Cuando comenzaron a llegar los regalos en abundancia, tres de sus monjas que se habían genuinamente alegrado de su pobreza, no entendían de qué se trataban. Viendo que sus compañeras estaban apesadumbradas, ella les preguntó qué les ocurría. "¿Qué piensa, Madre, que ocurre?" le respondieron. "Parece que ya no somos más pobres" (*Fundaciones*, XV [III, 75]).

Clissold ofrece otros pensamientos sobre la vida y el lujo de Toledo:

> Sin embargo, para Teresa la vida en el séquito de la gran señora [Doña Luisa] era una pesada cruz. "El lujo del lugar era para mí un gran tormento," escribe, "y el alboroto que hacían por mi presencia me llenaba de temor." La rodeaban peligros y tentaciones tales que ella no se atrevía a bajar la guardia ni por un momento. Cuando podía, Teresa se escapaba al consuelo de la disciplina y sus oraciones. (*St. Teresa of Ávila*, página 85)

¡Cuánto querría que nosotros en el siglo veinte en los ambientes acaudalados fuéramos así de sensibles a las trampas y engaños del materialismo y la necesidad de afirmar constantemente la presencia del Señor en nuestra devoción personal a Él!

Ellul lo ha dicho bien y nos provee un buen resumen de esta sección: "La acción recibe realmente su carácter de la oración" (Ellul: *Prayer and Modern Man*, página 172). Luego agrega: "Por tanto, el acto de la oración privada es el acto mediante el cuál se estructura la historia en Cristo, y es en este punto donde la transición del 'yo' al 'nosotros' es inevitable" (ibídem, página 177).

La oración llega a su punto culminante cuando se nos coloca en medio del combate eterno contra la "nada en acción". Entonces, la oración le da coherencia a la vida, a las acciones, a las relaciones humanas y a los hechos de la existencia humana, tanto grandes como pequeños. "La oración mantiene unidos los fragmentos rotos en pedazos de la creación. Hace que la historia sea posible" (ibídem).

CONCLUSIÓN

Los puntos más sobresalientes en mi encuentro con Teresa de Ávila son, primero, que ella se enfrentaba a la gran mayoría de problemas básicos que enfrento yo en mi trabajo: interminable correspondencia e informes; urgente recaudación necesaria de fondos; supervisión y control de trabajadores religiosos profesionales; viajes incesantes; administración básica; comunicación con los integrantes (mi junta directiva es su orden) y dirección espiritual y pastoral. Y en todo ello, ella llegó a conocer y revelar la plenitud de la presencia de Dios y el poder de Su espíritu.

Segundo, estoy convencido de que los principales obstáculos a esa integridad y totalidad en mi vida es lo que ella confiesa con tanta elocuencia en diversas ocasiones: el arduo trabajo que se requiere para poder desprendernos de nosotros mismos mediante la práctica de las virtudes y la fidelidad a la oración.

La promesa de Dios es verdadera y una fuente de esperanza para sus hijos.

> Así mismo, en nuestra debilidad el Espíritu acude a ayudarnos. No sabemos qué pedir, pero el Espíritu mismo intercede por nosotros con gemidos que no pueden expresarse con palabras. Y Dios, que examina los corazones, sabe cuál es la intención del Espíritu, porque el Espíritu

intercede por los creyentes conforme a la voluntad de Dios (Romanos 8.26-27).

Dr. Clayton L. Berg Jr.
Presidente, Misión Latinoamericana

El Dr. Clayton Berg ha servido durante muchos años como profesor de educación cristiana y decano académico del Seminario Bíblico Latinoamericano. Ha publicado tanto en español como en inglés y ha sido presidente de la Misión Latinoamericana durante los últimos diez años.

BIBLIOGRAFÍA

Las obras que más me han ayudado a comprender a Teresa de Ávila incluyen:

Fuentes principales:

Santa Teresa de Jesús. Obras Completas. Madrid: Biblioteca de Autores Cristianos, 1975. 1.184 páginas.

Saint Teresa de Ávila. Interior Castle. Traducido y editado por E. Allison Peers. Garden City, NY: Image Books, 1961. 235 páginas.

Saint Teresa de Ávila. The Life of St. Teresa de Jesus. Traducido por David Lewis. London: Thomas Baker, 1925. 516 páginas. (Incluye también *Las relaciones o manifestaciones de su estado espiritual* que Teresa de Ávila presentó a sus confesores.)

Saint Teresa de Ávila. The Way of Perfection. Traducido y editado por E. Allison Peers. Garden City, NY: Image Books, 1964. 280 páginas.

Fuentes secundarias (obras sobre Teresa de Ávila y sus escritos):

Burrows, Ruth. *Fire upon the Earth (Interior Castle Explores).*

Denville, NJ: Dimension Books, 1981. 122 páginas.

Clissold, Stephen. *St. Teresa of Ávila*. London: Sheldon Press, 1979. 272 páginas.

Lauzeral, P., M. Kieffer y G. Demonchy. *Teresa de Jesús* (1515-1582). Álbum del 4 Centenario: 1582-1982. Madrid: Ediciones Paulinas, 1981. 96 páginas.

Peers, E. Allison. *Handbook of the Life and Times of St. Teresa and St. John of the Cross*. Westminster, MD: Newman Press, 1954. 277 páginas.

Peers. *Mother of Carmel*. Wilton, CT: Morehouse-Barlow Co., 1944. 220 páginas.

Peers. *Studies of the Spanish Mystics. 2 vols.* London: Sheldon Press, 1927. (También, Nueva York: Macmillan Company.)

Fuentes adicionales sobre la oración:

Del Bene, Ron. *The Breath of Life (A Simple Way to Pray)* Minneapolis: Winston Press, 1981.

Ellul, Jacques. *Prayer and Modern Man*. New York: Seabury Press, 1979. 178 páginas.

CAPÍTULO UNO

LOS AÑOS TEMPRANOS DE FRACASO Y LOS AÑOS ULTERIORES DE DIFICULTADES EN LA ORACIÓN DE TERESA

1. PRÓLOGO

No es sin causa que he meditado durante tanto tiempo en lo que ha sido la porción más difícil de mi vida. Por no arrimarme a la fuerte columna de la oración, pasé casi veinte años de mi vida en este mar tempestuoso, constantemente sacudida por la tempestad y nunca llegando a puerto. Fue la existencia más dolorosa que uno se pueda imaginar, porque no tenía dulzura en Dios y, por cierto, ninguna dulzura en el pecado.

A menudo estaba muy enojada con mí misma por las muchas lágrimas que derramaba por mis faltas. No podía dejar de ver qué poco me ayudaban. Ellas no me impidieron pecar hasta que comencé a mirarlas como algo así como un engaño; en realidad, no lo eran.

Fue la bondad del Señor la que me causó remordimiento, aun cuando no estaba todavía acompañada por una reforma completa. He descubierto que toda la raíz de mi mal yacía en no evitar completamente todas las ocasiones de pecado. Mis directores espirituales me ayudaron muy poco en ese tiempo, debo añadir. Si me hubieran dicho que estaba caminando por un sendero peligroso y que necesitaba desprenderme de todas las ocasiones de pecado, pienso, sin duda, que esos asuntos se habrían remediado más rápidamente.

Sin embargo, puedo ver claramente la gran misericordia del Señor conmigo. Durante todo ese tiempo, tenía aún la valentía de orar. Digo valentía, porque no conozco en todo el mundo nada que pueda requerir más osadía que tramar una traición contra el Rey, sabiendo que Él lo sabe, y sin embargo no dejar de frecuentar su presencia en oración.

Pasé más de dieciocho años en esa condición miserable, intentando relacionar a Dios y mi vida de pecado.

La razón por la que cuento y repito esto con frecuencia es para que todos los que lean mis escritos puedan comprender cuán grande es la gracia de Dios que obra en el alma rebelde. Al alma errante, Él le confiere el deseo de continuar orando, aun cuando no haya abandonado por completo todo pecado.

Si el alma persevera, a pesar del pecado y las tentaciones y las numerosas recaídas, nuestro Señor trae esa alma por fin al puerto de salvación, al cual me ha traído también a mí.

Lo digo por experiencia: Que nunca cese de orar el que haya comenzado a hacerlo alguna vez, aun cuando su vida no sea buena. Porque la oración es la única manera de enmendar nuestra vida, y sin oración no podría enmendarse jamás. Que no se vea tentado por el diablo, como lo fui yo, a abandonar la oración a causa de su falta de valía. Que crea, en cambio, que si se arrepiente y ora, nuestro Señor lo va a escuchar y va a responder aún.

A menudo, deseaba ver el final de mi hora de oración. De hecho, solía observar detenidamente el reloj de arena. Y la tristeza que sentía a veces al entrar en mi capilla de oración era tan grande que exigía toda mi fuerza para obligarme a entrar. Al final, nuestro Señor acudía a mi ayuda. Y cuando yo persistía de esta manera, encontraba mucho más paz y alegría que cuando oraba con entusiasmo y rapto emocional.

Si el Señor me soportó tanto tiempo con toda mi maldad, ¿por qué habría alguien de desesperarse, por más malvado que sea? Quizás haya sido muy malvado hasta ahora, pero no permanecerá en su maldad tantos años como yo después de recibir tantas gracias de nuestro Señor. Y diré además esto: La oración es la verdadera puerta mediante la cual el Señor me otorgó toda su gracia con abundancia.

Oración y confianza. Yo solía pedir ayuda en oración. Pero ahora veo que cometí el error fatal de no poner toda mi confianza en Su Majestad. Tendría que haber desconfiado completa y totalmente, y detestado, y sospechado, de mí. Busqué ayuda. A veces me esforzaba mucho por obtenerla. Pero no comprendía lo poco que sirve todo esto si depositamos toda nuestra confianza en nosotros en vez de depositarla de una vez por todas, por completo, en Dios. Esos fueron dieciocho años miserables (*Vida*, VIII).

2. UNA VIDA DE FAMILIA PIADOSA

Yo tenía una madre y un padre devotos que temían a Dios. Nuestro Señor me ayudó también a mí con su gracia. Todo esto habría sido suficiente para hacerme buena si no hubiera sido tan ruin.

Mi padre era muy aficionado a la lectura de buenos libros; los tenía en español de modo que sus hijos pudieran leerlos. Estos libros, con la cuidadosa crianza de mi madre para hacernos decir nuestras oraciones y para educarnos con una actitud devota hacia Dios, comenzaron a hacerme pensar seriamente cuando tenía seis o siete años de edad.

Me ayudó, también, que nunca vi a mi padre o a mi madre respetar nada que no fuera bueno. Ellos mismos eran buenos.

Mi padre era un hombre que sentía caridad hacia los pobres, compasión por los enfermos y consideración por sus criados.

Nunca lo pudieron persuadir de mantener esclavos, ya que sentía mucha lástima por ellos. Cierta vez estaba en la casa de mi padre una esclava que pertenecía a unos de sus hermanos. Mi padre la trató con la misma ternura con la que trataba a sus propios hijos. Solía decir que no podía soportar el dolor de ver que ella no era libre.

Mi padre era un hombre de gran franqueza. Nadie lo escuchó jamás blasfemar ni hablar mal de nadie. Su vida era muy pura.

Mi madre era una mujer de extrema bondad, pero padecía muchas enfermedades. Era particularmente pura en todas sus acciones. A pesar de poseer una gran belleza, nunca pareció prestarle ninguna atención a ello. Murió cuando tenía apenas treinta y tres años. Sin embargo, tenía ya la apariencia de una mujer de mucha edad. Era muy tranquila y gozaba de una gran dignidad. Los sufrimientos que experimentó durante su vida eran muy penosos, pero su muerte fue muy cristiana.

Yo tenía dos hermanas y nueve hermanos. Todos, por la misericordia de Dios, se parecían a mis padres en bondad, menos yo. Esto fue así porque yo era la más querida de mi padre. Pienso que Dios tenía sus razones para ello, porque me lleno de dolor cuando pienso en los buenos deseos que me dio el Señor y en el uso miserable que hice de ellos (*Vida*, I).

3. LOS IDEALES ROMÁNTICOS DE LA ADOLESCENCIA

Uno de mis hermanos me llevaba apenas cuatro años. Era el que yo más quería, aunque amaba a toda mi familia y, gracias a Dios, ellos me amaban a mí.

Juntos, mi hermano favorito y yo solíamos leer las vidas de los santos. Cuando leí sobre el martirio que soportaban los santos por el amor de Dios, me pareció que se compraba muy barato el ir a gozar de Dios. De modo que sentí un gran deseo por morir como mártir. No era por ningún amor de Dios del que estuviera consciente. Pero deseaba gozar lo más pronto posible esas grandes alegrías que había leído que estaban reservadas para los santos sufrientes en el cielo. De modo que conversaba con mi hermano la manera en que podríamos convertirnos en mártires.

Decidimos ir juntos a tierra de moros, suplicando a Dios que nos cortaran la cabeza. Nuestro Señor, creo, nos había dado valentía a pesar de nuestra corta edad. Si hubiéramos encontrado los medios de alcanzarlo, lo habríamos hecho. Pero nuestra mayor dificultad parecía provenir de nuestro padre y nuestra madre.

Nos sorprendió mucho encontrar que decía en lo que leíamos que la pena y la gloria eran eternas. A menudo conversábamos sobre esto. Nos daba gran placer repetir con frecuencia: "Para siempre, siempre, siempre." Al pronunciar durante mucho tiempo estas palabras, el Señor se complacía en que yo recibiera una impresión permanente del camino de la verdad cuando era aún tan pequeña.

No bien me di cuenta de que era imposible ir a donde me mataran por Dios, mi hermano y yo decidimos convertirnos en ermitaños. En el huerto que había en mi casa, tratamos de construir unas ermitas, apilando una piedrecillas una sobre la otra. Por supuesto, se caían de inmediato.

De modo que no encontrábamos la manera de lograr nuestros deseos. Aun ahora, siento devoción cada vez que pienso cómo Dios me dio en mi tierna niñez aquello que luego perdí por mi propia culpa. Daba las limosnas que podía, pero no era mucho lo que tenía para dar.

Trataba de estar sola para decir mis oraciones. Eran verdaderamente muchas, especialmente el rosario. Mi madre le era muy devota y nos hacía apreciarlo tanto como ella. Me gustaba mucho hacer, con otras niñas, monasterios y jugar que éramos monjas. Pensaba que quería ser monja, pero no tanto como ser mártir o incluso ermitaña (*Vida*, I).

A menudo pienso ahora qué mal hacen los padres que no cuidan lo que sus hijos perciben como bueno. Porque aunque mi madre era tal cual la acabo de describir, tan buena, sin embargo cuando fui lo suficientemente grande como para pensar, no extraje tanto bien de ella como debería. En efecto, no tomé casi nada de ella.

En cambio, el mal que tomé de mi madre me hizo mucho daño. A ella le gustaba mucho leer libros de caballería. Este pasatiempo no la dañaba porque nunca desperdiciaba su tiempo en esa clase de literatura. Pero me dañó mucho a mí. Como sus hijos, teníamos la libertad de leerlos a todos. Quizás ella lo hacía para distraer sus pensamientos de sus grandes sufrimientos y para entretener a los niños para que no se desviaran por otros caminos. Pero enojaba mucho a mi padre; teníamos que tener mucho cuidado de que no nos viera nunca leyendo.

Por tanto, tomé la costumbre de leer estos libros con voracidad. Cuando miro hacia el pasado, la pequeña falta que había observado en mi madre comenzó a enfriar mis buenos deseos y fue lo que ocasionó mi caída en otros aspectos. Yo pensaba que no tenía nada de malo desperdiciar tantas horas de la noche y del día en tan vana ocupación, aun cuando lo mantuviera oculto de mi padre. Esta pasión me dominó hasta tal punto que yo pensaba que jamás podría ser feliz a menos que tuviera un libro nuevo.

Comencé también a prestar demasiada atención a mi vestido. Deseaba complacer a los demás con mi apariencia. Cuidaba mucho mis manos y mi cabello, usaba perfumes y, en efecto, ejercitaba todas las vanidades que estaban a mi alcance. Eran muchas, porque estaba muy entregada a ellas. No tenía ninguna mala intención, porque nunca soñé que alguien como yo pudiera ofender a Dios. Pero esta dedicación a una excesiva prolijidad duró algunos años. De hecho, lo mismo ocurrió con otras prácticas que yo no consideraba para nada dañinas. Pero ahora veo cuán equivocado era todo esto (*Vida*, II).

4. LAS COMPAÑÍAS: BUENAS Y MALAS

Yo tenía una hermana mucho mayor que yo. Tenía gran modestia y bondad, pero no aprendí nada de ella. Desafortunadamente, aprendí todos los males de nuestra prima que estaba a menudo en mi casa. Era tan liviana y frívola que mi madre se había esforzado mucho por mantenerla fuera de mi casa. Mi madre anticipaba el mal que yo podría aprender de ella.

Pero mi madre no había podido evitar que viniera mi prima, ya que había muchas oportunidades buenas para que lo hiciera. A mi me agradaba mucho su compañía; yo conversaba y charlaba con ella. Ella me ayudaba en todas las diversiones que me gustaba emprender. Además, ella encontró algunas para mí y me contaba todas sus propias vanidades. Yo no la conocí, o sea, que no fue amiga mía ni se comunicó conmigo, hasta los catorce años.

En esa época, nunca deseaba apartarme de Dios por pecado mortal o perder mi temor de Él. Por esta razón, nunca perdí completamente mi buen nombre (de virginidad). En cuanto a ello, no había nada en el mundo por lo cual lo habría malvendido y nadie en el mundo que me gustara lo suficiente como para persuadirme a consentir ese pecado. Por tanto, quizás tenía la fuerza para jamás realizar nada contrario al honor de Dios si hubiera visto su honor como equivalente al mío.

No obstante, nunca me di cuenta de que estaba fallando de otras maneras. Al perseguir vanamente mi honor, ponía extremo cuidado. Pero no ponía atención alguna en el uso de los medios necesarios para preservar mi honor. Esta ansiosa únicamente por no perderme del todo.

Mi padre y mi hermana estaban muy preocupados por esta amistad con mi prima. A menudo me reprendían por ello. Pero como no podían evitar que esa persona viniera a nuestra casa, todos sus esfuerzos eran en vano. Yo era muy perspicaz para hacer todo lo que era malo.

De vez en cuando me sorprende cuánto mal puede traer una mala compañía a la vida de otra persona. La conversación de esta persona me cambió de tal manera que no quedó ningún indicio de la disposición natural de mi alma hacia la virtud. Me convertí en un reflejo de ella y de otra que se dedicaba a la misma clase de entretenimientos.

De esto aprendí la gran ventaja de tener buenas compañías. Estoy segura de que si en esa tierna edad hubiera estado entre gente buena, habría perseverado en la virtud. Porque si en esa época hubiera encontrado a alguien que me enseñara el temor de Dios, mi alma se habría fortalecido lo suficiente como para no caer.

Después, el temor de Dios se había alejado completamente de mí y sólo permanecía el temor a la deshonra. Eso fue un tormento para mí en todo lo que hacía. Cuando pensaba que nadie se enteraría, me embarcaba en muchas cosas que no eran ni honorables ni agradables a Dios.

Al principio, esas conversaciones no me hacían ningún daño. La culpa no era de ella, sino mía. Porque después, mi propia maldad fue suficiente como para llevarme por el mal camino junto con mis criadas, a quienes las encontré preparadas para todo mal. Si alguna de ellas me hubiera dado un buen consejo, quizás me habría sido de provecho. Pero ellas estaban tan cegadas por su interés como yo por mi pasión.

No obstante, nunca estuve inclinada a mucho mal, porque naturalmente odiaba las cosas deshonestas. Simplemente me agradaba la diversión de una conversación placentera. Sin embargo, la ocasión de pecado era un peligro que estaba a mano y los expuse a él a mi padre y hermanos. Dios me libró de todo ello para que no me perdiera de una manera que era visiblemente contra mi voluntad. Por otro lado, no era tan secreto como para permitirme escapar sin la pérdida de mi buen nombre o para evitar las sospechas de mi padre.

Pienso que no habían pasado siquiera tres meses en medio de esas vanidades cuando me llevaron a un monasterio en la ciudad (el monasterio agustino de Santa María de Gracia) donde residí.

Durante los primeros ocho días, sufrí intensamente. Pero se debía más a la sospecha de que las monjas conocían mi vanidad que al temor del monasterio mismo. Yo ya estaba cansada de mí misma y, a pesar de que había ofendido a Dios, nunca había dejado de sentir un gran temor de Él. Procuraba confesarme en cuanto podía, porque me sentía muy incómoda.

Pero después de los ocho días, o quizás menos, estaba mucho más contenta de lo que había estado en mi propia casa. Todas las monjas estaban complacidas conmigo. Porque el Señor me había dado el espíritu de gracia de complacer a todos dondequiera que estuviese. De modo que me consentían bastante. A pesar de que en esa época odiaba ser monja, me deleitaba ver monjas que fueran tan buenas. Las de aquella casa lo eran mucho: muy prudentes, obedientes a la Regla y recatadas.

Conversé con una de ellas, posiblemente confesándole mis propios deseos de matrimonio (*Vida*, II).

Poco a poco comenzó a gustarme la conversación buena y santa de esta monja. ¡Qué bien que hablaba de Dios! Era una persona muy discreta y santa. Solía escucharla con deleite. Nunca hubo un momento en que no estuviera contenta de escucharla hablar.

Comenzó por decirme cómo llegó a ser monja mediante la simple lectura de las palabras del evangelio: "Muchos son llamados, mas pocos escogidos" (Mateo 20.16). Hablaba de la recompensa que da Dios a aquellos que lo abandonan todo por Él.

Esta buena compañía comenzó a desterrar las costumbres que habían formado las malas compañías y llevó mis pensamientos nuevamente al deseo de las cosas eternas. En cierta manera, borró el gran rechazo a ser monja. Este había sido muy grande.

Y si veía a alguien que lloraba en oración o expresaba devoción de alguna manera, envidiaba mucho a esa persona. Porque mi corazón se había endurecido tanto que no derramaba siquiera una lágrima aunque leyera la Pasión entera. Eso me ocasionaba mucha pena.

Permanecí en el monasterio durante un año y medio y la experiencia ayudó mucho a mejorarme. Comencé a pronunciar muchas plegarias y les pedí a todas las monjas que oraran a Dios que si Él decidía ponerme en su situación, yo estuviera dispuesta a servirlo. A pesar de todo esto, en secreto no deseaba ser monja. Me engañaba diciendo que Dios no deseaba que lo fuera, a pesar de que al mismo tiempo temía el matrimonio.

Al final de mi estadía, me sentía mucho más inclinada a ser monja. No elegí esa casa debido a ciertas prácticas de devoción que comprendí que predominaban allí y que yo pensaba que iban demasiado lejos. Algunas de las más jóvenes me alentaron a desear en secreto ser monja. Si todas hubieran pensado lo mismo, me habría beneficiado.

Tenía una muy buena amiga en otro monasterio. Esto me hizo pensar que si me decidiera a ser monja, sería en la casa donde estaba ella. En todo esto, consideraba más el placer de los sentidos naturales y la vanidad que el bien de mi alma. Incluso los buenos pensamientos de ser monja sólo me venían de vez en cuando y luego se alejaban rápidamente. Y no me podía convencer a mí misma de serlo.

En esta época, no descuidaba mi propio bien. Nuestro Señor se esforzaba aún más por inclinarme hacia el estado de vida que era verdaderamente el mejor para mí. Por cierto, me envió una enfermedad grave para que estuviera obligada a regresar a la casa de mi padre.

Cuando me sané, me llevaron a la casa de mi hermana que vivía en una aldea en el campo. Su amor por mí era tan grande que, si se hubiera cumplido su voluntad, yo nunca me habría ido de su casa. Su esposo también me quería mucho; al menos me demostraba toda clase de afectos. Esto también se lo debo a nuestro Señor, porque en todas partes he recibido cariño. Y todo mi servicio a cambio era ser lo que soy.

Un hermano de mi padre vivía a cuatro leguas de Ávila; era un hombre magnífico y muy prudente. Era viudo. Nuestro Señor también lo estaba preparando para sí. Cuando anciano, dejó todos sus bienes y se convirtió en monje. De camino a mi casa desde lo de María, visité a mi tío. Éste insistió en que me quedara con él unos días. Su práctica era leer buenos libros en español. Su conversación común y corriente era acerca de Dios y la vanidad de este mundo. Me hizo leerle esos libros.

A pesar de que esto no me agradaba demasiado, aparentaba disfrutarlo. Porque en cuanto a dar placer a los demás, siempre me he sentido ansiosa de complacerlos. A pesar de que dicho servicio me resultara penoso, estaba más preocupada por lo que pensaran los demás de mí. Esto ha sido siempre una gran falta en mí porque era, a menudo, extremadamente insincera.

¡Oh, válgame Dios, de cuántas maneras me preparó Su Majestad para su voluntad y el estado en el que lo serviría! Sin embargo, ¡cuánto me forzó a hacerlo sin que yo quisiera! ¡Qué sea bendito para siempre! Amén.

Permanecí con mi tío sólo unos pocos días. Sin embargo, mediante las impresiones que hicieron en mi corazón las palabras de Dios, tanto escuchadas como leídas, así como la buena conversación de mi tío Pedro, pude comprender la verdad que había escuchado durante mi niñez. Aprendí que todas las cosas son como nada y que el mundo es vanidad que perece rápidamente. Comencé a temer además que, si me moría, me iría directamente al infierno. A pesar de que aún no podía soportar la idea de ser monja, vi que el estado religioso era quizás el mejor y el más seguro. Por tanto, poco a poco, decidí forzarme a seguir esta vocación (*Vida*, III).

5. LOS DIRECTORES ESPIRITUALES: SABIOS E IMPRUDENTES

Siempre me gustaron los hombres letrados, a pesar de que los confesores que eran medio letrados le hicieron mucho daño a mi alma. No siempre encontré confidentes cuyos conocimientos fueran tan buenos como habría deseado. Sé por experiencia que es mejor que los directores espirituales sean hombres buenos y tengan vidas santas; que no posean ningún conocimiento en vez de tan sólo un poco. Porque tales hombres nunca confían en sí mismos sin consultar a los letrados, ni yo tampoco confiaría en ellos.

Nunca fui engañada por un director que fuera realmente sabio. Ni tampoco lo hicieron a propósito los demás; no conocían otra cosa. Pensé que eran letrados, y que yo no tenía ninguna obligación de creerles. Pero su instrucción era floja y me dejaba mayor libertad. En esa época de mi vida, yo era tan mala que si ellos hubieran sido más estrictos conmigo, yo habría buscado otros. Lo que era verdaderamente pecado, ellos me aseguraban que no lo era. O lo que era terriblemente pecaminoso, me decían que era un asunto sin importancia.

Esto me hizo tanto daño que no es de maravillarse que yo hable de ello aquí como advertencia para los demás. Es mi deseo que ellos puedan evitar tales peligros. Porque veo claramente que, a los ojos de Dios, yo no tenía excusa. Las cosas que hice no eran, en sí mismas, buenas; esto tendría que haber sido suficiente para mantenerme alejada de ellas. Creo que Dios, a causa de mis pecados, permitió que estos consejeros se engañaran a sí mismos y me engañaran a mí. Yo misma engañé a muchos otros diciéndoles lo que me había sido comunicado.

Yo continué en esta ceguera durante más de diecisiete años, hasta que un padre dominicano, muy culto, me expuso. Luego hubo aquellos de la Compañía de Jesús que me atemorizaron tanto insistiendo categóricamente en el error de esos principios. Les mostraré esto más tarde.

Comencé por ir a confesarme con un clérigo del que he hablado en otra parte. Estaba muy complacido conmigo, ya que yo tenía poco que confesar en comparación con lo que supe más tarde. Además, yo tenía pocas cosas que contarle. No había daño alguno en que yo le agradara tanto, pero dejó de ser bueno porque se tornó en una afición excesiva. Claramente, él comprendió que yo estaba decidida a no realizar de ninguna manera lo que pudiera ofender gravemente a Dios. Él me aseguraba lo mismo, de modo que nuestras reuniones eran muy frecuentes. Pero en ese tiempo, debido al conocimiento y temor del Señor que llenaba mi alma, lo que me daba el máximo placer en todas mis conversaciones con los demás era hablar sobre el Señor. Y yo era tan joven, que esto le hizo avergonzarse.

Luego, a causa de la buena voluntad que tenía hacia mí, comenzó a compartirme su condición miserable. Era todo muy triste, porque hacía casi siete años que estaba en una situación moral muy peligrosa debido a su afecto y comunicación con una mujer de esos lugares. Sin embargo continuaba haciendo sus tareas de sacerdote.

El asunto era tan público que había perdido su honra y buen nombre y nadie se atrevía a hablarle sobre ello. Yo sentía mucha lástima por él porque lo quería mucho. Yo era entonces tan necia y ciega que pensaba que era una virtud estar agradecida y ser leal a quien me quería. Maldita sea esa lealtad que llega a tal extremo que va contra la ley de Dios. Es una locura que es común en el mundo y que ahora me enfada a mí verla.

Comencé a descubrir más información sobre el asunto de los miembros de su propia casa. Me enteré más detalles sobre su estado desastroso y vi que la falta del pobre hombre no era tan grave ya que la miserable mujer había tratado de seducirlo.

Cuando me enteré de esto, comencé a mostrarle más afecto. Mi intención era buena, pero la obra era mala, pues por hacer el bien, por más grande que aparentara, no debería haber hecho el más mínimo mal. Le hablaba con frecuencia sobre Dios. Esto le debe haber hecho algún bien, a pesar de que creo que lo que más lo conmovió fue su gran afecto por mí.

En breve, rompió todas sus relaciones con esa mujer por completo y nunca se cansó de dar gracias a Dios por la luz que le había otorgado. Al año de conocerlo, falleció.

Como dije anteriormente, yo no habría hecho entonces nada malo. Pienso que cuando él observó esa determinación en mí, eso le ayudó a tenerme afecto. Porque creo que todos los hombres sienten un mayor afecto por las mujeres que ven inclinadas hacia la virtud (*Vida*, V).

Hasta este momento mi vida me pertenecía. Pero desde que comencé a explicar esos métodos de oración, Dios vive en mí o, al menos, eso es lo que me parece.

Cuando comencé a evitar las ocasiones de pecado y a entregarme más a la oración, nuestro Señor comenzó a dispensarme sus gracias, como si yo deseara recibirlas. Su Majestad comenzó a darme con mucha frecuencia la gracia de la oración de quietud y muy a menudo también la oración de unión, que duraba mucho rato. Pero, como en esos días había mujeres que habían caído en grandes ilusiones y engaños de Satanás (por ejemplo: Magdalena de la Cruz), comencé a sentir miedo. Temía porque el gozo y la dulzura que sentía eran muy grandes y, muchas veces, superaban mi poder de evitarlos. Por otro lado, sentía un convencimiento muy profundo de que Dios estaba conmigo, especialmente cuando estaba en oración. Vi también que, como resultado, salía mejorada y con mayor fortaleza.

Pero, después de algunas distracciones, comencé a sentir miedo e imaginaba que quizás era Satanás quien estaba suspendiendo mi entendimiento de la experiencia de oración. Creía que él me estaba haciendo creer que mi experiencia era muy buena y, de ese modo, me alejaba de la oración mental. Creía además que Satanás estaba dificultando mi meditación de la Pasión y me impedía utilizar mi propio entendimiento.

Como no entendía lo que estaba ocurriendo, sentía una gran pérdida. Pero como el Señor quería darme luz para que no lo ofendiera y comprendiera lo mucho que le debía, aumentó tanto este miedo que me llevó a buscar con ansias personas espirituales con las cuales discutir mi estado mental. Ya había escuchado de algunas.

Los Padres de la Compañía de Jesús habían venido al distrito y, a pesar de que no conocía a ninguno de ellos, me atraían mucho. Había escuchado sobre la manera en que vivían y cómo practicaban la oración. Pero no me sentía digna de hablar con ellos ni lo suficientemente fuerte como para obedecerles. Y esto me atemorizó aún más. Porque me habría resultado muy difícil hablar con ellos y sin embargo continuar siendo como era.

Estuve durante algún tiempo en esta condición y, después de mucha lucha interior y muchas lágrimas derramadas, tomé la decisión de hablar con una persona espiritual. Necesitaba preguntarle cuál era la naturaleza de la clase de oración que yo estaba experimentando y que me mostrara si estaba errada. Estaba decidida a no ofender a Dios. Pero mi falta de valentía me hacía ser muy tímida. ¡Qué terrible equivocación, que por querer hacer lo correcto, me alejé del bien! ¡Válgame Dios!

Como no podía superar este dilema, creo que el diablo debe poner mucho énfasis en esto al principio del camino de la devoción. Él sabe que todo el alivio del alma depende del trato con los amigos de Dios. Yo no tenía la fortaleza para hacerlo. Aguardaba a enmendarme primero y cuando abandoné la oración, lo que nunca tendría que haber hecho, comencé a caer en pequeñas malas costumbres que me cegaron hasta del diablo. Yo necesitaba mucho la ayuda de los demás, y ellos podrían haberme dado una mano para levantarme. ¡Bendito sea el Señor! Porque la primera mano que se extendió fue la suya.

Me hablaron de un clérigo letrado que vivía en Ávila, cuya bondad y vida piadosa comenzaba el Señor a comunicar al mundo. Yo procuré conocerlo a través de un noble santo (Francisco de Salcedo se convirtió en uno de los amigos más íntimos de Teresa. Estaba relacionado con ella por matrimonio, ya que era primo de la esposa del tío de Teresa).

Este noble es casado, pero su vida es tan ejemplar y virtuosa, de tanta oración y caridad, que su bondad y perfección resplandecen en todo lo que hace. Su reputación está bien establecida, ya que su generosidad ha bendecido a muchos. A pesar de que él considera que su estado laico es una desventaja, su vida está siempre involucrada en ayudar a los demás. Es muy sabio, sensible con todos, y su conversación es estimulante, agraciada y santa; da contento a todos los que trata. Todo lo que hace es para el bien de las personas con las que conversa. No parece tener otro interés que hacer el bien y bendecir a todos los que conoce y encuentra.

Bueno, este hombre bendito y santo, con todo el esfuerzo que hizo a mi favor, fue realmente el comienzo de una profunda bendición a mi alma. Su humildad en nuestra relación me asombraba, porque había pasado entre treinta y siete y cuarenta años en la práctica de la oración. Toda su vida estaba dedicada a la devoción.

Su esposa, también, era una gran sierva de Dios, llena de caridad, de modo que no lo retenía para nada. Sin duda, ella era la esposa escogida de quien Dios sabía que lo iba a servir tan bien. Algunos de sus parientes estaban casados con parientes míos. Yo también tenía mucha comunicación con otro gran siervo de Dios que estaba casado con una prima mía.

De esta manera, procuré que el clérigo que dije que era tan siervo de Dios viniera a hablarme. Pero cuando el noble trajo al clérigo para que me hablase, yo estaba avergonzada de estar en la presencia de alguien tan santo. De manera que le informé el estado de mi alma y la manera en que oraba.

Al mismo tiempo, no deseaba confesarme con él. Le dije que estaba muy ocupada y, por supuesto, eso era cierto. Pero comenzó con una santa persistencia a guiarme, sabiendo que yo era una persona fuerte. Porque observó la manera de oración que yo estaba ejercitando. Estaba haciendo esto para evitar ofender a Dios de manera alguna.

Cuando vi que estaba decidido a hacerme abandonar las pequeñas costumbres de las que he hablado, no tuve la valentía de renunciar a ellas de inmediato. Como resultado, me afligí mucho. Me di cuenta de que él estaba tratando de empujarme a mortificar los afectos de mi alma con demasiada rapidez. Me di cuenta de que había que tener más cuidado.

En fin, me di cuenta de que la manera en que él estaba tratando de ayudarme no era la correcta para remediar mi estado. Estas maneras eran más apropiadas para aquellos que están más avanzados en la vida espiritual. A pesar de que quizás yo estuviera avanzada en recibir mercedes de Dios, estaba en la primera etapa en lo que respecta a las virtudes y mortificación propia.

Si no hubiera tenido a nadie que consultar excepto este clérigo, creo que mi alma no habría hecho ningún progreso. Porque el desaliento que sentía al ver que no hacía nada de lo que me indicaba, habría sido suficiente para hacerme perder la esperanza y dejarlo todo. A veces me pregunto cómo fue que él, siendo una persona que tenía una gracia particular para dirigir a los principiantes en las cosas de Dios, no pudo comprender mi situación ni ocuparse del cuidado de mi alma. Ahora veo que todo fue para mi bien de modo que pudiera conocer y comunicarme con otras personas tan santas como los miembros de la Compañía de Jesús.

Fue entonces cuando arreglé que el noble santo viniera a verme de vez en cuando. Esto demuestra lo grande que era su humildad, ya que consintió en comunicarse con alguien tan ruin como yo. Él comenzó a visitarme y alentarme y decirme que no pensara que un día iba a dejarlo todo. Él me aseguró que Dios haría su obra poco a poco. Durante algunos años, él tampoco había podido librarse de algunas pequeñas deficiencias. ¡Oh humildad! ¡Qué grandes bendiciones les otorgas a aquellos en los que moras y a aquellos que se acercan a quienes te tienen!

Este hombre santo, que pienso que puedo con razón llamarlo así, me contó sus propias debilidades para ayudarme. Con su humildad, él pensó que eran debilidades. Considerando su estado de vida, no había falta ni imperfección comparada con las debilidades tan penosas de mi estado de vida.

Podría parecer que estoy dando demasiados detalles sobre cosas sin importancia, pero tengo mis razones para hacerlo. Porque estas cosas son muy importantes al comienzo para alentar al alma y mostrarle cómo volar aun cuando no tenga alas, como dicen. Como tengo la esperanza en Dios que vuestra merced podrá ayudar a muchas otras almas, lo menciono aquí.

Este caballero fue mi total salvación. Él sabía cómo curarme y tenía la humildad y el amor para permanecer a mi lado. Además, era paciente cuando veía que no me enmendaba de una vez. Pero, poco a poco, me iba discretamente mostrando cómo vencer al demonio. Mi afecto por él creció tanto que no había para mí mayor descanso que el día que lo veía. Sin embargo, lo veía con poca frecuencia. Si llegaba tarde, me preocupaba mucho, pensando que no vendría a verme porque yo era tan ruin.

Cuando comenzó a conocer mis grandes imperfecciones, que bien podría llamar pecados, y cuando le mencioné las bendiciones que Dios me otorgaba, él me dijo que mis imperfecciones eran bastante incompatibles con las mercedes. Por cierto, estos dones les son otorgados a aquellas personas que ya están muy avanzadas y mortificadas en lo espiritual. De modo que él no podía dejar de sentir temor, porque le parecía que yo tenía un mal espíritu, aunque no había llegado a una conclusión definitiva sobre el asunto. Sin embargo, pensaba bien de mi vida de oración y me lo dijo.

Mi dificultad era que yo no sabía cuánto decir sobre mi experiencia de oración. Hace poco tiempo que Dios me ha dado el don de comprender lo que es y saber cómo debo hablar de ella. Los comentarios de este caballero sobre esto y el miedo que yo tenía me afligían mucho y me hacían llorar. Porque ciertamente yo deseaba agradar a Dios y, sin embargo, no me podía persuadir a mí misma de que el demonio tuviera algo que ver con ello. Temía que por mis grandes pecados, Dios me cegara para que yo no pudiera comprender claramente la situación.

Miré varios libros para ver si podía entender cómo explicar la oración que estaba experimentando. Leí uno llamado "Subida del Monte" (de Bernardino de Laredo), que trata de la unión del alma con Dios y menciona las señales que yo había experimentado en aquel no pensar en nada.

Había sido mi experiencia que yo no podía pensar en nada cuando tenía aquella oración. Subrayé ese pasaje y le di el libro para que él y el otro clérigo pudieran mirarlo y me dijesen lo que tenía que hacer. Decidí que renunciaría completamente a ese método de oración si ellos pensaban que era lo correcto. Ya que, ¿por qué razón habría de exponerme a daño moral, si al cabo de casi veinte años me daría cuenta de que no había ganado nada más que caer en los engaños del demonio? ¿No sería mejor para mí renunciar a ella?

Sin embargo, me costaba mucho dejar esto. Ya había descubierto lo que sería mi alma sin oración. De modo que todo parecía estar anegado de problemas. Yo era como una persona que está metida en medio de un río que, vaya a donde vaya, teme un mayor peligro y está segura de que se habrá de ahogar. Ésta fue una gran prueba para mí, y he padecido muchas de estas como relataré más adelante. Aunque parezca un tema sin importancia, podría ayudar a mostrar cómo se prueba al espíritu.

En especial, pienso que es importante que no se les diga a las mujeres con demasiado énfasis que el demonio está activamente trabajando en ellas. Porque nuestra debilidad es mucha. Se tendría que considerar todo este asunto con mucho cuidado y se las tendría que apartar de los peligros que pueda haber. Por cierto, es importante que nuestro consejo sea mantenido en secreto.

Hablo como alguien que ha sufrido una prueba amarga porque no se mantuvo mi caso en secreto; en cambio, se consultó a éste y luego a aquél. Todo esto me hizo mucho daño. Se habló de cosas que tendrían que haberse mantenido calladas porque no eran algo que todos debían saber. Y parecía que era yo la que las estaba publicando.

Sin embargo, pienso que el Señor permitió todo este asunto sin ninguna culpa de mi parte para que yo padeciera. No digo que ellos hayan hablado sobre lo que yo les había dicho en confesión. Pero como eran personas a las cuales les confesaba mis ansiedades para que me ayudaran, me parece que ellos tendrían que haber mantenido la boca cerrada. No obstante, nunca oculté nada a estas personas.

Lo que quiero decir es que uno tendría que aconsejar almas con mucha discreción, alentándolas y dándoles paciencia hasta que el Señor las ayude como me ayudó a mí. Porque si el Señor no me hubiera sanado, yo habría padecido mucho daño porque estaba asustada y muy ansiosa. Con la tensión que yo estaba sufriendo, me sorprende que no me hayan hecho mucho mal.

Como les había dado a ambos el libro y les había relatado la historia de mi vida y de mis pecados lo mejor posible (aunque no oficialmente por medio de la confesión, ya que uno de ellos era lego), les expliqué claramente cuán ruin era. Luego los dos siervos de Dios, con gran caridad y afecto, consideraron lo que era mejor para mí. Aguardé su respuesta con gran temor, habiendo pedido a muchos que oraran por mí. Yo también había orado mucho durante esos días.

El noble me vino a ver muy afligido y me dijo que, en su opinión, estaba siendo engañada por un espíritu maligno. Me aconsejó diciendo que lo mejor para mí sería tratar con un cierto padre de la Compañía de Jesús que vendría si yo lo mandaba llamar diciendo que necesitaba su ayuda. También me dijo que, mediante una confesión general, le contara toda mi vida y mi condición actual, y todo con la mayor claridad posible. Luego Dios, en virtud de mi confesión, le daría más luz con respecto a mí. Aquellos padres tenían mucha experiencia en cosas del espíritu. Además me dijo que no me apartase en nada de lo que me aconsejara aquel padre, ya que corría mucho peligro si no tenía a nadie que me dirigiera.

Esto me dio tanto temor y pena que no sabía qué hacer. No podía hacer nada más que llorar. Estando muy afligida en el oratorio, no sabiendo qué iba a ser de mí, leí en un libro, que parecía que el Señor me había puesto en las manos, lo que había dicho el apóstol Pablo, que Dios es fiel (1 Corintios 10.13) y que nunca permitiría que aquellos que lo amaran fueran engañados por el demonio. Eso me dio un enorme consuelo.

Cuando le confesé completamente el estado de mi alma a ese padre siervo de Dios, él comprendió todo lo que le dije. Me lo explicó y me dio mucho aliento. Me dijo que era sin duda del Espíritu de Dios y que, por tanto, era necesario regresar a la oración. Claramente, yo no estaba bien asentada y no había realmente comenzado a entender lo que significaba la mortificación.

Me dijo que de ninguna manera abandonara la oración. Al contrario, que me esforzara aún más ya que Dios me había bendecido con favores tan especiales. Se preguntaba si el Señor no tendría la intención de bendecir a otros a través de mí. Fue aún más allá, porque parecía que estaba profetizando lo que el Señor haría conmigo, y me dijo que sería mi culpa si no respondía a los favores que Dios me estaba otorgando.

Me parece que el Espíritu Santo estaba hablando a través de él para sanar mi alma, tan profunda era la impresión que me causó. Me hizo avergonzarme de mí y me dirigió por un camino que pareció cambiarme completamente. ¡Qué cosa maravillosa es entender un alma!

Me dijo que dedicara oración todos los días a algún aspecto de la Pasión y que me beneficiara de la oración que me llevaba a pensar sólo en la humanidad de nuestro Señor. Tenía que resistir al máximo permitirme esas experiencias de recogimientos y consuelos hasta que él me diera otras instrucciones al respecto.

Me dejó consolada y muy animada, y el Señor me ayudó a mí y a él a entender mi situación y cómo me había de dirigir hacia delante. Me decidí firmemente a no salir de lo que me mandara hacer y he mantenido su consejo hasta hoy. Alabado sea el Señor, que me ha dado gracia para obedecer a mis directores espirituales, aunque imperfectamente (*Vida*, XXIII).

Comencé a sentir un amor nuevo a su más sagrada humanidad. Mi oración comenzó a tomar forma como un edificio que tiene una sólida base.

Hice todo porque me parecía a mí que el Señor lo ordenaba. Dios le dio al director espiritual la capacidad de mandarme de manera que yo le obedeciese. Mi alma era muy sensible a cualquier ofensa cometida contra Dios, por pequeña que fuera. De modo que no podía orar adecuadamente hasta que no librarme de ella.

Oraba con denuedo que nuestro Señor me tomara de la mano y no me permitiera volver a caer, ahora que estaba bajo la dirección de sus siervos. Porque me parecía que darle la espalda al camino que me habían mostrado sería un grave mal y que esos hombres perderían su reputación por mí.

En ese tiempo, el padre Francisco, duque de Gandía, vino a Ávila. Algunos años antes, él había dejado todos sus bienes y había entrado en la Compañía de Jesús. Mi confesor y el noble que mencioné antes arreglaron que el padre Francisco me visitara para que yo pudiera hablar con él y le contara mi forma de orar. Porque ellos sabían que era muy favorecido y consolado por Dios. Había dejado mucho y Dios lo recompensaba por ello, aun en esta vida.

Después de escucharme, me dijo que era la obra del Espíritu de Dios y que él pensaba que yo no debía prolongar ninguna resistencia más. Hasta ahora había sido seguro hacerlo, ya que había estado meditando en algún aspecto de la Pasión. De modo que si nuestro Señor elevaba mi espíritu, no debía resistirlo, sino permitir a Su Majestad que lo elevara ya que yo no lo estaba buscando. Como él había progresado mucho espiritualmente, me dio la medicina y el consejo. Dijo que resistir más sería un error. Yo quedé muy consolada, al igual que el noble, quien se alegró mucho cuando le dijeron que era la obra de Dios. Siempre me había ayudado y me había dado consejos en lo que podía, que era mucho (*Vida*, XXIV).

Ahora retomo la historia de mi vida. Yo estaba muy afligida y apenada. Como dije, se habían hecho grandes oraciones a mi favor para que el Señor me llevara por otro camino más seguro. Porque me dijeron que éste era muy sospechoso. La verdad es que, a pesar de que yo suplicaba a Dios y quería desear otro camino [tener sus visiones], cuando veía el mejoramiento de mi alma, no podía realmente desear ningún cambio aun cuando siempre lo pedía. Sólo tenía otras expectativas cuando me fatigaba de las cosas que me decían los demás y de los miedos con los que me llenaban.

Sin embargo, sentía que estaba completamente cambiada. No podía hacer otra cosa más que ponerme en las manos de Dios. Él sabía lo que me convenía. Por tanto, deseaba que Él hiciera en mí su voluntad en todo. Yo veía que este camino me llevaba para el cielo, mientras que antes estaba yendo al infierno. De modo que no me podía obligar a desear ningún cambio ni creer que estaba bajo la influencia de Satanás.

Al cabo de dos años que pasé orando yo y otros con este propósito, o sea, que nuestro Señor me llevara por otro camino o me mostrara la verdad de éste (porque ahora las apariciones de nuestro Señor eran sumamente frecuentes), esto es lo que me acaeció. Estaba un día en oración. Era la fiesta del glorioso San Pedro y vi a Cristo cerca de mí. Para describirlo más acertadamente, lo sentí. Porque no vi nada con los ojos del cuerpo, ni nada con los ojos del alma. Me parecía que estaba muy cerca de mí. Y también creo que vi que me estaba hablando.

Como no sabía que dicha visión era posible, estaba muy asustada al principio y no hacía más que llorar. Sin embargo, Él me dijo una sola palabra para asegurarme. Yo me recuperé y estaba como de costumbre, quieta y consolada sin ningún temor. Jesucristo parecía estar continuamente a mi lado. Como la visión no era imaginaria, no veía ninguna forma. Pero tenía la profunda sensación de que Él estaba siempre a mi lado derecho, como testigo de todo lo que yo hacía. Nunca, a menos que yo estuviera distraída, podía ignorar su presencia cercana.

Afligida, fui de inmediato a ver a mi confesor a decírselo. Me preguntó en qué forma veía a nuestro Señor. Le dije que no veía ninguna forma. Luego me dijo: "¿Cómo sabes que es Cristo?" Le contesté que no sabía cómo.

Pero no podía dejar de saber que era Jesucristo que estaba a mi lado y lo veía con claridad y sentía su presencia. El recogimiento de mi alma era mucho más profundo en la oración de quietud y mucho más continuo. De modo que los efectos eran muy diferentes a los que solía tener antes. De esto estaba segura. Sólo podía hacer una comparación para poder explicarme. Pero no había duda de que a mi parecer no había comparaciones debido a la clase de visión que puede ser descrita.

Después, Fray Pedro de Alcántara, un hombre santo de gran espiritualidad, y otros importantes letrados me dijeron que esta visión estaba entre las más sublimes, la clase adonde menos se puede entremeter el diablo (*Vida*, XXVII).

El Señor se complació en socorrerme trayéndome al bendito Fray Pedro de Alcántara. Ya he hablado de él y dije algo sobre su vida ascética. Entre otras cosas, me habían asegurado que había usado durante veinte años un cilicio de hoja de lata. Él es el autor de varios libros en español de oración que son de uso común. Porque estaba preocupado por ello, sus oraciones eran muy beneficiosas para los que se dedican a ella. Mantenía la primera Regla del bendito San Francisco con todo su rigor y hacía aquellas cosas que ya he mencionado.

Bueno, una viuda sierva de Dios y amiga mía, se enteró de que había venido un hombre tan maravilloso y sabía exactamente qué hacer. Ella había sido testigo de mis aflicciones y era un verdadero consuelo para mí. Su fe era tanta que no podía dejar de creer que lo que los demás decían que era la obra del diablo, era la obra del Espíritu de Dios. Como es una persona de gran sentido común y prudencia, y alguien a quien nuestro Señor recompensa en sus oraciones, quiso Su Majestad que ella discerniera lo que los letrados no podían ver.

De manera que, cuando se enteró que el bendito hombre de Dios (Pedro de Alcántara) había venido, sin decirme nada obtuvo licencia para que yo me quedara en su casa. Luego pude más convenientemente consultar con él la primera vez que vino. Luego, tuve muchas conversaciones con él en diversas ocasiones.

Para alguien que haya experimentado los mismos acontecimientos místicos que yo, no puede haber mayor placer ni consuelo que equivalga a aquél de reunirse con alguien a quien el Señor haya elevado de la misma manera. Sentía mucha lástima por mí y me dijo que una de las pruebas más grandes en este mundo era la que yo ya había padecido, o sea la contradicción de buenas personas. De hecho, él pensaba que me aguardaban muchas pruebas más (*Vida*, XXX).

¡Ruego a Su Majestad que esto que he escrito le sea de algún provecho, mi padre! Tengo muy poco tiempo y, por consiguiente, me cuesta mucho terminar esto. Pero todo valdrá la pena si he logrado decir algo que ocasione un solo acto de alabanza a nuestro Señor. En ese caso, me daría por recompensada (*Vida*, XL).

CAPÍTULO DOS

LOS RUDIMENTOS DE UNA VIDA DE ORACIÓN

1. PRÓLOGO

Ustedes me han pedido que les diga algo sobre el tema de la oración. En respuesta a lo que les voy a decir, yo espero que lean estas cosas con frecuencia.

Pero antes de hablar sobre los asuntos interiores del alma, o sea de la oración, tengo que mencionar algunas cosas que son necesarias para aquellos que buscan seguir el camino de la oración. Por cierto, ellas son tan necesarias que aun cuando dichas personas no sean muy contemplativas en su disposición, aun así pueden avanzar lejos en el servicio del Señor si poseen estas cualidades. Y si no las poseen, luego es imposible que sean muy contemplativas delante de Dios. Y si piensan que ya son contemplativas sin ellas, están muy engañadas.

De modo que ruego al Señor que me ayude a hablar de estas cosas y que me enseñe lo que tengo que decir para que sea para su gloria. Amén.

No piensen, mis amigas y hermanas, que las voy a abrumar con muchas cosas. Pido al Señor que nos permita hacer aquellas cosas que nuestros santos Padres instituyeron y obedecieron, porque al andar por ese camino que ellos mismos establecieron, se ganaron el título que les hemos dado.

Sería errado buscar cualquier otro camino o intentar aprender sobre este sendero de alguna otra persona. Tan sólo ampliaré las tres cosas que son debido a su propia naturaleza importantes para poder entender el camino. Es muy importante que nos preocupemos de observar estas cosas si deseamos obtener, tanto interior como exteriormente, esa paz que tanto nos ha encomendado nuestro Señor.

La primera de ellas es amarnos las unas a las otras. La segunda es tener desapego a todo lo creado. La tercera es el ejercicio de la verdadera humildad. A pesar de que nombro ésta al final, es la más importante de todas. Por cierto, incluye todo el resto (*Camino de perfección*, IV 2, 4).

2. EL AMOR DE LAS UNAS POR LAS OTRAS

La primera necesidad es que se amen las unas a las otras. Es importante que tengamos esto, porque no existe enojo que no se pueda tolerar entre aquellas que se aman mutuamente. Tendría que ser algo que causa un enojo extremo para ocasionar semejante desagrado. Si se observara este mandamiento en el mundo como tendría que ser, pienso que nos daríamos cuenta de que ese amor nos ayuda a obedecer todos nuestros otros deberes. Pero ya sea por mucho o poco amor, nunca alcanzamos el punto de observar este mandamiento con perfección.

Podría parecer que tener un amor excesivo entre nosotras no podría ser nunca malo. Sin embargo, tal exceso trae con él tanto mal y tantas imperfecciones que no pienso que nadie lo creería, excepto aquella persona que haya sido testigo de ello.

Es en este contexto que el demonio puede colocar muchas trampas, porque este exceso apenas lo notan aquellas cuyas conciencias tratan apenas de contentar a Dios. Y el exceso de dicho amor podría parecerles muy virtuoso. Pero aquellas que están muy preocupadas con la madurez espiritual tienen una profunda comprensión del mal que puede ocasionar este exceso de amor.

Poco a poco, vean, el amor excesivo entre ustedes les puede quitar la fuerza de voluntad empleada en amar a Dios.

Yo pienso que eso le ocurre más a las mujeres que a los hombres y le hace un daño enorme a la comunidad. De aquí surge lo siguiente: el no amar a todas por igual; el resentimiento por cualquier agravio hecho a la amiga; el deseo de tener bienes para poder darle regalos; el buscar oportunidades para hablar con ella; la obsesión de comunicarle cuánto la quiere.

Éstas y otras cosas impertinentes nos distraen del amor a Dios. Porque estas grandes amistades están pocas veces dirigidas a ayudarnos a amar más a Dios. En cambio, yo creo, el demonio es la causa de ellas para dar comienzo a bandos en la comunidad. Porque cuando el amor es en el servicio de Su Majestad, la voluntad no procede con pasión, sino que busca ayuda para conquistar las demás pasiones.

Por lo tanto, yo preferiría que hubiera muchas amistades dentro de una gran comunidad. Pero en una casa donde no hay más de trece [que era la situación a la que se refería Teresa], entonces todas deben ser amigas entre sí, todas se deben amar, todas se deben querer, todas se deben ayudar mutuamente y con equidad.

De manera que tengan cuidado de aquellas amistades que pretendan ser amor por el Señor, por santas que sean. Aun entre hermanos suelen ser venenosas. Y yo no veo en ellas beneficio alguno. Si las amigas son parientes, la situación es mucho peor, ¡es pestilencia!

Créanme, hermanas, que hablo la verdad aun cuando les parezca extrema. En dicha verdad hay madurez y paz verdadera. Se quitan muchas oportunidades de pecado de aquellas personas que no enfatizan demasiado alguna virtud. Pero si nuestra voluntad se inclina más hacia una virtud que hacia otra (y es natural que así sea), entonces podríamos vernos inducidas a amar de manera desequilibrada. De modo que esforcémonos por detener este mal y no permitamos que nos domine este afecto. Amemos las virtudes y el bien interior, y pongamos cuidado y diligencia para apartarnos de este elemento exterior.

Por consiguiente, no consintamos que nuestra voluntad sea esclava de nadie, salvo de Aquél que la compró con su propia sangre (1 Pedro 1.18-19).

Para apartarse de estas amistades donde existe un particular afecto, es necesario poner mucho cuidado desde el principio de la amistad. Esta separación tiene que llevarse a cabo con delicadeza y amor, más que con rigor.

Regresemos a nuestro tema de amarnos unas a otras. No tiene sentido alguno recomendar este amor. Porque, ¿qué persona hay tan bruta que, a pesar de constantemente tratar y estar en la compañía de las demás, no las ama?

Tales personas no tienen tratos ni recreaciones con personas fuera de la comunidad. Ellas creen que Dios las ama de una manera especial porque, por Su Majestad, lo han dejado todo. Pero a las que piensan de esta manera, me gustaría decir algo sobre la manera en que deben practicar este amor mutuo.

¿Cuál es la naturaleza de este amor virtuoso, que es el amor que yo deseo que se practique aquí? ¿Y cómo sabemos si tenemos este amor?

Es por cierto una gran virtud poseerlo, porque nuestro Señor mismo nos lo ha recomendado con énfasis (Juan 13.34). Sólo puedo expresarme conforme a la rudeza de mi propia mente. Si pueden encontrar una explicación detallada en otros libros, no tomen nada de mí. Quizás no sepa qué es lo que realmente digo.

Hay dos clases de amor de los que trato aquí. Una clase es espiritual. Este amor no parece despertar la sensualidad ni la ternura de nuestra naturaleza, de manera que quite nuestra pureza. La otra clase de amor es espiritual mezclado con nuestra sensualidad y compasión. Es legítimo como la clase de amor que podemos tener por nuestros parientes y amigos, por ejemplo.

Por tanto, deseo hablar especialmente sobre el amor que es espiritual, ese amor al que no lo afecta ninguna pasión. Porque una vez que se entremete la pasión, se destruye rápidamente la armonía (*Camino de perfección*, capítulo 6).

Ahora me parece que aquellas personas que conocen el cariño de Dios, aman a los demás de una manera muy diferente de aquellos que aún no conocen el amor de Dios. Este claro conocimiento tiene que ver con la naturaleza del mundo, sí, que por cierto existe otro mundo y hay una gran diferencia entre ellos. Uno es eterno y el otro no es nada más que un sueño.

El amor al Creador se distingue también del amor a la criatura. Esto se ve a través de los ojos de la experiencia, porque experimentar la distinción es completamente diferente de meramente concebirla o creer en ella.

Las personas que conocen la diferencia entre el amor a la criatura y el amor al Creador son mucho más indiferentes al amor que les dan los demás o el amor que ellos desean de los otros. A veces, estas personas se pueden sentir de repente deleitadas de que las amen; sin embargo, cuando piensan en ello con más detenimiento, se dan cuenta de que es tonto permanecer en este amor a menos que las obligue a realizar el bien a sus almas mediante el aprendizaje o las plegarias. No es que dejen de agradecer a aquellos que las aman y eviten recomendarlos a Dios. Pero consideran que nuestro Señor es la Persona más preocupada entre los que las aman. Ellas saben que el amor proviene de Dios (*Camino de perfección*, capítulo 6).

Este grupo de personas dejan en manos de Su Majestad el pagar a aquellos que las aman, y le piden que así lo haga. De esta manera, permanecen libres. Porque les parece que el pago del amor no es realmente asunto suyo.

Les podría parecer que dichas personas no aman o no conocen a nadie más que a Dios. Yo digo: "Sí, ellas aman, con un amor mucho más grande, más auténtico y más intenso. Pero es un amor más beneficioso." Por cierto, es amor. Y estas almas están mucho más inclinadas a dar que a recibir. Aun con respecto al Creador mismo, ellas están inclinadas a dar más que a recibir. Esto, digo, es la actitud que realmente merece el nombre de "amor", porque todos los demás apegos burdos han usurpado el nombre de "amor" en comparación.

Dicho amor espiritual parece imitar el amor que el buen amador, Jesús, tiene por nosotras. Este amor espiritual es la clase de amor que yo desearía que todas tuvieran. Aun cuando su comienzo sea tan imperfecto, el Señor lo va a madurar poco a poco.

De modo que comencemos por utilizar los medios adecuados, porque aun cuando el amor conlleva una cierta ternura, no se ocasionará ningún daño siempre y cuando se exprese esta ternura a todos. A veces, al amar es bueno y necesario demostrar y tener también afecto. Es bueno sentir algunas de las pruebas y enfermedades de nuestras hermanas, aun cuando sean pequeños. Porque hay veces en las que ciertas nimiedades nos ocasionan tanto sufrimiento como una gran prueba le ocasionaría a alguna otra persona. Cosas pequeñas pueden acarrear mucho sufrimiento a personas que tengan una naturaleza sensible. Si ustedes no son como esas almas sensibles, no dejen de ser misericordiosas con ellas. Es importante pues saber cómo simpatizar con nuestros semejantes durante sus pruebas, no importa lo pequeñas que sean.

Cuán cierto y verdadero es dicho amor cuando una hermana puede ayudar a las otras, poniendo de lado su propia ventaja en favor de las demás. Ella avanzará mucho en todas las virtudes. De esta manera se fomentará una mejor amistad que la que puedan pronunciar todas esas tiernas palabras, ya que éstas no son suficiente. Si hacen lo que les resulte posible según vuestra capacidad, el Señor las fortalecerá y como mujeres asombrarán a los hombres. Y qué sencillo le resulta esto a Su Majestad que nos ha creado de la nada.

Otra prueba de dicho amor espiritual es que luchamos en nuestros deberes hogareños para aliviar a otros de su trabajo. Ustedes también se alegran y alaban al Señor de esta manera. Todas estas cosas, sin mencionar el gran bien que proporcionan en sí mismas, ayudarán también a promover la paz y la unidad entre las hermanas. Que plazca a Su Majestad que este amor siempre continúe (*Camino de perfección*, VII).

3. EL DESAPEGO

Hablemos ahora sobre el desapego que tendríamos que tener en relación a lo creado. Porque si se practica este desapego con perfección, incluirá todo. Digo que incluirá "todo" porque, cuando abrazamos al Creador y no prestamos atención a criatura alguna, Su Majestad nos otorga sus virtudes. Si hacemos poco a poco lo que podemos, apenas tendremos contra que luchar. Nuestro Señor es quien será nuestra defensa y Él asumirá la batalla contra los demonios y el mundo.

Pensamos demasiado en nosotros mismos y tardamos en entregarnos por completo a Dios. Como Su Majestad no va a permitir que nos beneficiemos de este apego tan precioso sin pagar un precio, nos tenemos que preparar para ello. Veo con toda claridad que sólo dejándolo todo se puede procurar un bien semejante en esta vida. Sin embargo, si no nos aferramos a nada en este mundo, sino que tenemos nuestros pensamientos y conversaciones en el cielo, entonces creo que toda esta bendición nos sería dada con extrema rapidez, siempre y cuando nos dispusiéramos del todo para recibirla, como lo han hecho algunos santos. Pensamos que le estamos dando todo a Dios. De hecho, somos como campesinos que arriendan la tierra y ofrecen los frutos quedándose con la tierra, pensando que ésta les pertenece.

Decidimos ser pobres. Ésta es una decisión de gran mérito. Al mismo tiempo, acordamos en nuestra mente que nunca nos habrá de faltar nada. Lo hacemos con las necesidades básicas de la vida, pero también con sus lujos. Es más, trabamos amistad con las personas que nos pueden abastecer.

En estas maneras ocultas de cuidarnos a nosotros mismos, le hacemos daño a nuestra integridad. Nos ponemos en un mayor peligro moral que si, en vez de convertirnos en ascetas, simplemente nos aferraríamos de nuestros bienes.

Cuando asumimos la vida de devoción y buscábamos sólo la piedad, pensábamos que habíamos entregado todo nuestro deseo y ambición de honores en este mundo. Sin embargo, tan pronto como se toca algún área de importancia personal, pronto olvidamos que habíamos rendido esa área al Señor. De modo que la tomamos de nuevo en nuestras propias manos, sacándola de las suyas. Lo hacemos a pesar de sentir que hemos entregado nuestra voluntad por entero a Dios. ¡Así sucede con todo lo demás!

¡Magnífica manera de buscar el amor de Dios! ¡Nos aferramos a nuestros afectos y deseamos, al mismo tiempo, tomar a manos llenas el amor de Dios! No hacemos esfuerzo alguno por concretar nuestros deseos o elevarlos por encima de las cosas de este mundo. A pesar de ello, todavía tenemos la esperanza de recibir consuelo espiritual.

¡Esta actitud no es suficiente! Estamos tratando de sostener cosas juntas que son incompatibles. Debido al hecho de que no nos entregamos por completo y de inmediato a Dios, no recibimos por completo y de inmediato este tesoro. Pido al Señor que nos lo dé gota a gota, aunque tengamos que padecer todas las pruebas de este mundo.

Dios le muestra gran misericordia a quien le da gracia y fuerza para luchar por alcanzar esta bendición. Porque Dios no se niega a nadie que persevere. Poco a poco, él va a fortalecer esa alma de modo que pueda salir victoriosa. Digo aquél que recibe la "fuerza" de hacerlo, debido a la multitud de cosas que Satanás pone en su camino. Él trata de impedirnos que comencemos siquiera el peregrinaje de nuestras almas hacia Dios. El demonio sabe que va a perder; no sólo esa alma, sino una multitud de otras almas inspiradas por dicho ejemplo.

Por tanto, cualquiera que ingrese en este camino del desapego va a alcanzar, con la ayuda de Dios, el final con seguridad. Yo creo que dicha persona no viajará nunca sola, sino que llevará mucha gente tras de sí. Dios, como a buen capitán de un ejército, le dará una buena cuadrilla que vaya en su compañía (*Vida*, XI).

¿Piensan, hermanas, que es una pequeña bendición la que recibimos al obtener la gracia para entregarnos por completo y sin reservas al Todopoderoso? En Él se encuentran todas las bendiciones. Alabémoslo mucho, hermanas, por habernos traído aquí, donde la única preocupación es darnos por entero a Él. Quizás sólo pueda hablar correctamente sobre este asunto, adivinando de lo que he experimentado sobre lo opuesto al desapego.

Cuando la gente nos observa desde el exterior, ellos ven cuán desentendidas estamos de todas las cosas. Da la impresión de que nuestro Señor desea que nosotras, las que Él ha traído aquí, nos separemos de todo. Luego Su Majestad nos puede traer más cerca de sí sin obstáculo alguno.

Oh, mi creador y Señor, ¿cómo he merecido semejante honor? Parece como que Tú has buscado todos los medios necesarios para acercarte a nosotras. Ruego que le plazca a su Bien que no perdamos este favor por nuestra propia culpa. ¡Oh, mis hermanas! Por el amor de Dios, comprendan el gran honor que les hace el Señor a aquellas que ha traído aquí. Cuántas hay mejores que yo que tomarían con alegría este lugar. Sin embargo, el Señor me lo ha concedido a mí, quien tan poco se lo merece (*Camino de perfección*, XIII).

Habiendo abandonado el mundo y nuestra familia, y viviendo bajo las Reglas que ya hemos mencionado antes, parece ahora que ya lo hemos hecho todo y no hemos dejado nada contra lo cual luchar. ¡Oh, mis hermanas! No sean complacientes ni se adormezcan. Si no, serán como aquél que se acuesta muy pronto en la cama. Habiendo cerrado con llave su puerta por temor a los ladrones, al mismo tiempo los tiene dentro de su casa. Y ustedes saben que no hay peor ladrón que el doméstico.

Por lo tanto, dado que nuestra naturaleza sigue siendo la misma, tenemos que poner mucho cuidado y negar constantemente nuestra propia voluntad. Sí, muchas cosas pueden arrancarnos esta santa libertad del espíritu de nuestras manos. Pero tenemos que tratar de volar hacia nuestro Creador, a pesar de las cargas del mundo y de la tierra.

El gran remedio contra el mal de la terquedad es continuamente recordar la vanidad de todo y cuán rápidamente llega a su fin. Por tanto, tenemos que sacar nuestro afecto de las cosas que son tan terrenales y colocarlo en lo eterno.

Esto puede parecerles un débil remedio, pero fortalece mucho el alma. Y con respecto a las pequeñeces, es útil poner atención cuando amamos demasiado algún objeto. Tendríamos que quitar nuestros pensamientos de él y fijarlos en Dios. En esto nos ayuda Su Majestad y nos hace un gran favor, porque en esta casa la mayor dificultad ha sido ya superada.

Pero este separarnos de nosotras mismas y este negarnos y renunciar a nosotras mismas es tan difícil. Además, estamos muy unidas a nosotras y nos queremos demasiado. De manera que es aquí donde debe ingresar la humildad. Porque es esta virtud de la humildad y esa otra virtud de la mortificación las que siempre parecen ir de la mano. Parecen dos hermanas inseparables. Por cierto, lo son.

4. LA HUMILDAD: VERDADERA Y FALSA

Toda la base de la oración debe encontrarse en la humildad, y cuando más se humille un alma en oración, tanto más la elevará Dios (*Vida*, XII, 5). Cuanto más nos acercamos a Dios, tanto más tendría que crecer esta virtud; si no lo hace, todo está perdido (*Vida*, XII, 5). La oración más elegante es inaceptable para Dios a menos que la acompañe la humildad (*Camino*, XXII, 4).

Ustedes tienen que pensar y comprender a quién le están hablando. Aunque viviéramos mil vidas, aún así no podríamos alcanzar a comprender cómo tenemos que dirigirnos a nuestro Señor; ante su presencia, hasta los ángeles tiemblan (*Camino*, XII, 7). Es bueno que recuerden a quién le están hablando y quiénes son ustedes, aunque más no sea para hablar con el respeto adecuado. Porque, ¿cómo pueden llamar al Rey "Su Alteza" o saber qué ceremonias se utilizan para dirigirnos a un noble, si no comprendemos correctamente cuál es su estado y cuál es el de ustedes? (*Camino*, XXII, 4).

Piensen en las ciertas clases de humildad que existen y de las cuales quiero hablar. Algunos piensan que es humildad no creer que Dios les esté concediendo sus dones.

Comprendamos esto con claridad: Es perfectamente claro que Dios confiere sus dones sin ningún mérito de nuestra parte. Estémosle agradecidas a Su Majestad por ellos. Si no reconocemos los dones que recibimos de sus manos, nunca nos sentiremos impulsadas a amarlo. Es una verdad muy cierta que cuanto más ricas nos veamos, confesando al mismo tiempo nuestra pobreza, tanto mayor será nuestro progreso y tanto más real nuestra humildad.

Un trayecto opuesto tiende a quitarnos la valentía. Tenemos que pensar que somos incapaces de grandes bendiciones si comenzamos a temer la vanagloria cuando nuestro Señor comienza a mostrar su misericordia por nosotras.

De modo que creamos que Aquél que nos da los dones nos dará también, cuando el diablo comience a tentarnos, la gracia de detectar a Satanás y la fuerza para resistirlo. O sea, Él lo hará si caminamos con sencillez delante de Él y tratamos de complacerlo únicamente a Él y no a los hombres. Es algo evidente que nuestro amor por una persona aumentará cuanto más claramente recordemos el bien que nos ha hecho.

Entonces, si es legítimo y encomiable recordar que hemos recibido nuestro ser de Dios, que Él nos ha creado de la nada y que Él nos preserva, recordemos también todos los beneficios de su muerte y Pasión. Él sufrió por nosotros mucho antes de crearnos. Si esto es así, ¿no tendría que ser lícito para mí discernir, confesar y considerar a menudo que yo solía estar acostumbrada a hablar sólo de vanidades? ¿Y no es también lícito para mí considerar que nuestro Señor me ha dado la gracia de hablar sólo de Él?

Ésta es una perla preciosa. Cuando recordamos que se nos ha dado este precioso conocimiento y que lo poseemos, nos invita poderosamente a amar.

En todo esto, el fruto de la oración está basado en la humildad. ¿Qué serán nuestros pensamientos cuando encontremos perlas de mayor precio, tal como el desprecio del mundo y de nosotras mismas, perlas que algunos siervos de Dios ya han recibido? ¿No es claro que esos siervos se consideran grandes deudores y por tanto están bajo una mayor obligación de servirlo?

Tenemos que reconocer que no tenemos nada propio. Tenemos que confesar la gran misericordia de nuestro Señor, que ha conferido a un alma tan miserable y pobre y tan poco merecedora como la mía mayores riquezas de las que podría jamás merecer.

Él trae estas riquezas aun cuando la primera de estas perlas sería suficiente para cualquier alma.

Tenemos que renovar nuestro agradecimiento para servirlo. Tenemos que luchar por no ser desagradecidas, porque es en esta condición que nuestro Señor concede sus tesoros. Porque si no hacemos buen uso de ellos y del elevado estado al que nos lleva, Él va a regresar y arrebatarlos. Luego seremos más pobres que antes.

Su Majestad le dará las perlas a la persona que las traiga a la luz y las emplee de manera provechosa para Él y los demás. Porque, ¿cómo puede ser una persona útil, y cómo gasta con generosidad, si no sabe que es rica? No es posible, siendo nuestra naturaleza lo que es, que uno tenga la valentía necesaria para realizar cosas grandes a menos que sepa que Dios está de su lado.

Somos tan miserables, y tan proclives a las cosas de este mundo, que apenas podemos aborrecer realmente o desprendernos de las cosas terrenales si no nos aferramos fuertemente a las cosas enumeradas anteriormente. Mediante esos dones, nuestro Señor nos da la fuerza que habíamos perdido a causa de nuestros pecados.

Si una persona no posee la promesa del amor personal de Dios junto con una fe viva no querrá que los demás la desprecien y aborrezcan, ni tampoco perseguirá las demás virtudes que obtienen los espiritualmente maduros. Nuestra naturaleza está tan muerta que perseguimos lo que vemos inmediatamente delante de nosotros.

Son estas gracias, por lo tanto, las que despiertan y fortalecen nuestra fe. Podría muy bien ser que yo, que soy tan malvada, mida a los demás en relación a mí; y que los demás no requieran más de sí que las verdades de la fe para entregar sus palabras de manera más perfecta. ¡Mientras que yo, con lo miserable que soy, lo necesito todo! (*Vida*, X, 4-9).

Mis hijas, manténganse alejadas de la falsa humildad que el demonio recomienda con respecto a la gravedad de vuestros pecados. Porque de esta manera, él trata de alejarnos de la Santa Comunión y también de la oración.

En ocasiones es una humildad grande y verdadera considerar lo malas que somos. Pero, en otras ocasiones, es una humildad falsa y espuria. Lo sé, porque yo misma lo he experimentado.

La verdadera humildad, no importa cuán excelente, no inquieta ni altera el alma. Trae mucha paz y serenidad y deleite. Aunque veamos nuestra profunda maldad, cuánto merecemos estar en el infierno y cuánto nos deben despreciar y aborrecer Dios y los hombres, aun así la humildad trae una cierta dulzura y satisfacción. Esta humildad no ahoga ni aplasta al alma. En cambio, la deleita y prepara para un mejor servicio a Dios.

Mientras que esa otra pena nos preocupa y confunde y lo destruye todo, cuando nos lleva a desconfiar de Dios es la humildad del diablo. Cuando se encuentren es ese estado, pongan de lado todo pensamiento en vuestra propia desdicha y mediten en la misericordia infinita de Dios y piensen en el mérito inagotable y gracia de Cristo Jesús.

Cierta vez, estaba tratando de entender cuál sería la razón por la que nuestro Señor ama tanto la humildad en nosotros. De repente, me acordé de que Él es esencialmente la máxima verdad y que esa humildad es nuestro andar en la verdad. Porque es una gran verdad que no hay nada bueno en nosotros; tan sólo poseemos miseria y vacío. El que no comprende esto, vive en la mentira. Pero el que mejor lo comprende es el que más complace a la Verdad Suprema. Pido a Dios que nos conceda este favor, hermanas. Que nunca estemos sin este humilde conocimiento de nosotras mismas.

¡Oh, soberana de todas las virtudes! ¡Oh, señora de todas las criaturas! ¡Oh, emperadora del mundo entero!

El que te tenga puede avanzar y pelear valientemente con todo el infierno de una sola vez. Permite que tus soldados no teman, porque la victoria ya les pertenece. Tus soldados sólo temen desagradar a Dios. Constantemente le imploran que mantenga todas las virtudes en ellos.

Es cierto que estas virtudes tienen esta cualidad: ellas se ocultan del que las posee para que nunca las vea en él, ni piense que puede poseer una sola de ellas. Los demás ven todas las virtudes en él, pero él las valora tanto que va tras de ellas y las busca como algo que jamás podría obtener alguien como él.

La humildad es una de estas virtudes. Ella es la reina y emperadora y soberana de todas. De hecho, un acto de verdadera humildad ante los ojos de Dios vale más que todo el conocimiento, sagrado y profano, de todo el mundo [Citado en A. Whyte: Saint Teresa, an Appreciation, páginas 61-62].

Regresemos ahora a nuestro castillo de muchas moradas (véase el capítulo 5 de este libro).

No entiendan estas moradas una en pos de otra en secuencia. Más bien, pongan los ojos en el centro, que es la pieza o palacio adonde está el rey. Piensen que es como un palmito que tiene hojas que lo rodean y cubren la parte sabrosa que puede comerse. Aquí, rodeando esta habitación central, hay muchas otros cuartos.

La misma comparación vale para las virtudes enumeradas antes. Las cosas del alma se han de considerar siempre como abundantes, espaciosas y grandes. Hacerlo no es exagerar. Porque el alma es capaz de mucho más de lo que podamos imaginarnos y el sol que está en esta habitación real brilla en todas partes.

Es muy importante que el alma que practique poca o mucha oración no la arrincone ni apriete. Déjenla andar por estas moradas arriba y abajo y en todo su largo y ancho, porque Dios le ha dado a esa alma tan gran dignidad. No la fuercen a permanecer sola en una habitación durante mucho tiempo, a menos que sea en la habitación del conocimiento propio.

Cuán necesario es esta habitación del conocimiento propio, traten de comprenderme, aun para aquellas que tiene el Señor en la misma morada en la que Él está. Porque no importa cuán favorecidas sean, tienen que saber que únicamente la oración y el conocimiento propio las va a madurar. De otra manera no podrán llegar a ser piadosas, aun cuando así lo deseen. Porque la humildad siempre tiene que estar en acción.

Como una abeja que sale volando para traer flores, así el alma mediante este conocimiento propio, puede a veces volar alto para considerar la grandeza y majestad de su Dios. Aquí va a descubrir su verdadera bajeza mejor que en sí misma y será más libre de las sabandijas que entran en las primeras piezas, que es el conocimiento introspectivo. Porque a pesar de que sea por la misericordia de Dios que dicha persona practique el conocimiento propio, aquello que pertenece a los asuntos menores aplica tanto más a los importantes. Y créanme, podremos practicar mucho mejor la virtud con la ayuda de Dios que atadas a nuestra propia desgracia.

No sé si me he expresado con suficiente claridad. Porque el conocimiento propio es algo tan importante que no deseo ninguna relajación en ello, por alto que hayan subido al cielo. Porque mientras estemos en esta tierra, nada es más importante para nosotras que la humildad.

Repito que es bueno tratar de entrar primero en el aposento donde se practica el conocimiento propio que tratar de volar a los demás. Éste es el único camino hacia ellos. La humildad es el camino correcto, y si podemos viajar sobre un sendero seguro y llano, ¿por qué querríamos alas para volar?

Por tanto, tratemos de avanzar por este camino porque, en mi opinión, nunca podremos conocernos a nosotras mismas si no procuramos conocer a Dios. Al considerar su grandeza, nos pondremos en contacto con nuestra propia bajeza; al mirar su pureza, veremos nuestra propia suciedad; al considerar su humildad, veremos cuán lejos estamos de ser humildes.

Muchas almas piensan que todos sus temores se originan en la humildad. Existen tantas otras fuentes que podría mencionar. Estos miedos vienen de no comprendernos bien a nosotras mismas. Ellos distorsionan el conocimiento propio. Y no me sorprende para nada que nunca nos liberemos de nosotras mismas, porque esta falta de libertad es lo que tendríamos que temer.

De modo que digo, hijas, que tenemos que poner nuestros ojos solamente en Cristo, que es nuestro Bien y nuestra Verdad, y en sus santos. Porque allí aprenderemos verdadera humildad. Entonces se mejorará el intelecto y el conocimiento propio no nos hará viles y cobardes.

Aun cuando ésta sea la primera morada, es tan rica y tan preciosa que, si el alma logra escapar de las sabandijas que hay allí dentro, nada le va impedir avanzar. Pero terribles son las artimañas y engaños que usa el diablo. Lo hace para que las almas no se puedan conocer a sí mismas o comprender sus propios poderes (*Castillo interior, I,* capítulo 2).

[Para ilustrar la importancia del conocimiento propio, Teresa cita un ejemplo.]

Les contaré un relato sobre una persona con la que conversé íntimamente no hace mucho tiempo. Era una persona a quien le agradaba comunicarse con frecuencia. Y nunca le hizo daño a nadie.

Esta persona tenía un corazón muy tierno. Vivía en continua soledad y residía sola en su casa. Tenía un carácter tan dulce que nada podía hacerla enojar. Nunca pronunció lenguaje ofensivo alguno. Nunca se había casado ni tenía ya más la edad apropiada para hacerlo. Había sufrido muchas desgracias y todo con su paz y serenidad de costumbre.

Cuando yo percibí esas buenas cualidades, pensé que eran señales de un alma muy avanzada en los caminos de Dios y de la oración. Al principio, yo la estimaba mucho porque veía que no había cometido ninguna ofensa contra Dios. Me enteré por otras personas que ella ponía mucho cuidado en no hacerlo.

Pero cuando conversé con ella un poco más, comencé a percibir que todo iba bien con ella siempre y cuando su interés o amor propio no se vieran comprometidos. Entonces, su conciencia dejaba de ser tan tierna y era en verdad muy insensible. Descubrí que, a pesar de que soportaba todo lo que le decían con paciencia, aun así ella se adhería a puntos de honra o autoestima. Por tanto, estaba sumergida en esa miseria que la mantenía cautiva.

Era además tan adicta a escuchar y preguntar sobre lo que se decía y hacía en el mundo, que yo me preguntaba cómo podía tolerar una persona semejante estar sola una hora. Porque le gustaba mucho su propia comodidad. Se deslizaba por sus acciones y se disculpaba del pecado. Según las razones que daba, yo pensé que la gente la había agraviado en algunas cosas. Ella me pudo engañar bastante y casi todos consideraban que era una santa.

Después de llegar a conocerla, tuve una opinión diferente en cuanto a las persecuciones que decía haber sufrido. Ella no tendría que haberse descrito como libre de toda culpa. Yo no podría envidiar su manera de vivir ni, por cierto, su santidad. Ella y dos personas más que he visto en mi vida, que eran santas según su propio parecer, me han aterrorizado más que todos los pecadores que haya visto jamás. Pido al Señor que nos dé luz para que el diablo, por más que se esfuerce, no nos engañe de la misma manera que engaña a las que viven en sus propias casas (*Conceptos del amor de Dios*, 11, 242-3).

5. LA TENTACIÓN Y LA HUMILDAD

Deseo hablar sobre algunas tentaciones que tienden a padecer las principiantes. Yo misma sufrí algunas de ellas. Podría ser entonces útil dar algunos consejos sobre este asunto.

Al principio, traten de vivir con gozo y libertad, porque hay algunas personas que piensan que perderán su devoción si viven con demasiada espontaneidad. Sin embargo, es correcto que temamos al yo. Al no tener confianza en nosotros mismos, no nos colocaremos en aquellas circunstancias en las que los hombres generalmente pecan contra Dios. Porque es necesario que tengamos miedo a confiar demasiado en nosotras mismos.

Si, entonces, viene una tentación de nuestro temperamento natural, existen pocos que puedan considerarse tan fuertes como para descuidar este peligro. En tanto vivamos, aun por el bien de la humildad, tenemos que ser realistas en cuanto a nuestra miserable naturaleza.

Pero como acabo de decir, existen muchas razones por las que se nos permite relajarnos. Entonces podremos regresar con mayor ímpetu a la oración. En todo se requiere discreción.

Tenemos que tener mucha confianza. Es necesario que no sujetemos nuestros deseos. Más bien, tenemos que poner nuestra confianza en Dios. Si gradualmente nos exigimos a nosotras mismas, alcanzaremos, aunque no de una sola vez, la altura que han alcanzado muchos santos por la gracia de Dios. Si no hubieran estado resueltos a desear, y no hubieran actuado paso a paso conforme a ese deseo, nunca habrían ascendido a semejantes alturas.

Su Majestad busca y ama las almas valerosas. Pero ellas tienen que ser humildes en todo y no tener ninguna confianza en sí mismas. Jamás vi a una de ellas rezagada en el camino. Y el alma cobarde nunca logra avanzar en muchos años lo que avanza la valerosa en tan sólo unos pocos. Nunca deja de maravillarme la importancia de ser valientes para lograr grandes cosas en el camino. Es posible que el alma no tenga la fortaleza para ser valiente y humilde al mismo tiempo. Sin embargo, toma vuelo y asciende a grandes alturas. Y, como una pequeña ave cuyas alas son también débiles, se puede cansar y se ve obligada a tomar un descanso.

Yo solía pensar a menudo en aquellas palabras del apóstol Pablo: "Todo lo puedo en Cristo que me fortalece" (Filipenses 4.13). Vi claramente que yo no podía hacer nada. Me ayudó mucho comprenderlo. También me ayudó lo dicho por San Agustín: "Dame, Señor, lo que Tú ordenas y ordena lo que Tú deseas." A menudo pienso que el apóstol Pedro no perdió nada cuando se tiró al lago, aun cuando tuvo miedo después (Mateo 14.30).

Estos primeros actos de determinación tienen una gran importancia, aun cuando en esta etapa inicial sea necesario controlarnos a veces y sujetarnos a la discreción y guía de directores espirituales. Pero tenemos que tener cuidado de que no sean ellos quienes nos enseñan a arrastrarnos como sapos, ni que sea ellos quienes se dan por satisfechos cuando el alma sólo tiene la intención de atrapar lagartijas. La humildad siempre tiene que ir delante para que podamos saber que esta fortaleza no proviene de nosotros.

Pero es necesario que podamos entender qué aspecto tiene esta humildad. Porque creo que Satanás tratará de ocasionarnos mucho daño. Él quiere impedir que los que comienzan a orar avancen y les sugiere nociones falsas de humildad. Les hace pensar que tener ambiciones espirituales, deseos de imitar a los santos y anhelar ser como mártires es orgullo. Nos va a decir o hacer pensar que al ser pecadores, sólo podemos admirar, pero no imitar, las hazañas de los santos.

Yo también digo lo mismo. Pero tenemos que ver cuáles son las acciones que admiramos y cuáles son también las que podemos imitar sin orgullo. Sería erróneo que una persona que sea débil y enfermiza emprenda semejante ayuno, intenso ascetismo y permanencia en el desierto donde no puede dormir ni encontrar nada para comer.

No obstante, tendríamos que pensar que podemos, con la ayuda de Dios, esforzarnos por tener un gran desprecio por el mundo, no estimar el honor y tener desapego por todas nuestras posesiones. Tenemos un corazón tan avaro que nos parece que, si descuidamos el cuerpo tan sólo un poco por el bien del espíritu, perderemos el mundo entero. Luego argumentamos que nos ayuda poder tener algunos bienes necesarios porque la preocupación sobre ellos perturba nuestra vida de oración.

Me duele que nuestra confianza en Dios sea tan escasa y nuestro amor propio tan fuerte que sintamos ansiedad por nuestras necesidades. Pero así es, porque cuando nuestro progreso espiritual es tan leve, una mera pequeñez nos da el mismo trabajo que los asuntos grandes e importantes les dan a los demás. ¡Y nos creemos espirituales!

Entren, mis hijas, entren a vuestro interior y vayan más allá de esas míseras obras que tienen que desempeñar como cristianas. Dejen que ser siervas de Dios sea suficiente. No deseen mucho más que eso.

Consideren a los santos que han ingresando en la cámara de este Rey y verán por sus vidas la diferencia que hay entre ellos y nosotras. No exijan aquello que no se merecen. Porque no importa el servicio que realicemos, no tenemos que pensar que lo merecemos, ¡nosotras que hemos ofendido a Dios!

¡Oh, humildad, humildad! No sé qué tentación me ha asaltado en este asunto ni puedo dejar de pensar que el que está muy preocupado por la aridez de su alma carece, de alguna manera, de esta virtud de humildad. Por tanto, no deseo insistir en hablar de estas grandes aflicciones interiores de las que ya he hablado antes, pero creo que ello evidencia una gran falta de humildad (*Castillo interior*, III, capítulo 1).

Consideren bien, mis hijas, los puntos que les he marcado. Porque no sé cómo expresarlos mejor. Pero nuestro Señor les ayudará a comprenderlos para que puedan extraer humildad de sus arideces espirituales y no inquietud. Porque esto es lo que el diablo trata de hacer.

Hermanas, adquiramos pues humildad porque éste es el ungüento de nuestras almas. Si poseemos esta virtud, vendrá el cirujano, que es Dios, a sanar nuestras heridas, aunque tarde algún tiempo (*Castillo interior*, III, capítulo 1, 1 y capítulo 2, 2, 6).

6. LA HUMILDAD Y LA IMPACIENCIA ESPIRITUAL

Mi objetivo en la sección anterior era explicar hasta lo que podemos nosotros adquirir. En esta primera devoción podemos ayudarnos algo. Porque pensar y meditar lo que padeció el Señor por nosotros nos mueve a compasión y son dulces la pena y las lágrimas que proceden de ello. El pensar en la gloria que esperamos y el amor que nos tiene nuestro Señor y la comprensión de su resurrección enciende en nosotros un gozo que no es del todo espiritual ni sensual. El gozo es virtuoso y la pena, muy eficaz.

Todas estas cosas nos ayudan a desarrollar una devoción adquirida con el entendimiento. Pero la devoción no la merecemos o alcanzamos a menos que Dios nos la conceda.

Es mejor que el alma que Dios no haya ascendido a un estado más elevado no trate y busque subir. Notemos bien esto, porque todo lo que el alma va a ganar de esta manera es pérdida. En su estado actual, puede realizar muchos actos de buenas decisiones para hacer mucho por Dios y despertar su amor por Dios. Existen otros actos que pueden contribuir al crecimiento de las virtudes según lo que se ha escrito en un libro llamado *El arte de servir a Dios* (escrito por Rodríguez de Solís). Es un excelente libro y apropiado para los que están en este estado y desean entender.

El alma puede también situarse delante de Cristo y acostumbrarse a enamorarse mucho de su sagrada Humanidad. El alma puede permanecer en su presencia continuamente y hablar con Él, pedirle lo que necesita y quejarse de sus problemas. Puede alegrarse con Él en sus contentos y no olvidarse de Él a causa de su felicidad. El alma puede realizar todo esto con palabras acordes a sus deseos y necesidades en vez de oraciones compuestas.

Ésta es una manera excelente de avanzar rápidamente hacia la madurez. El que trate de obtener esta compañía maravillosa va a sacar mucho provecho de ella y va a amar sinceramente a nuestro Señor a quien tanto debemos.

Por lo tanto, no hay razón por la que preocuparnos porque no tenemos más evidencias externas de devoción. Más bien, demos gracias a nuestro Señor que nos permite tener el deseo de complacerle mediante nuestras obras, aunque pobres. Esta práctica de la presencia de Dios es beneficiosa para avanzar en lo espiritual.

El que pasa de este estado y busca avanzar para satisfacer las ambiciones espirituales que le son negadas, perderá, según mi parecer, tanto lo uno como lo otro. [Esto se debe a que pierde la oración de tranquila dependencia de Dios, ya que está ahora buscando voluntariamente abandonarla antes de haber recibido bendición en ella. Y no llegará a la siguiente etapa porque lo está intentando lograr por sus propios medios.] Dado que estas bendiciones espirituales son sobrenaturales, el hombre no las puede alcanzar. Quedará por tanto, desolado y con mucha aridez. Parece que tratar de ascender más alto es una clase de orgullo espiritual. Recordemos que Dios desciende tan bajo que nos permite a nosotros, siendo lo que somos, allegarnos a Él.

No se ha de entender que estoy hablando sobre el impedir a nuestras mentes que consideren las cosas altas del cielo y de su gloria, o de considerar a Dios y su gran sabiduría. Yo nunca lo hice, porque no tenía la capacidad de hacerlo, como ya lo he dicho. Dios me dio la gracia de comprender la verdad sobre las cosas de esta tierra. Sin embargo, es mucho más pensar en las cosas del cielo. Otros pueden así beneficiarse, particularmente aquellas personas que tienen educación. Pero esta educación es un gran tesoro para este ejercicio si lo acompaña la humildad.

He observado esto en algunos letrados que comenzaron hace poco y han avanzado muy rápidamente. Ésta es la razón por la que estoy muy ansiosa de que muchos hombres letrados sean espirituales. Pero hablaré de esto más adelante.

Pues lo que digo: "no se suban sin que Dios los suba" es el lenguaje de la verdadera espiritualidad. El que tenga alguna experiencia, me entenderá. Y si no sé cómo explicarlo o si lo que he dicho no tiene sentido alguno, la persona con experiencia me entiende.

En la teología mística, el entendimiento cesa de obrar porque Dios lo suspende. Pero no debemos imaginarnos que podemos suscitar esta suspensión. No debemos hacer eso. Ni debemos permitir que el entendimiento cese sus obras. En ese caso, seríamos bobos y fríos y el resultado no sería ni lo uno ni lo otro. Porque cuando el Señor suspende el entendimiento y lo hace detener sus obras, coloca delante de él lo que lo asombra y ocupa. Entonces, sin realizar ninguna reflexión, la mente puede comprender en un momento más que lo que comprenderíamos en muchos años de esfuerzos sobre la tierra.

Repito mi consejo. Es muy importante que no tratemos de elevar nuestro espíritu si Dios no lo hace por nosotros. Si Él lo hace, no habrá posibilidad de error.

Esto es especialmente incorrecto para las mujeres, porque el diablo puede engañarlas. Sin embargo, estoy segura de que nuestro Señor no va a permitir que dañemos a nadie cuando nos esforzamos por acercarnos a Dios en humildad. Por el contrario, obtendremos más beneficio y ventaja de los intentos de Satanás por lastimarnos mediante la humillación. He pensado mucho en todo este asunto debido a su importancia (*Vida*, XII).

CAPÍTULO TRES

LA ORACIÓN, COMO FE Y FERVOR POR DIOS ÚNICAMENTE

En qué mal estado están hoy día los religiosos. No estoy comparando hombres y mujeres, si unos guardan las Reglas de la Orden más que los otros. Estoy hablando de la condición en donde se dan dos opciones: una de virtud y religión y otra de falta de religión y moral. No son, sin embargo, opciones iguales. Porque tal es la pecaminosidad de nuestro corazón, que predomina la última opción. Al ser el camino más ancho, es el más popular.

Como se practica muy poco el camino de la religión, los que lo hacen descubren que tienen que temer más a sus propios colegas que a los mismísimos demonios. Tienen que ser muy precavidos cuando hablan de su amistad con Dios. Es mucho más fácil hablar sobre las amistades que el diablo mismo concierta en las comunidades religiosas. No sé, entonces, por qué nos espantamos que haya tantos males en la iglesia. Porque vemos que los que tendrían que ser un ejemplo para los demás desfiguran las obras de los santos de Dios en épocas pasadas. ¡Pido a la divina Majestad que ponga remedio a todo esto, como vea que es menester! Amén (*Vida*, VII).

La oración como afecto y deseo por Dios

Porque la oración no es más que tener amistad con Dios. Es conversar frecuentemente en secreto con Él, que nos ama. Pero el verdadero amor y la amistad duradera requieren ciertos afectos; sabemos que los de nuestro Señor son absolutamente perfectos. Los nuestros son viciosos, sensuales e ingratos. Por tanto, no pueden llegar a amarlo a Él como Él los ama a ustedes, porque no tienen la misma capacidad para hacerlo. Si no lo aman, tendrían que preocuparse por tener su amistad y percibir cuán grande es su amor por ustedes. Entonces podrán superar ese dolor de estar mucho con quien es tan diferente de ustedes (*Vida,* VIII).

Un día, cuando fui al oratorio a orar, vi una imagen que habían colgado allí para celebrar una cierta fiesta de la iglesia. Era una representación de Cristo muy llagado. Al mirarla, me conmoví profundamente. Mostraba gráficamente lo mucho que Jesús había padecido por nosotros. Me sentí muy mal por lo poco que había agradecido yo aquellas llagas. Pensé que se me iba a partir el corazón. Me arrojé al piso y comencé a llorar. Le imploré que me fortaleciera ya de una vez para que no lo volviera a ofender.

Yo era muy devota a imitar las conductas de las mujeres que amaron a Dios, especialmente cuando tomaba la Santa Cena, meditaba en la conversión de María Magdalena. Como sabía que el Señor estaba allí por cierto dentro de mí, me ponía a sus pies y pensaba que no iba a desechar mis lágrimas. No sabía lo que decía. Lo que sé es que Él hizo grandes cosas por mí.

El Señor parecía complacido en que yo derramara esas lágrimas. Mirando a menudo esa imagen, yo parecía avanzar en mis devociones, porque ahora desconfiaba de mí y ponía toda mi confianza en Dios. Me parece que yo le dije entonces que no me levantaría de allí hasta que Él no me concediera lo que le suplicaba. Por cierto creo que esto ayudó mi adoración, porque después de eso, mi vida de oración comenzó a mejorar.

Ésta es la manera en que yo oraba. Me lo imaginaba a Cristo dentro de mí. Pensaba en aquellos momentos en los que Él se encontraba más solo. Me parecía que al estar solo y afligido, como persona necesitada me admitiría a su lado.

Realicé muchas cosas simples como aquella. En especial, me gustaba estar en la oración del Huerto a su lado, acompañándolo. Pensaba en aquel sudor con sangre y en la aflicción que había padecido allí. Deseaba, si hubiera sido posible, limpiarle aquel penoso sudor de su rostro. Recuerdo que nunca osé hacerlo, porque mis pecados graves estaban delante de mí. Solía permanecer con Él mientras mis pensamientos se mantuvieran concentrados en Él.

Pero tenía muchos otros pensamientos que me atormentaban. Durante muchos años, antes de dormirme, solía meditar un poco en el misterio de esta escena de la oración del Huerto mientras decía mis plegarias. Creo que me benefició mucho esta práctica. A menudo, me llevó a orar sin darme cuenta de que estaba orando. Ahora se ha convertido en mi costumbre constante (*Vida*, IX).

Como he dicho, solía tener estas imágenes delante de mí de echarme a los pies de Cristo. A veces, cuando estaba leyendo, me asaltaba inesperadamente una sensación de la presencia de Cristo. No tenía ninguna duda de que Él estaba dentro de mí o que yo estaba totalmente absorta en Él. En ese momento, el alma está suspendida de tal manera que parece estar fuera de sí. La voluntad ama. La memoria, me parece, está completamente perdida. El entendimiento no discurre, mas no se pierde. Yo no hago otra cosa más que estar sentada, asombrada de la magnificencia de lo que experimento. Porque Dios pone en claro que lo que Su Majestad coloca delante del alma es inexplicable.

Antes de tener esta clase de experiencia, yo tenía una cierta clase de ternura del alma que era muy duradera. En cierta medida, era inducida por mis propios esfuerzos. Era un consuelo del espíritu que no era completamente sensual ni tampoco espiritual. Todo es, sin duda, el don de Dios.

Sin embargo, creo que ayudamos a experimentar esta ternura cuando consideramos nuestra bajeza y la ingratitud que tenemos con Dios, cuando pensamos en lo mucho que Él hizo por nosotros: su Pasión con tan graves dolores y su vida tan llena de aflicciones. Además, inducimos esa ternura dentro de nosotros cuando nos deleitamos al contemplar sus obras, su grandeza y el amor que siente por nosotros.

Muchas otras meditaciones van a llenar el corazón de la persona que desea avanzar en las cosas de Dios. Hay progreso, a pesar de que tropecemos en estas meditaciones a causa de nuestra ignorancia. Donde haya un poco de amor, se enternecerá el corazón y comenzarán a fluir las lágrimas (*Vida*, X).

Pienso que es para el bien del alma que se abandone por completo en los brazos de Dios. Si Él la lleva al cielo, que así sea. Si al infierno, no importa; va allí con su Señor soberano. Si la vida llega a su fin para siempre, que así sea. Si Él desea que dure mil años, el alma lo desea también.

Su Majestad puede hacer lo que desea con el alma. Le pertenece a Él. El alma ya no se pertenece. Se ha entregado por completo a nuestro Señor. Por tanto, que deje de lado sus preocupaciones para siempre.

En este estado de oración, el alma se da cuenta de que Dios está haciendo su obra sin presión sobre el intelecto. Está simplemente asombrada de ver que el Señor actúe como tan buen hortelano del alma. Es entonces que, como el derramar sin esfuerzo el perfume de las flores, la fragancia del alma se derrama por doquier. Cuando Dios eleva un alma a este estado, puede hacer esto y mucho, mucho más (*Vida*, XVII).

Mi alma no estaba aún nada fuerte, sino muy tierna, en especial en lo relacionado a dejar algunas amistades que tenía.

Aunque no ofendía a Dios con ellas, había mucho afecto natural en ellas y yo pensaba que sería un acto de ingratitud dejarlas. De modo que le pregunté a mi confesor qué hacer. Me dijo que encomendase el asunto al Señor por unos días y que orara el himno "Veni, Creator" para que Dios me diera luz para saber qué camino tomar. Un día, después de orar por bastante tiempo y habiendo implorado al Señor que me ayudara a complacerle en todo, comencé a entonar el himno. Mientras lo estaba cantando, me vino un arrobamiento tan súbito que casi me saca de mí.

Fue la primera vez que nuestro Señor me concedió la gracia de arrobamientos. Escuché estas palabras: "Yo no quiero que converses con hombres, sino con ángeles." Esto me asombró mucho, porque el movimiento de mi alma fue grande y se me dijeron esas palabras en la profundidad misma de mi espíritu. Me atemorizaron, pero me dieron gran consuelo a la vez. De modo que cuando perdí el miedo causado por la novedad, me quedó un profundo consuelo.

Estas palabras se han cumplido. Nunca más he podido entablar una amistad o tener consuelo ni amor particular sino por personas que creo que aman a Dios. O sea, aquellas que se esfuerzan por servirlo. No ha estado en mis manos hacerlo. No importa si son parientes o amigos. Lo importante es que amen a Dios y que estén consagrados a la oración. Es para mí una pesada cruz conversar con cualquiera que no ame realmente a Dios. Esta es la verdad en cuanto a lo que puedo juzgar.

Desde aquel día, tuve el ánimo de dejarlo todo por Dios, quien estaba tan complacido de cambiar en un instante a su sierva en otra persona. Así que no fue necesario que me lo ordenara otra vez. Cuando mi confesor veía cuán aferrada estaba a esas amistades, no había osado pedirme que las dejara. Debió aguardar a que el Señor obrara, tal como lo hizo. Ni pienso que yo podría haberlo hecho sola, ya que había intentado en vano hacerlo anteriormente. El dolor que me causaba era tan grande, que abandonaba el intento con la excusa de que no era inconveniente tener tales apegos. Ahora el Señor me había puesto en libertad y me había dado la fuerza para hacerlo (*Vida*, XXIV).

El sufrimiento por Dios

Una noche, yo estaba en oración cuando vino la hora de irme a dormir. Estaba con muchos dolores y tenía los vómitos de costumbre. [Éste era su malestar matutino que le impidió durante más de veinte años ingerir alimentos antes del mediodía (*Vida*, VII, 18).] Me vi atada a mi propia debilidad, pero mi espíritu buscaba su propia libertad para gozar de Dios. Me afligió verme tan fatigada. Comencé a llorar mucho y sentí lástima por mí. Esto no me sucedió una sola vez, sino muchas. Me enojaba tanto contra mí misma, que me aborrecía. Por lo general no me detesto, porque trato de hacer lo que sea bueno para mí. ¡Pido al Señor que yo no haga más de lo estrictamente necesario por mí! Pero temo que lo hago.

Mientras estaba así apenada, se me apareció el Señor. Me ofreció gran consuelo y me dijo que tenía que aceptar estas cosas por amor a Él. La espina en mi carne se convirtió en algo importante para mí. Desde ese momento, no he conocido dolor verdadero, ya que estoy decidida a servir a mi Señor y consolador mío con toda mi fuerza.

A pesar de que Dios me permitía sufrir por un tiempo, sin embargo me consolaba de tal manera que ahora hasta anhelo trabajos. Ahora me parece que no hay nada más digno que esto, de manera que el sufrimiento es lo que más le pido a Dios que me dé. A veces le digo a Dios con toda mi alma: "Señor, ¡no te pido otra cosa que morir o padecer! No pido ninguna otra cosa para mí que ésa." Es un consuelo oír el reloj, porque me acerco un poquito más al momento en que veré a Dios y ha pasado otra hora de esta vida (*Vida*, XL).

Oh, Dios mío, qué increíbles sufrimientos tiene que soportar el alma. Ha perdido su libertad y no es su propia dueña. Qué torturas la asaltan en esta condición. A veces me pregunto cómo puedo vivir en esta agonía del alma que padezco. ¡Alabado sea Dios que da su propia vida a mi alma para que yo pueda escapar de una muerte tan letal! Por cierto, mi alma ha recibido gran fortaleza de Su Divina Majestad. Él ha tenido compasión por mi gran desdicha, y me ha ayudado.

Oh, que infortunio para mi alma tener que regresar a entablar negociaciones con este mundo después de haber conversado con el cielo. ¡Tener que desempeñar un rol en la triste farsa de esta existencia terrenal! Y, sin embargo, estoy presionada por los dos (Filipenses 1.23). No me puedo escapar de esta vida. Debo permanecer en este mundo para cumplir con mi deber.

Entretanto, qué intenso es mi cautiverio. Soy desgraciada en mi alma. Y una de mis mayores penas es ésta, que estoy sola en mi exilio. A mi alrededor, la gente parece haber encontrado su meta y objetivo en la vida dentro de esta terrible prisión, y dicen: "Alma, descansa" (Lucas 12.19).

Pero la vida de mi alma son aflicciones constantes. La cruz pesa siempre sobre mis hombros. Al mismo tiempo, sin duda avanzo. Dios es el Alma de mi alma. Abraza mi alma en Él. La ilumina y fortalece. Día y noche, la atiende. Le da cada vez más gracia. Esto no se debe a mí. Ninguno de mis esfuerzos lo ha provocado. Su Majestad lo hace todo. Y me ha tomado de la mano para que no retroceda.

A menudo, ocurre que cuando no estoy siquiera pensando en las cosas de Dios, pero estoy ocupada en otros asuntos, o cuando la oración va más allá de mi poder, los esfuerzos que hago por orar en estas condiciones, a pesar de que los dolores físicos entorpecen mi espiritualidad, son recompensados por una elevación de espíritu o recogimiento. Viene tan repentinamente que no puedo controlarla. En un instante, tengo sus frutos y alegrías. Esto ocurre sin tener ninguna visión o locución o conocimiento de dónde estoy excepto que, cuando el alma está en este estado, avanza mucho. Esto no lo podría haber logrado por mis propios medios. Su ganancia es mucha.

En otros momentos, tienen lugar ciertos ímpetus excesivos acompañados por un desmayo del alma por Dios, de modo que no tengo ningún control de mí misma. Me da la impresión de que mi vida ha llegado a su fin. Tengo que clamar y pedir ayuda al Señor. Esto me sobreviene con gran vehemencia. A veces no puedo permanecer sentada, tan grande es la opresión en mi corazón. Este dolor aparece sin haber hecho nada para ocasionarlo. Su naturaleza es tal que mi alma nunca desea estar sin ello mientras viva.

Sin embargo, el anhelo que siento no es el de seguir viviendo. Esos sentimientos aparecen porque tengo la impresión de que tengo que seguir viviendo sin alivio, porque el alivio sólo viene con la visión de Dios que tenemos al morir. No obstante, no puedo provocar la muerte. Con todo esto, mi alma piensa que todos los demás experimentan consuelo y encuentran ayuda en su aflicción, ¡menos yo! El desasosiego creado por esto es tan intenso que, si nuestro Señor no me aliviara con un arrobamiento, donde todo se aquieta y el alma descansa en una gran calma y la satisfacción de escuchar otras cosas, sería totalmente intolerable seguir soportando un minuto más. En otras instancias, me sobreviene con tanta intensidad el deseo de servir a Dios, que la experiencia es indescriptible. Está acompañada por un cierto dolor al ver lo poco provechosa que soy.

En estas ocasiones, me parece que no hay nada, ni muerte, ni martirio, que yo no podría fácilmente soportar. Esta convicción viene de repente y es el resultado de una reflexión estudiada. Cambio completamente y no sé cómo he recibido semejante valentía. Me hace sentir el deseo de gritar desde lo alto de las casas lo terriblemente importante que es que ningún hombre esté satisfecho con el estado de las cosas cuando ve las cosas maravillosas que Dios ha preparado para darnos (1 Juan 3.1).

Repito, estos deseos son tan magníficos que me parece que me derrito. Porque deseo lo que no puedo contener. El cuerpo parece entonces ser como una prisión, debido a su incapacidad de servir a Dios en la condición en que me encuentro. Si no fuera por el cuerpo, sería capaz de hacer grandes cosas empujada por la fuerza del deseo. Pero como veo que no tengo ninguna fuerza para servir a Dios, siento el dolor de dicha frustración. Es intolerable. El asunto se encuentra sólo en el deleite, recogimiento y consuelo de Dios.

Otras veces, cuando me dan estas ansias por servirle, sólo deseo hacer penitencias. Pero no puedo. Esto me aliviaría mucho, pero soy tan débil que no puedo hacerlas. Debido a la debilidad de mi cuerpo, no puedo hacer nada. Al mismo tiempo, sospecho que si me entregara a tales deseos, no podría mantener ninguna moderación.

A veces siento mucha desazón al tener que hablar con los demás. Sólo deseo estar sola. Me hace llorar copiosamente, porque lo que anhelo es estar a solas con Dios. Aunque algunas veces no oro ni leo, me consuela la soledad. La pesadez de las conversaciones superficiales me resulta opresiva. Me hace sentirme esclavizada, excepto en aquellas ocasiones cuando la conversación se concentra en asuntos de oración y el alma. En esos momentos, encuentro consuelo y alegría. Sin embargo, incluso estos son demasiado para mí y preferiría no ver a nadie. Deseo ir a donde pueda estar sola. Sin embargo, esto no ocurre a menudo, porque aprecio a aquellos que son mis directores espirituales.

Otras veces, me da mucha pena tener que comer y dormir, porque reconozco que tengo que hacer tales cosas. De modo que me entrego a esa necesidad para poder servir a Dios más eficazmente. Aun esos deberes se los ofrezco a Dios.

El tiempo parece tan breve que nunca parezco tener el suficiente para orar, porque nunca me cansaría de estar a solas con el Señor.

Siempre desearía tener más tiempo para leer, porque siempre me han gustado los libros. Leo muy poco, ya que no bien lo hago, comienzo a pensar en lo mucho que me gusta y la lectura se convierte en oración. Sin embargo, pocas veces puedo hacerlo. Porque tengo muchos deberes que no me dan el mismo placer que la lectura, sin embargo los tengo que hacer (*Relaciones*, I).

Otra clase de oración que experimenta comúnmente [Teresa] es una cierta clase de herida. Es como si le clavaran una flecha en su corazón o en la oración misma. Esto le ocasiona mucho dolor a su corazón de modo que el alma se vea obligada a quejarse. Sin embargo, el sufrimiento es a la misma vez tan extático que el alma tiene la esperanza de que nunca acabe.

El sufrimiento no es de los sentidos, ni es una herida física. Es en el interior del corazón, sin ningún síntoma externo de dolor. No lo puedo comparar con ningún otro dolor sin aparecer ridícula. No es algo de lo que se pueda escribir o hablar, porque es imposible que lo entienda personalmente alguien que no lo haya experimentado.

Sin embargo, es suficiente que alguien aprecie que esos dolores espirituales son infinitamente más agudos que los dolores físicos. Por tanto, nos hace pensar cuán agudos son los sufrimientos del infierno.

En otros momentos, esta herida de amor parece provenir de lo más profundo del alma. Sus efectos son grandes. Cuando el Señor no los causa, no hay remedio para ello, sea lo que sea que tratemos de inducir. Ni podemos evitarlos cuando Su Majestad decide causarlos. Los efectos son un anhelo por Dios, un desprecio por el pecado y una profunda conciencia de cómo la caída de Adán nos ha robado el propósito que tenía Dios para el hombre hecho a la imagen de Dios (*Relaciones*, VIII).

Durante la Octava de Todos los Santos, tuve dos o tres días de intensa angustia. Fue el resultado de la memoria de mis grandes pecados. También temía las persecuciones que no tenían otra base más que las acusaciones maliciosas contra mí. Entonces me faltó todo la fuerza de padecer por Dios. A pesar de que buscaba darme ánimo y actuaba de acuerdo con ello, era inútil, ya que el dolor nunca me abandonaba. Era una lucha perdida.

Luego me topé con una carta donde mi buen Padre había escrito y citado al apóstol Pablo, que dice que Dios no permite que seamos tentados más de lo que podemos sufrir (1 Corintios 10.13). Aquello me dio un gran alivio.

Pero la noche siguiente, encontré otro dicho de San Pablo en mi lectura, lo cual comenzó a darme consuelo. Con un cierto recogimiento, pensé detenidamente que tenía al Señor tan presente en mi interior que verdaderamente parecía ser Dios vivo. Mientras meditaba en esto, Él me habló y lo vi muy dentro de mí. Estaba como al lado de mi corazón. Me habló en una locución. Sus palabras fueron: "Aquí estoy, sólo quiero que veas lo poco que puedes hacer sin Mí." Me sentí inmediatamente reconfortada y se quitaron todos mis miedos (*Relaciones*, IX).

En otra ocasión, sufrí grandes tribulaciones y murmuraciones [sobre la fundación de una de sus casas]. Casi todos en el lugar donde estaba viviendo y los miembros de mi propia Orden estaban en contra de mí. Cuando estaba en medio de este desasosiego y afligida por muchas ocasiones que había para inquietarme, nuestro Señor me habló y me dijo: "¿De qué tienes miedo? ¿No sabes acaso que soy todopoderoso? Yo cumpliré lo que te he prometido." Y así fue, tal como lo había prometido. Sentí una nueva fortaleza y de inmediato me pareció que estaba dispuesta a soportar mayores pruebas aún para servirle (*Vida*, XXVI).

La visión de Dios

Un día, mientras estaba en oración, experimenté semejante dulzura en mi alma que comencé a pensar cuán poco me merecía tal bendición. De modo que comencé a pensar que lo único que me merecía era la maldición del infierno.

Mientras pensaba en esto, mi alma se comenzó a inflamar y me vino un arrebatamiento de espíritu que no puedo describir. Me pareció estar metida y llena de la grandeza de Dios. En esa augusta majestad, pude entender una verdad, que es el cumplimiento de todas las verdades. Sin embargo, no puedo explicar cómo, porque no vi nada.

Me dijeron, sin ver quién, aunque yo entendí bien que era la misma Verdad: "No es poco esto que hago por ti. Es una de las cosas por la que mucho me debes. Porque todo el daño que viene al mundo proviene de no conocer las verdades de la Escritura con claridad. No faltará ni una sola tilde de ella" (Mateo 5.18).

Pensaba que todos los creyentes aceptaban esto y que yo siempre lo había creído. Luego me dijo: "¡Ay, hija, qué pocos me aman de verdad! Si me amaran, Yo no les encubriría mis secretos. ¿Sabes qué es amarme con verdad? Entender que todo lo que no me es agradable es mentira. Ahora no lo entiendes, pero luego lo verás con claridad, por el beneficio que traerá a tu alma."

Y, alabado sea el Señor, así lo he visto. Porque después de esta visión, tiendo a mirar todo lo que no va guiado al servicio de Dios como vanidades y mentiras. No puedo decirles qué convencida estoy de esto, ni la lástima que siento por los que veo que viven en la oscuridad, sin conocer la verdad. He tenido otras bendiciones de esta experiencia, algunas que puedo describir y otras que son indescriptibles.

Al mismo tiempo, el Señor me dijo una palabra especial de grandísimo favor. No sé cómo lo hizo, porque no vi nada, pero me llenó de una manera imposible de describir. Me dio una enorme fortaleza para cumplir con todas mis fuerzas todo lo que estuviera contenido en las Sagradas Escrituras. Me pareció que yo podría superar cualquier obstáculo que se me antepusiera.

De esta verdad divina que se implantó en mí, quedó en mí una verdad como esculpida que me lleva a obedecer de una manera nueva a Dios. Me da a conocer su majestad y poder de una manera imposible de comunicar. Puedo apreciar que es muy exaltado. Tengo un enorme deseo de no hablar más que de estas profundas verdades; ellas sobrepasan todo lo demás que se pueda tratar aquí en este mundo. De modo que comencé a tener pena de vivir en él.

La visión me dejó con una gran ternura, gozo y humildad. Me parecía que el Señor me daba ahora grandes cosas. No tenía ninguna sospecha de que fuera una ilusión. Comprendí entonces lo que significa para el alma caminar en la verdad, en la presencia de la Verdad misma. Lo que entendí simplemente es esto: Nuestro Señor es la misma Verdad (*Vida*, XL).

En cierta ocasión en que estaba orando, tuve una visión en la que vi cómo se ven todas las cosas en Dios. No puedo explicar lo que vi, pero lo visto permanece hasta el día de hoy impreso profundamente en mi alma. Es una de las grandes mercedes que el Señor me ha hecho. Cuando recuerdo esa magnífica visión siento una confusión, vergüenza y horror indecibles y luego me acuerdo de los pecados que he cometido. Creo que si el Señor se hubiera complacido en enviarme tal revelación de Sí años antes, no habría tenido ni el corazón ni el atrevimiento para pecar.

La visión era tan sutil y delicada, tan espiritual, que mi entendimiento no la pudo alcanzar. Para utilizar un ejemplo, era algo así.

Digamos que la Divinidad era como un claro diamante, mucho más grande que todo el mundo, y que todas nuestras acciones se reflejaban en él. Vi algo parecido. Porque vi todas mis malas acciones reunidas y reflejadas en ese mundo de luz. Les digo que fue una de las cosas más espantosas y lastimosas que haya visto jamás. No sabía dónde esconderme, porque esa luz brillante, en la que no había ninguna oscuridad, tenía en su interior el mundo entero y todos los mundos.

Verán que no me podía escapar de su presencia. ¡Oh, que aquellos que cometen los deshonestos y feos pecados en la oscuridad pudieran ver esto! ¡Oh, que vieran que no hay lugar oculto de Dios! ¡Que entendieran que todo lo que hacen, lo hacen delante de Él y en Él! ¡Oh, la locura de cometer pecados en la presencia inmediata de tan gran Majestad, ante cuya santidad todo nuestro pecado es tan aborrecible! En esto vi también su gran misericordia, pues entendí que entendiendo todo esto, nos sufre (*Vida*, XL).

Oh, Señor de mi alma y Eterno Bien, ¿por qué es que cuando un alma decide seguirte y hace lo mejor que puede para olvidarse de todo por Ti, por qué es que no perfeccionas al instante tu amor y tu paz dentro de esa alma?

Pero he hablado de manera tonta y sin sabiduría, porque somos nosotros que estamos en falta en oración y no Tú. Tardamos tanto en entregarte nuestro corazón. Tú no permites que disfrutemos de ti sin pagar bien por algo tan precioso.

No existe nada en todo el mundo con lo cual comprar la difusión de tu amor en nuestro corazón pero el amor de nuestro propio corazón. Sin embargo, si hiciéramos lo que podemos, no aferrándonos con nuestro corazón a nada en este mundo, sino tener nuestro tesoro y nuestra conversación en el cielo, entonces esta bendición sería pronto nuestra, así como lo testimonian todos tus santos. Porque Dios nunca se niega a aquél que paga este precio y que persevera en buscarlo. Poco a poco, de vez en cuando, Él fortalecerá y restaurará esa alma hasta que sea, finalmente, victoriosa.

Si el que ingresa en este camino se exige lo suficiente, no sólo irá al cielo, sino que no irá solo, porque llevará a otros con él. Dios le dará como a un buen líder aquellos que irán tras él. Pero no permitamos que ningún hombre de oración espere disfrutar aquí toda su recompensa. Tiene que permanecer siendo un hombre de fe y oración hasta el final.

Que decida entonces, no importa cuán grande su aridez o falta de devoción, que jamás deje a Cristo caer con la cruz. Vendrá el día en el que recibirá todas sus peticiones en una gran respuesta, y toda su paga en una gran recompensa. Porque sirve a un buen Amo que lo mira y cuida. Y no permitan que le haga caso a sus malos pensamientos, aun cuando lo asalten en el medio de sus oraciones, como a San Jerónimo en el desierto.

Pero estos trabajos del alma tienen su justo precio y recompensa. Y les puedo asegurar, como alguien que sabe lo que está diciendo, que una sola gota de agua del bendito pozo de Dios los va a sostener y recompensar por otro día y otra noche en su vida de oración eterna.

El Padrenuestro

Les daré ahora algunas meditaciones sobre el Padrenuestro. Porque en la multiplicidad de libros, parece en ocasiones que perdemos toda nuestra devoción a esa plegaria. Sin embargo, es importante que nunca la olvidemos.

Está claro que cuando un maestro enseña algo, le toma cariño al alumno y le gusta que le agrade lo que le enseña y lo ayuda para que lo aprenda. Así actúa nuestro Maestro celestial con nosotros.

Por eso, no les hagan caso alguno a los miedos que les pongan [en cuanto a la oración, como algunos teólogos argumentaban en la época de Teresa] o a los temores que les describan. Tomen en cuenta que ésta no es época para creer a todos, sino sólo a aquellos que vean que viven de acuerdo a la vida de Cristo (*Camino de perfección*, XXI).

Las oraciones mentales y vocales van de la mano. Si alguien les dice que pueden recitar el Padrenuestro y estar pensando aún en el mundo, me quedo tristemente en silencio. Porque si ustedes hablan con un Señor tan magnífico, es necesario que se den cuenta a quién se están dirigiendo, si le prestan el debido respeto. ¿Cómo pueden dirigirse a un rey y llamarlo "su majestad" o conocer los modales correspondientes cuando se dirigen a una persona noble, a menos que estén familiarizados con su rango y dignidad?

¿Qué, pues, es esto, Señor mío? ¿Qué es esto, mi Emperador? ¿Cómo puede tolerarse? ¡Tú eres mi Dios, el Rey eterno, cuyo reino no es prestado! De manera que tengo que meditar en la grandeza de Dios, aun cuando le rece en silencio (*Camino de perfección*, XXII).

En la oración, tengo que enfatizarles que mucho depende en comenzar con gran determinación. Existen muchas razones, pero sólo mencionaré unas pocas.

La primera es que como Dios nos ha dado tanto, y como Él continúa bendiciéndonos, es preciso que hagamos las cosas con seriedad y le demos nuestras oraciones desde nuestro corazón. Si les damos tiempo a los demás, ¿acaso se merece el Señor menos que ellos? No pensemos que ese tiempo nos pertenece, sino que démoselo todo por entero.

La segunda razón para la determinación es que el diablo tiene mucho menor poder para tentarnos cuando estamos en oración. Le teme a las almas resueltas porque sabe por experiencia que éstas le hacen mucho daño.

Una tercera razón es que el alma decidida lucha con mayor valentía. Sabe que, pase lo que pase, no debe echarse atrás (*Camino de perfecció*n, XXIII).

Cuando decimos pues la oración de nuestro Señor, no permita Dios que olvidemos quién es verdaderamente este Amo que nos enseñó esta oración. [Véase Mateo 6.9-13.] Tengamos presente que oramos con amor y deseo para beneficiarnos también de semejante actitud.

Su Majestad nos enseña también que dicha oración tiene que ser hecha en soledad, porque Él también oraba de esa manera. Sin embargo, no lo hacía a causa de sus propias necesidades, sino para nuestra instrucción. Recuerden lo que ya les dije, que no podemos orar a Dios y el mundo a la misma vez. Sin embargo lo hacemos si pensamos todo el tiempo en lo que los demás están pensando de nuestras oraciones, o si estamos distraídos o permitimos que divague nuestra imaginación (*Camino de perfección*, XXVI).

Consideremos las palabras que pronuncia su divina boca, porque las primeras palabras os enseñarán el profundo amor que el Señor tiene por ustedes. No es una simple bendición que nos demos cuenta de que semejante Maestro ama a sus discípulos (*Camino de perfección*, XXVI).

"Padre nuestro que estás en los cielos." ¡Oh, Señor mío, cómo parecéis Padre de tal Hijo y cómo parece vuestro Hijo ser hijo de tal Padre! ¡Bendito seáis para siempre jamás! El concluir la oración con esta bendición sería maravilloso, pero ésta es la manera en que le das comienzo. Al empezar, nos llenas las manos y nos bendices tanto. Esto es suficiente para ocupar todos nuestros pensamientos y hasta tal punto que no podemos decir una palabra más.

¡Oh, qué bien vendría aquí la contemplación, hijas! ¡Qué elevada razón podría tener el alma para entrar en sí para que Cristo le diera a entender qué lugar glorioso ha de ser el cielo, donde habita su Padre! De modo que dejemos esta tierra, hijas mías, que semejante favor sería desmerecido si aquí permaneciéramos.

¡Oh, Hijo de Dios y Señor mío! ¿Cómo nos das tanto junto con la primera palabra? ¿Cómo es que no sólo te humillas hasta tal extremo para unirte con nosotros en nuestras peticiones y te conviertes en nuestro hermano a pesar de nuestra condición baja y miserable, sino que además nos das, en el nombre del Padre, todo lo que se puede conceder? Lo haces porque Tú deseas que Él nos adopte como hijos. Tu palabra nunca falla. Tú lo obligas a mantener su palabra, lo cual no es pequeña carga.

Como Padre, Dios sufre nuestras ofensas, por graves que sean. Si regresamos a Él, nos perdona y nos consuela como al hijo pródigo. Él está obligado a ser mejor que todos los padres del mundo, porque en Él no puede haber nada que no sea perfecto. Además de todo esto, es tu deseo que seamos participantes y herederos contigo. De manera que ahora, hijas, ¿no piensan que Él es un buen Maestro que, para atraernos a aprender lo que enseña, comienza por concedernos tal magnífico favor (*Camino de perfección*, XXVII).

Consideremos a continuación lo que dice nuestro Maestro: "Que estás en los cielos." ¿Piensan que importa poco saber qué es el cielo adonde podemos encontrar a nuestro sagradísimo Padre? Pues es importante que nuestros pensamientos errantes lo sepan. Al saberlo, unimos nuestro entendimiento y el recogimiento del alma. Ya sabemos que Dios está en todas partes. Ahora sabemos claramente que donde se encuentra su corte, se encuentra también el Rey. Entonces, donde Dios está, allí está el cielo. Sin duda alguna podemos saber que donde está Su Majestad, también está su gloria.

Pensemos también en las palabras de San Agustín. Él buscó a Dios en muchos lugares y finalmente lo encontró dentro de sí mismo. Qué importante es esta verdad para el alma desanimada, que no hay necesidad de acudir al cielo para hablar con el Padre eterno. No hay necesidad de hablar en voz alta, porque no importa cuán bajo hablemos, Él está lo suficientemente cerca como para oír. Tampoco necesitamos alas para volar y buscarlo, porque podemos estar a solas y mirarlo en nuestro interior.

Hagamos de cuenta que en nuestro interior hay un inmenso palacio, cuyo edificio magnificente está compuesto por oro y piedras preciosas. Es todo lo que tendría que ser para semejante Señor. Él está sentado en un trono de inmenso valor, que es nuestro corazón.

Al principio hacer esta ficción les habrá de parecer algo impertinente. ¡Pero lo que convoca semejante admiración es que Aquél que puede llenar con su inmensidad mil mundos, se encierra en una cosa tan pequeña! Sin embargo, se vio complacido a confinarse dentro del vientre de la virgen María.

Él, como es Señor, trae consigo la libertad y, como nos ama, se reduce a nuestra medida. Cuando el alma comienza a conocerlo, Él no se revela por completo de una sola vez, ya que no desea que el alma se alborote por ser tan pequeña y tener dentro de sí algo tan magnífico. Poco a poco, Dios ensancha el corazón de acuerdo a lo necesario. Por esto digo que trae consigo libertad, pues tiene el poder de agrandar este palacio.

El punto reside en que nos entreguemos a Él con toda determinación para que pueda hacer lo que desea en nuestra vida. Éste es su deseo y Su Majestad tiene sus propias razones. No se lo neguemos. Y como Él no nos fuerza, sólo toma lo que le damos. Pero no se entrega del todo hasta que nosotros no nos entreguemos por completo a Él (*Camino de perfección,* XXVIII).

Consideremos ahora qué más dice en su oración. ¿Qué le pide al Padre? Hasta la persona más disparatada piensa de antemano cómo realizará sus peticiones delante de una persona importante. ¿No considera además lo que podría necesitar antes de pedir? ¿No podrías, Jesús, haber pedido en una palabra todo lo que podríamos necesitar? ¿No podrías haber dicho:"Dadnos, Padre, lo que nos conviene," ya que a quien tan bien lo entiende todo, nada más parece necesario?

¡Oh, Sabiduría eterna! Entre Tú y tu Padre, esto hubiera sido suficiente, y así lo rogaste en el huerto. Tú mostraste tu voluntad y manifestaste tu sumisión. Te entregaste a la voluntad de su Padre. Y Tú sabes que no estamos tan rendidos como Tú lo estabas a tu Padre. Porque nuestra naturaleza es tal que, a menos que recibamos lo que deseamos, no aceptamos naturalmente lo que Dios nos entrega. A pesar de que esto sería a la larga lo mejor, nunca pensamos que somos ricos a menos que tengamos dinero en los bolsillos.

¡Oh, Señor! ¿Por qué tienen tan dormida la fe? Es importante, entonces, que sepamos lo que hacemos cuando decimos: "Padre nuestro." Pongan cuidado para que en el momento en que Él les conceda vuestro pedido, no se lo tiren a la cara. Presten mucha atención qué es lo que le dicen a Dios.

Nuestro buen Jesús nos dice que digamos estas palabras en las que le pedimos que venga a nosotros dicho reino: "Santificado sea tu nombre, venga a nosotros tu reino."

Es necesario que comprendamos lo que pedimos cuando decimos: "Tu Reino." Como Su Majestad vio que no podíamos santificar, ni alabar, ni engrandecer, ni glorificar el santo nombre del Padre Eterno de una manera digna, nos dio su reino aquí en la tierra. Ésta es la razón por la que Jesús colocó las dos peticiones juntas [Teresa cree que la contemplación, la "oración de quietud" es un don del reino.] (*Camino de perfección,* XXX).

El Señor comienza a darnos a entender que Él ha escuchado nuestras peticiones y que ya ha comenzado a darnos su reino aquí para que de veras lo alabemos y santifiquemos su nombre y procuremos que todos lo hagan. Nuestro Señor coloca su reino en nuestras manos [mediante la oración de quietud]. Sin embargo hacemos oídos sordos porque nos encanta escucharnos hablar y repetimos de prisa muchas plegarias en voz alta, como el que se apura para completar una tarea. Lo hacemos todos los días. De modo que cuando nuestro Señor nos da el reino, no lo aceptamos, imaginándonos que estas plegarias en voz alta son mejores. Como resultado, muchos pierden un gran tesoro.

De manera que es mejor decir una sola palabra del "Padrenuestro" que farfullar todo sin reflexionar en su verdadero significado o realmente entenderlo. Aquél a quien le rezamos está muy cerca. No va a dejar de escucharnos. Por tanto, podemos verdaderamente alabar y santificar su nombre, porque ahora glorificamos a

Dios como si perteneciéramos a su casa y lo alabamos con más afección y deseo. Cuando hayan saboreado "cuán precioso es" no podrán evitar conocerlo mejor (*Camino de perfección*, XXXI).

Ahora que nuestro buen Maestro nos ha concedido tan gran merced de hacernos hermanos suyos, veamos que quiere que le demos a su Padre, qué le ofrece por nosotros y qué es lo que nos pide.

Como nos has dado tu reino, mi Señor, no nos privas de nada. Y, cuando decimos las siguientes palabras: "Hágase tu voluntad en la tierra como en el cielo," damos todo lo que podemos. Haces bien, nuestro buen Maestro, en pedir esto, para que te ofrezcamos lo que ya nos has entregado para dar. Si así no fuera, nos resultaría imposible hacerlo. Como tu Padre nos da su reino, sé que podemos, mediante la fe, darle lo que Tú nos ofreces. Porque cuando el cielo se convierta en la tierra, será posible cumplir en mí tu voluntad. Sin esto, en tierra tan yerma como la mía, no sé de qué otra manera sería posible.

Deseo recordarles cuál es su voluntad. No teman que sea darles riquezas, placeres y honores o cualquier ventaja terrenal. Nuestro Señor los quiere demasiado como para hacer esto. Valora mucho lo que le dan y desea recompensarlos ampliamente. Aun cuando están vivos, les da su reino.

¿Quieren ver lo que hace a aquellos que oran: "hágase tu voluntad" con sinceridad? Pregunten a su Hijo glorioso que lo dijo cuando oraba en el huerto. Como lo dijo con determinación y con toda su voluntad, la respuesta fue darle trabajos y dolores, injurias y persecuciones, hasta que al final acabó su vida con la muerte en la cruz. Vean aquí, entonces, lo que Dios le dio a quien más amaba. Así es como podemos conocer cuál es su voluntad.

De modo que oramos: "Cúmplase en mí, Señor, tu voluntad de todas las formas y maneras que Tú, Señor mío, dispongas.

Si deseas con aflicciones, sólo dame la fuerza y que vengan. Si con persecuciones, enfermedades, deshonras y necesidades, aquí estoy. No voy a volver el rostro, Padre mío, ni tampoco le daré las espaldas a todo esto, porque tu Hijo dio todo esto por nosotros. ¿Por qué no habría de hacer yo lo mismo? Pero concédeme el favor de darme tu reino para que yo pueda hacer tu voluntad. Dispone de mí como cosa tuya, de acuerdo con tu voluntad" (*Camino de perfección*, XXXII).

Conociendo nuestra debilidad, y cuán asiduamente nos hacemos creer que no conocemos la voluntad de Dios porque somos débiles, y siendo tan misericordioso, Él se dio cuenta de que era necesario un remedio. De modo que pidió a su Padre eterno por nosotros que tuviéramos este pan celestial. Se dio cuenta de que cumplir la voluntad de Dios sin esta provisión nos resultaba demasiado difícil. Porque traten de decirle a alguien que vive rica y suntuosamente que la voluntad de Dios es que sea moderado, de manera que los que mueren de hambre tengan pan, y esa persona va a poner mil excusas para explicar por qué no conoce la voluntad de Dios. O díganle a algún gruñón que ame a su semejante como se ama a sí mismo y buscará con impaciencia toda excusa para justificar no conocer la voluntad de Dios.

Nuestro buen Jesús vio por tanto nuestra necesidad y nos dio esta petición: "El pan nuestro de cada día, dánoslo hoy." En este pedido solicitó más que en todo el resto, porque conocía la muerte que lo haría sufrir y las terribles afrentas que habría de soportar. ¿Y cuántas afrentas se le ofrecen ahora a Él en el Santísimo Sacramento? De manera que Su Majestad nos da este alimento, el maná de la humanidad, para que nunca padezcamos hambre ni tengamos que morir por falta de pan (*Camino de perfección*, XXXIV).

Nuestro buen Maestro, viendo que nos resulta más fácil hacer su voluntad mediante este alimento celestial, pide ahora que perdone nuestras deudas, así como nosotros perdonamos a nuestros deudores. Avanzando en su oración, usa estas palabras: "Perdónanos nuestras deudas, como también nosotros hemos perdonado a nuestros deudores." Noten que no dice: "como habremos de perdonar," sino más bien, habiendo ya aceptado la voluntad de Dios y habiendo recibido el gran don de la petición anterior, éste ya ha perdonado a los demás.

El que ya haya dicho: "Hágase tu voluntad," tendría que haber ya perdonado. Pero todo aquél que esté decidido en oración a perdonar y se levante de la oración sin haber perdonado en absoluto, esa persona tiene en poco la oración. Por cierto, la verdadera prueba de nuestra oración es ver si hacemos la voluntad de Dios, incluyendo el espíritu de perdón (*Camino de perfección*, XXXVII).

No obstante, aquellos que se han remontado a las alturas espirituales necesitan poner aún más atención para no caer. Para que no caigan en engaño sin darse cuenta, Él agrega esta petición a los que viven en esta tierra de exilio: "Y no nos dejes caer en tentación, sino líbranos del maligno." Porque el diablo puede hacer mucho daño sin que nos demos cuenta, haciéndonos creer que tenemos virtudes que no poseemos. Este engaño es una peste terrible, porque como consecuencia no tratamos de adquirir esa virtud que pensamos que ya poseemos. Y por tanto avanzamos con una seguridad falsa y caemos en una zanja de la que no podemos salir. Ésta es una tentación muy peligrosa. El mejor remedio para ello es orar, implorando a nuestro Padre eterno que no nos meta en tentación (*Camino de perfección*, XXXIX).

[Teresa habla luego de otras tentaciones, tales como pensar que somos realmente pobres, o muy humildes, cuando en realidad nos estamos engañando a nosotros mismos.]

No permitan que su alma se esconda en un rincón. Porque en vez de adquirir mayor santidad, va a contraer muchas imperfecciones que el demonio le pondrá por otras vías. Aquí vemos entonces cómo estas dos virtudes: el amor de Dios y el temor de Dios, nos permiten avanzar con sosiego y tranquilidad. Con el temor yendo siempre delante, no andemos con descuido. Mientras vivimos, no podemos disfrutar de seguridad; esto sería muy peligroso. Esto lo comprendió nuestro Instructor porque, al final de su oración, le dijo a su Padre: "Mas líbranos del mal." Él comprendió muy bien cuánto lo necesitábamos (*Camino de perfección*, XLI).

¡Oh, Señor y Dios mío, líbrame ya de todo mal y ten por bien llevarme adonde están todos los bienes! ¿Qué pueden esperar de este mundo aquellos a los que Tú les has dado algún conocimiento de lo que es el mundo y los que tienen una fe viva en lo que el Padre celestial les tiene reservado? El pedir esto con gran deseo y total determinación de disfrutar a Dios es una señal segura para los contemplativos de que los favores que reciben en oración provienen de Dios. Por ende, que los que lo tengan, lo valoren mucho.

Él me ha hecho comprender lo mucho que pedimos cuando decimos esta oración celestial. Que sea bendito para siempre, que es cierto que jamás imaginé que esta oración encerrara tantos misterios en ella. Ya han visto que ella incluye el camino espiritual, desde el principio mismo hasta que Dios engolfa el alma y le da a beber abundantemente de la fuente de agua viva que dije que estaba al fin del camino (*Camino de perfección*, XLII).

CAPÍTULO CUATRO

LA VIDA DE ORACIÓN COMO UN HUERTO

1. PRÓLOGO

Para poder avanzar en la oración y poder ascender a las moradas que deseamos, tenemos que recordar que el asunto de la oración no consiste en pensar mucho, sino en amar mucho. Haced, por lo tanto, lo que más los incite a amar.

Quizás no sepamos lo que es el amor. No me sorprende, porque no consiste en tener grandes deleites, sino en tener gran determinación y deseo de complacer a Dios en todo y procurar no ofenderlo. Reside en suplicarle que promueva el honor y la gloria de su Hijo y que extienda los límites de la iglesia universal.

Éstas son las señales del amor. No me imagino que consista en no pensar en ninguna otra cosa, o que todo se pierda si tienen unas pocas distracciones (*Castillo interior*, IV).

El que comienza a orar tiene que imaginarse que crea un huerto. Allí puede deleitarse nuestro Señor, pero en un suelo que no rinde fruto y está lleno de hierbajos. Su Majestad arranca los hierbajos para reemplazarlos con buenas plantas. Demos por sentado que esto ya se llevó a cabo cuando el alma está determinada a entregarse a la oración y ha comenzado a practicarla.

Como buenos hortelanos, tenemos que ver, mediante la ayuda de Dios, que las plantas crezcan. Las tenemos que regar con cuidado para que no mueran y florezcan. Estas flores sueltan una fuerte fragancia que es tan refrescante para nuestro Señor que Él viene a menudo a deleitarse en este jardín y complacerse en medio de estas virtudes.

Veamos ahora cómo debemos regar este huerto. ¿Cuánto trabajo será? ¿Será la ganancia mayor que el esfuerzo y cuánto tiempo nos llevará hacerlo?

Me parece que el jardín se puede regar de cuatro maneras diferentes. La primera es tomando agua del pozo, lo cual es muy trabajoso. La segunda es el agua extraída mediante una rueda hidráulica, que yo misma he utilizado en ocasiones para sacar agua. Es más sencillo que la primera y rinde mayor cantidad de agua. La tercera es mediante un arroyo o riachuelo, por medio del cual el jardín se riega mucho mejor. El suelo se satura más completamente y no es necesario regarlo con tanta frecuencia. Además, el trabajo del hortelano es menor. Y por fin, mediante la lluvia, nuestro Señor mismo riega el jardín sin ningún esfuerzo de nuestra parte. Sin duda, ésta es la mejor manera de todas las que he mencionado.

Miremos ahora la aplicación de estas cuatro clases de riego mediante las cuales se tiene que mantener el huerto. No puede subsistir sin agua. La comparación me ayuda a explicar hasta un cierto punto los cuatro grados de oración a las que nuestro Señor, en su bondad, eleva ocasionalmente mi alma. Por gracia, le pido que me conceda comunicarme de manera que les sea beneficioso a aquellos a quienes les tengo que escribir por orden suya.

¡En cuatro meses, nuestro Señor me ha elevado a mayores alturas que lo logrado por mí en diecisiete años! Lo ha preparado mejor que yo y por tanto se riega su huerto, sin esfuerzo de su parte, mediante estas cuatro formas de riego, aun cuando la última sea gota a gota. Pero esta creciendo de tal manera que pronto, mediante la ayuda de nuestro Señor, Él será absorbido en él. Y será para mí un placer si encuentra mi explicación tan absurda que lo haga reír.

2. EL RIEGO DEL POZO

Los que son principiantes en la oración son los que extraen el agua del pozo. Éste es un proceso que, como he dicho, es muy trabajoso. Porque tienen que preocuparse de mantener sus sentidos en estado de recogimiento. Éste es un gran esfuerzo porque los sentidos están acostumbrados hasta ahora a distraerse.

Los principiantes se tienen que acostumbrar a poner lo que escuchan y ven fuera de sí mismos durante el período de oración. Tienen que estar a solas para pensar en su vida pasada, aunque todos lo tienen que hacer muchas veces, tanto los principiantes como los más avanzados. Sin embargo, no todos lo tienen que hacer de la misma manera, como les demostraré.

Al principio, los principiantes sufren mucho porque no están convencidos de estar arrepentidos de sus pecados. Sin embargo, lo están, porque están muy decididos a servir a Dios. Tienen que tratar de meditar en la vida de Cristo, y el entendimiento se cansa. Hasta aquí, sólo podemos avanzar mediante la gracia de Dios. Sin ella, como todos saben, no podríamos tener ni un solo pensamiento bueno.

Esto comienza a extraer agua del pozo. ¡Dios quiera que haya agua en él! Sin embargo, eso no depende de nosotros. Nosotros tratamos de extraerla para regar las flores. Dios es tan bueno que, por razones que sólo conoce Su Majestad (quizás para suplir nuestras mayores necesidades) determina que el pozo se seque. En ese caso, Él mismo preserva las flores sin agua mientras que nosotros, como buenos hortelanos que hacen todo lo que pueden, descubrimos que nuestras virtudes crecen. Al decir agua me refiero a las lágrimas; si no las hay, entonces quiero decir ternura y un sentimiento interno de devoción.

¿Pero que debemos hacer cuando vemos que después de muchos días no hay nada más que sequedad, disgusto, desazón y poca inclinación a ir al pozo para extraer agua?

Es posible que la persona abandone la jardinería, a menos que recuerde que tiene que complacer y servir al Señor del huerto. A menos que confiara en que su servicio no es en vano y no tuviera la esperanza de alguna ganancia como resultado de un esfuerzo tan grande como el de bajar el cubo en el pozo tan a menudo y subirlo sin agua en él, renunciaría. Puede ocurrir que no pueda mover sus brazos con ese propósito y que no tenga ni un solo pensamiento bueno. Trabajar con el entendimiento es, entonces, como sacar agua del pozo.

En esa situación, ¿qué hace ahora el hortelano?

¡Se tiene que contentar y consolar y reconocer que trabajar en el huerto de tan gran Emperador es el mayor privilegio de todos! Como sabe que complace al Señor, le dará mucha alabanza. Porque el Amo le ha confiado el huerto ya que ve que, sin ninguna queja, hace sin tardanza lo que se le ordena. Este hortelano ayuda a Cristo a llevar la cruz y reflexiona que el Señor vive, durante toda su vida. No desea el Reino de Dios aquí en la tierra o abandonar siquiera la oración. En cambio, está decidido, a pesar de que su sequedad dure por el resto de su vida, a no permitir que Cristo caiga con la cruz.

Llegará el momento en que reciba su paga de una vez por todas. No permitan que tema que su trabajo es en vano. Porque sirve al buen Maestro cuyos ojos están sobre él. De modo que no permitan que lo distraigan malos pensamientos, pero recuerden que Satanás también se los sugirió a San Jerónimo en el desierto. Estas labores tienen su recompensa, como bien lo sé. Porque yo las he llevado a cabo durante tantos años. Cuando saqué apenas una gota de su bendito pozo, consideré por cierto que se trataba de la misericordia de Dios.

De manera que sé lo difíciles que son estos esfuerzos y que requieren más valentía que muchos otros en el mundo. Pero he visto claramente que Dios no los necesita sin una gran recompensa, aun en esta vida. Porque es cierto que en una hora, durante la cual nuestro Señor me dio a probar su dulzura, todas las ansiedades que yo había tenido que soportar cuando perseveraba en oración, me parecieron después haber sido perfectamente recompensadas.

Es mi opinión que en el principio y en lo que sigue, el Señor desea a menudo dar estos tormentos y muchas otras tentaciones circunstanciales para probar a aquellos que lo aman y para descubrir si beberán del cáliz; Él busca a aquellos que lo ayuden a cargar con su cruz antes de confiarles responsabilidades mayores.

Pienso que es para nuestro bien que Su Majestad no conduce de esta manera para que podamos entender perfectamente lo poco que valemos. Porque las mercedes que nos otorga después son de una gran dignidad. Él desea que sepamos por experiencia nuestra poca valía de modo que lo que le sucedió a Lucifer no nos ocurra a nosotros.

Oh, Señor mío, lo que Tú haces es para el bien mayor del alma que Tú sabes que ya es tuya y que desea seguirte adonde Tú vayas, aun a la muerte en la cruz. Tú nos das tu poder para que te podamos ayudar a cargar esa cruz.

El que reconozca esta determinación en sí mismo no tiene nada que temer. No, dichas personas espirituales no tienen nada que temer. Porque no hay razón alguna por la que tenga que estar angustiado aquél que ya haya sido elevado a dicho plano como el de desear conversar a solas con Dios y abandonar los placeres del mundo. La mayor parte del trabajo ya ha sido hecha. De manera que den alabanza a Su Majestad por ello y confíen en la bondad de Aquél que nunca le falla a quienes lo aman.

De modo que cierren los ojos de su imaginación y no pregunten por qué le da devoción a esta persona en tan poco tiempo y ninguna a mí después de tantos años. Más bien, creamos que todo es para nuestro bien. Permitamos que Su Majestad nos guie hacia donde lo desea. No nos pertenecemos; nosotros le pertenecemos a Él.

Cuando es su placer que estemos dispuestos a cavar su huerto y estar cerca del Señor de él, nos muestra su misericordia. Por cierto, Él está cerca de nosotros. Si su voluntad es que algunas de estas plantas y flores tengan que ser regadas y crezcan y que otras no reciban nada, ¿a mí qué?

Oh, Señor, haz tu voluntad. Y no permitas que se pierda mi virtud. Si me has dado alguna, es por tu bondad. Deseo sufrir porque Tú, oh Señor, has sufrido. Cumple tu voluntad en mí. Que nunca sea el placer de Su Majestad que un don tan precioso como tu amor se le otorgue a alguien que sólo te sirve para conseguir consuelo.

Debe notarse con cuidado, y digo esto porque lo sé por experiencia, que el alma que comienza a caminar por este sendero de la oración decidida, sin importar el gozo o aflicción, a pesar de una gran ternura o falta de consuelo, ha avanzado gran parte del camino. Por mucho que trastabille, no tiene que temer echarse atrás.

La formación de esta alma ha comenzado sobre una base sólida. Esto es cierto porque el amor de Dios no consiste en lágrimas ni en el deleite de la ternura, aun cuando ciertamente lo deseamos y encontramos consuelo en él. Más bien, la voluntad de Dios consiste en servir con justicia y fortaleza de corazón como también con humildad. Sin cierto servicio, me parece que habremos de recibir todo sin dar nada.

En lo que respecta a una pobre mujer como yo, que es débil y no tiene mucha fuerza, me parece necesario que sea consolada, como lo está haciendo Dios ahora, para que pueda soportar ciertas aflicciones que le complace a Su Majestad que yo tenga.

Pero me enoja cuando ciertos siervos de Dios, hombres de importancia, conocimientos y erudición, hacen tanto escándalo porque Dios nos les concede devoción. No quiero decir que ellos no tendrían que aceptarla si Dios se las concede, y estimarla, porque entonces Su Majestad ve que esto es apropiado. Pero cuando no tienen devoción, no tendrían que afligirse. Tienen que entender que como Su Majestad no se las concede, no es necesaria. Tienen que ser amos de ellos mismos. Tendrían que creer que su deseo por recibir consuelo es falso. Esto lo he visto y experimentado. Tendrían que creer que tanto alboroto denota imperfección, una falta de libertad de espíritu y la ausencia de valentía para lograr algo.

No se los digo tanto a los principiantes, a pesar de que enfatizo la importancia de que tendrían que tener libertad y determinación al principio. Se los digo a los demás. Porque hay muchos que comienzan y sin embargo nunca alcanzan el final. Yo creo que esto se debe principalmente a la imposibilidad de abrazar la cruz desde el principio. Al pensar que no son nada, se alteran. Cuando el intelecto deja de funcionar, no lo pueden tolerar. Pero es entonces, quizás, cuando su voluntad está en realidad siendo fortalecida y reforzada, a pesar de que quizás no se den cuenta de lo que está ocurriendo.

No debemos nunca pensar que el Señor es indiferente a estas incapacidades. Aun cuando nos parezcan falsas, no lo son. Su Majestad ya conoce nuestra aflicción y nuestra naturaleza caída mejor que nosotros mismos y sabe que estas almas siempre desean pensar en Él y amarlo. Lo que desea es esta determinación.

Las otras aflicciones que nos ocasionamos no sirven para ningún otro propósito más que el de inquietar el alma. Y si era antes incapaz de permanecer en oración durante una hora, en este momento continúa durante cuatro. Esta incapacidad proviene de algún desorden físico.

Tengo una gran experiencia en este asunto de las aflicciones del cuerpo y sé que lo que digo es cierto porque lo he pensado cuidadosamente y discutido luego con personas espirituales. Somos tan desgraciados que nuestras pobres almas aprisionadas comparten también las miserias del cuerpo. De modo que los cambios climáticos y los ciclos de las condiciones del cuerpo acaban afectando el alma. Éstas no pueden hacer lo que desean porque están constantemente sufriendo. En estas circunstancias, cuanto más obligamos al alma, tanto más el daño y tanto más su duración. De modo que tenemos que usar la discreción para descubrir si la mala salud es o no la causa. La pobre alma no debe ser reprimida.

Permitamos, entonces, que aquellos que sufren de esta manera comprendan que están físicamente enfermos. A la hora de la oración, se tiene que hacer un cambio y, a menudo, se tendría que continuar ese cambio por algunos días después. Que padezcan esta experiencia del desierto lo mejor que puedan. Porque es una gran desgracia que el alma que ama a Dios vea que vive en semejante desdicha. Se frustra en sus deseos porque tiene un invitado lamentable como el cuerpo.

Ya he dicho que tendríamos que usar nuestro discernimiento, porque a veces la causa es también el diablo. De modo que no siempre es bueno abandonar la oración cuando existe una gran distracción y disturbio en la mente, así como no siempre es bueno torturar el alma para que haga lo que no puede hacer. Hay otras cosas que se deben realizar fuera de la vida de uno, como la caridad y la lectura espiritual. Sin embargo, a veces no va a estar capacitada para estas cosas. Cuidemos, entonces, el cuerpo por amor a Dios, porque muchas otras veces el cuerpo sirve al alma. Emprendan algunos ejercicios físicos, tales como una buena charla con un amigo o una caminata por el campo como podría sugerirles su director espiritual.

La experiencia es una gran ayuda en todo esto, porque enseña lo que nos conviene. De manera que podemos servir a Dios en todas las ocasiones. Su yugo es liviano (Mateo 11.30). Por tanto, es muy útil no empujar demasiado el alma, sino guiarla suavemente con el fin de realizar un mayor avance después.

Regreso al consejo que ya les he dado. No necesito repetirlo muchas veces ya que es muy importante que uno no se angustie o aflija por sequedad o por pensamientos agitados que nos distraigan.

Si alguien desea obtener libertad de espíritu y no estar siempre afligido, que comience por no temer la cruz. Entonces verá cómo el Señor lo ayuda a cargarla. Obtendrá satisfacción y ganancia en todo. Claramente, si el mundo es árido, no le podemos echar agua. Sí, es verdad que no tenemos que ser descuidados. Cuando hay agua, la debemos extraer; porque entonces el Señor desea multiplicar nuestras virtudes por estos medios (*Vida*, XI).

Así como requiere esfuerzo sacar agua del pozo, así también nos podemos ayudar algo en estos principios de la devoción. El pensar y meditar en los sufrimientos de nuestro Señor por nosotros nos mueve a la compasión, y el dolor y las lágrimas que resultan de dichas reflexiones son dulces. El pensamiento de la bendición que esperamos, del amor que nuestro Señor nos ha dado y de su resurrección del sepulcro encienden en nosotros un gozo que no es completamente espiritual ni completamente sensual. Pero la alegría nos eleva y el dolor nos redime (*Vida*, XII).

¿Por qué deseamos con tanto fervor extraer esta agua?

Es "el manantial de agua viva" del que el Señor habló a la mujer samaritana: "el que beba del agua que yo le daré, no volverá a tener sed jamás" (Juan 4.13). Cuán cierto es, dado que la palabra salió de la boca de la Verdad misma, que uno jamás tendrá sed nuevamente en su vida, con respecto a las cosas de este mundo. Sin embargo, con respecto a las cosas de esa otra vida, esta sed se incrementa mucho. Por cierto, va mucho más allá de lo que nos podemos imaginar con respecto a nuestra sed natural.

Pero, ¡con qué sed deseamos esta sed! Porque el alma comprende su gran valor y es una sed muy dolorosa la que nos aflige. Sin embargo, ella trae aparejada una satisfacción con la cual se apaga nuestra otra sed. Por tanto, es una sed ardorosa que sólo extingue la sed por las cosas terrenales. Nos afecta también de manera tal que cuando Dios la satisface, uno de los favores más grandes que puede hacer por el alma es dejarla con esta necesidad. Porque el alma siempre tiene un deseo mayor de volver a beber de esta agua.

El agua tiene tres propiedades que ilustran bien mi significado. Puede tener además otras propiedades.

La primera propiedad es que refresca. Sea como sea, cuando tomamos agua, se va el calor que sentimos. Si hay un gran fuego, el agua apaga todos los fuegos excepto los fuegos arrasadores, que queman aún más.

¡Oh, Dios mío! Qué maravillas hay en este fuego que arde aún más cuando se le echa agua encima; ¡es un fuego dinámico y poderoso que no se somete a los demás elementos! Si fuera un científico podría explicar este fenómeno, ya que al conocer las propiedades de los elementos, podría expresar mejor lo que quiero decir. En cambio, me tengo que entretener hablando de ello y no sé cómo tratarlo correctamente.

Pero cuando Dios las trae, hermanas, a beber de esta agua, usted se deleitan en ella como los que ahora la beben. Y van a experimentar cómo el verdadero amor de Dios es más que todos los elementos del mundo.

Como el agua proviene de la tierra, no teman que apague este fuego del amor de Dios. Porque este fuego no está bajo jurisdicción terrenal. Y, a pesar de que ambos parecen contrarios, este amor es ahora el amo absoluto. No está sujeto al agua.

Hermanas, no se sorprendan de que yo haya dicho mucho en este libro sobre la oración. Porque anhelo que ustedes obtengan esta libertad. [Teresa escribe aquí de una manera algo confusa. Lo que quiere decir es que cuando se mezcla esta agua de la oración con el fuego, el amor de Dios, entonces la combinación de ambos produce un ardor celestial que es imposible de apagar.] Por lo tanto, les puedo verdaderamente asegurar que esta agua no dejará ningún amor por el bien de este mundo. Dicha combinación inflamaría el mundo entero, si el alma no estuviera contenida por estas cosas terrenales.

La segunda propiedad del agua es que limpia las cosas sucias. Si no tuviéramos agua para lavar, ¿en qué acabaría el mundo? ¿Saben ustedes lo bien que limpia esta "agua viva", esta agua celestial, esta agua pura, cuando es clara y sin sedimentos? Si sólo la bebiéramos una vez, estoy segura de que dejaría el alma pura y limpia de todo pecado. Como ya les he dicho, Dios no le permitirá a ningún alma beber de esta agua salvo para limpiar y purificar, librando al alma de toda suciedad y miseria.

No obstante, los demás consuelos que vienen por el entendimiento son los que extraen del agua que fluye sobre el suelo. No la están bebiendo en la fuente. Por tanto, esa agua siempre contiene impurezas.

No llamo a esto oración, porque no importa con cuánto celo deseamos ser limpios, nuestra alma siempre contrae, a pesar de nuestra voluntad, algunas impurezas. Esta naturaleza y cuerpo vil que tenemos contribuye mucho a este estado.

Permítanme explicarme un poco más. Quizás estemos meditando sobre el carácter del mundo y cómo todas las cosas llegan a su fin, de manera que no deseamos que nos tienten o entusiasmen. Luego, casi sin recibirlo, nuestros pensamientos se dirigen a las cosas a las que estamos apegados. A pesar de que deseamos vernos libres de ellas por un rato, nos distraemos pensando en el mundo que nos rodea, lo que ocurrirá, lo que hemos hecho y lo que queremos hacer. Al pensar en cosas que podrían ayudarnos a liberarnos de tales distracciones, caemos en otros peligros.

De modo que debemos temer, porque es nuestro Señor mismo quien se hace cargo de esto, porque no desea que nos lo encomendemos a nosotros mismos. El valora tanto nuestra alma que no va a permitir que el alma se dedique a cosas que puedan dañarla durante el lapso de tiempo que Él desea favorecerla. Inmediatamente, Él coloca el alma cerca de Él y le muestra una mayor verdad y le da una mejor comprensión de cuáles son las cosas que podemos obtener en esta vida después de muchos años. Nuestra vista no está libre. Aún nos enceguece el polvo del camino. De modo que nuestro Señor nos trae al final de nuestro viaje sin que sepamos jamás cómo lo hizo.

La tercera propiedad del agua es que satisface y apaga la sed. Pero me parece que esa sed implica el deseo de algo que necesitamos y que si no lo lográramos obtener, nos destruiría. Qué cosa extraña que, si la deseamos, nos llena, pero si la bebemos en exceso, destruye también la vida. Tal como vemos que les ocurre a los que se ahogan en ruegos.

¡Oh, Señor mío! ¿Quién puede encontrarse tan bendecido como el que se encuentra tan sumergido en esta "agua viva" que termina su vida en ella? ¿No puede efectuarse esto? ¡Sí! Por cierto. Porque el amor y el deseo de Dios puede ascender a semejante altura que la naturaleza no lo puede soportar. Conozco al menos una persona [probablemente Teresa misma] sobre la que se vertió esta "agua viva" con tanta abundancia que, si Dios no hubiera venido a asistirla, ella podría haber perdido su sano juicio.

Sin embargo, tenemos que recordar que como nada puede venir de nuestro Dios supremo de manera imperfecta, todo lo que nos da es para nuestro bien. Por lo tanto, no importa cuán abundante sea esta agua, nunca es excesiva. En lo perteneciente a Dios, jamás existe lo superfluo. Si Él concede mucho, dispone el alma para que pueda beber mucho. Esto se puede comparar a la persona que hace vasijas de vidrio. Las fabrica de manera que contengan una cierta calidad. El deseo de esta agua no carece de defectos como es propio de aquello que proviene de nosotros mismos. Cuando posee algo bueno, es mediante la ayuda de nuestro Señor.

Pero tenemos tan poca sabiduría que, aun cuando el agua sea algo dulce y delicioso, pensamos que jamás nos podrá satisfacer. Sin embargo, la deseamos sin medida. Y a medida que aumentamos este deseo, a veces nos mata.

Sin embargo, ¡qué bendita es esta muerte! No obstante, al vivir, dicha persona puede ayudar a muchas otras a morir con el deseo de semejante deuda. Esto creo que es lo que hace el diablo, porque conoce la pérdida que le significa si vive una persona semejante. De modo que nos tienta a llevar a cabo ciertas penitencias que destruyen nuestra salud. Por medio de ellas, el diablo gana mucho.

De manera que digo que aquél que posea esta sed violenta tenga mucho cuidado; que sepa manejar estas tentaciones. Aun cuando no muera de sed, va a perder su salud y mostrarlo de manera exterior, a pesar de que trata por todos sus medios de evitar el daño físico. A veces nuestra diligencia no sirve para mucho, ya que no podemos ocultar todo lo que deseamos. Pero tengamos cuidado cuando nos asalten estos inmensos deseos impetuosos.

Éste es un pensamiento importante, porque quizás tengan que, por ejemplo, acortar el lapso de tiempo que pasan en oración, por delicioso que sea. Cuando comience a fallar la fortaleza física o cuando tengamos dolor de cabeza, probablemente tendríamos que ponerle fin. La discreción es necesaria en todo.

¿Por qué piensan, mis hijas, que he tratado de explicarles todo esto? ¿Por qué les he contado las ventajas que pueden obtener de beber de este manantial celestial y esta agua viva?

La razón por la que les he explicado sobre la oración y sus dificultades es para que no se quejen de las pruebas y dolores que encuentran en el camino y para que puedan avanzar con valentía y no se cansen. Porque como les he dicho, puede ocurrir que cuando lleguen al manantial, lo único que quieran hacer es inclinarse y beber. Y sin embargo ustedes podrían dejar todo y perder esta ventaja, pensando que no tienen la fortaleza para alcanzarla o que no son dignas de ella.

Consideren en cambio cómo nuestro Señor nos invita a todos. Como Él es la Verdad, no existe razón alguna para dudar de Él. Si este banquete fuera una invitación abierta a todos, nuestro Señor no nos tendría que llamar. Aun cuando lo hiciera, no diría: "Les daré de beber." Él diría: "Vengan a mí todos ustedes que están cansados y agobiados, y yo les daré descanso" (Mateo 11.28) o diría: "¡Si alguno tiene sed, que venga a mí y beba!" (Juan 7.37). Mas Él les habla a todos sin condiciones, de modo que considero seguro que todos los que no se entretengan por el camino no carecerán de esta agua viva. Que nuestro Señor, que nos ha prometido tanto, nos dé en su misericordia la gracia para buscar esta agua como tendríamos que buscarla (*Camino de perfección*, XIX).

3. LA RUEDA DE AGUA O LA ORACIÓN DE RECOGIMIENTO

Habiendo hablado de los trabajosos esfuerzos y de la fortaleza que se requiere para regar el huerto cuando tenemos que extraer agua del pozo, hablemos ahora de la segunda manera de obtener agua. Esto lo ha ordenado el Señor del viñedo. Es como la noria o rueda de agua con cubos que le permite al hortelano extraer más agua con menor esfuerzo y, de esa manera, puede tomar algún descanso sin tener que continuamente trabajar. Esto es lo que ahora les voy a explicar. Yo aplico esta metáfora a la oración llamada oración de quietud o recogimiento.

Aquí se comienza a recoger el alma. Ahora toca las cosas que son divinas, que jamás podría hacer mediante esfuerzo propio. Es verdad, a veces parece cansada en la rueda, como si estuviera trabajando con el entendimiento a medida que llena los cubos. Pero en la segunda etapa, el nivel del agua es más elevado, de modo que se necesita mucho menor esfuerzo para extraerla. Lo que quiero decir es que cuanto más cerca está el alma del agua, tanto mayor la cantidad de gracia que se revela claramente al alma.

En esta clase de oración, las facultades del alma están mucho más integradas, de modo que pueden disfrutar esa satisfacción con mucho mayor deleite. Pero no están perdidas, ni están dormidas. Sólo la voluntad está ocupada de manera tal que, sin saber cómo, se ha sujetado a la voluntad de Dios. Simplemente permite que Dios la capture como alguien que sabe muy bien cómo ser cautivo de quien lo ama.

¡Oh Jesús y Señor mío! ¡Cuán precioso es aquí tu amor! Tiene tan atado a nuestro amor que no deja libertad para amar en aquel punto a otra cosa sino a ti.

Las otras dos facultades [o sea: el intelecto y la memoria] ayudan a la voluntad para que vaya haciéndose capaz de gozar tanto bien. Sin embargo, algunas veces, aun estando unida la voluntad, la entorpecen mucho. Entonces, que no haga caso de ellas, sino que permanezca en su gozo y quietud. Si tratase de recogerlas, ella y ellas perderán. Son como unas palomas que no se contentan con el alimento que les da el dueño del palomar; alimento que está allí sin tener que buscarlo. Así que se van a buscar comida por otras partes, pero la encuentran tan escasa que regresan. Por lo tanto, estas facultades se van a otra parte y luego regresan para ver si la voluntad les puede dar lo que el alma disfruta.

Si el Señor quiere echarles algo de comer, se detienen. Si no, regresan a buscar comida. Tienen que pensar que están beneficiando el alma.

A veces, al desear la memoria y la imaginación representar a la voluntad lo que estas facultades están gozando, le hacen daño. Bueno, entonces, les advierto cómo tratarlas según les explicaré.

Todo lo que pasa aquí en este estado trae el mayor consuelo. El esfuerzo es tan ligero que la oración, aunque dure mucho tiempo, nunca nos cansa. La razón es que el entendimiento está obrando aquí paso y paso y saca mucha mayor cantidad de agua que la que solía sacar. Las lágrimas que Dios nos envía fluyen con gozo. Aunque las sentimos, ellas no son el resultado de ningún esfuerzo por nuestra parte.

Esta agua de gran bendición y mercedes hace que las virtudes crezcan mucho más que en las etapas previas de la oración. El alma asciende ahora por encima de su propia pena y puede entender algo de los deleites de la gloria. Esta agua hace que las virtudes crezcan mejor y acerca el alma a la verdadera Virtud, que es Dios mismo, de donde emanan todas las virtudes. Su Majestad está comenzando a comunicarse con el alma, de modo que desea que experimente cómo lo hace.

Una vez que el alma ha alcanzado este punto, que no nos sorprenda que comience a perder el deseo por las cosas terrenales. Porque ve claramente que aun por un breve instante, este gozo no se experimenta en la tierra. No hay riquezas, no hay autoridad, no hay honores, no hay deleites que puedan por un breve instante, ni por un abrir y cerrar de ojos, brindar semejante gozo. Es verdadera satisfacción, y esta alma ve que se contenta.

Ahora, nosotros que estamos en la tierra apenas podemos entender donde yace nuestra satisfacción, porque está siempre pronta a decepcionarse. Pero en esta experiencia no hay desilusión. La desilusión viene luego, cuando el alma ve que ha pasado el tiempo y que no tiene el poder de reproducirla, ni tampoco sabe cómo hacerlo. Aun cuando se cortara el alma en pedazos mediante la penitencia y la oración, y ejercitara toda clase de austeridades, todo sería inútil si nuestro Señor no lo concediera. Porque Dios en su gran misericordia le comunica al alma que Su Majestad está tan cerca que ella no necesita enviarle mensajes; puede hablarle directamente. Esto lo puede hacer sin clamores, porque Él ya está tan cerca que comprende aun con el solo movimiento de los labios.

Esto puede parecer una impertinencia, ya que sabemos que Dios siempre nos comprende y está presente junto a nosotros. Sin embargo, nuestro Emperador y Señor desea que sepamos que Él nos entiende, que su presencia está con nosotros y que siempre desea comenzar a obrar en el alma de una manera especial. Todo lo que el Señor desea mostrarnos viene con una enorme satisfacción interior, como así también exterior, que Él da al alma. También nos muestra la diferencia entre este deleite y la felicidad y deleites de la tierra. Porque este deleite parece llenar el vacío que hemos ocasionado en nuestra alma con nuestros pecados.

Esta satisfacción yace en la parte más íntima del alma. El alma no sabe como viene de allí, no cómo desearla ni orar por ella el alma parece encontrar enseguida satisfacción y no sabe lo que ha encontrado.

No lo puedo explicar, porque para muchas cosas hace falta tener conocimientos. Aquí sería útil explicar claramente la diferencia entre una gracia general y una particular, porque hay muchas personas que ignoran la diferencia. Sería también útil saber cómo desea el Señor que el alma, mediante la oración, pudiera ver con sus propios ojos la realidad de esta gracia particular.

Se requiere también aprendizaje para explicar muchas otras cosas, que quizás no haya expresado correctamente. Pero como lo que digo lo revisarán personas que reconocerán cualquier error, no me voy a preocupar por ello. En cuestiones de teología, así como en aquellas del espíritu, sé que podría estar equivocada. Sin embargo, dado que este relato va a terminar en buenas manos, estos hombres eruditos van a entender y quitar lo errado.

Regresemos ahora a nuestra huerta o jardín de flores y veamos lo bien que comienzan a llenarse los árboles de savia para florecer. Luego viene el fruto, las flores y las plantas con su fragancia.

Esta comparación tiene para mí su encanto, porque muy a menudo es un gran deleite para mí considerar mi alma como un huerto y pensar que el Señor se pasea en él. Le he suplicado que aumente la fragancia de las pequeñas flores de virtud que están comenzando a florecer y que las sustente para que puedan ser para su gloria. Porque no deseo nada para mí. Le he pedido que corte las que desea, porque ya habrían de salir mejores.

Digo "cortar", porque hay momentos en que el alma no piensa en este huerto. Todo parece haberse secado y no hay agua para sustentarlo. Tampoco parece que haya existido en el alma ninguna virtud.

Ésta es pues una etapa de duras pruebas. Porque nuestro Señor hace suponer al pobre hortelano que todo el trabajo que dedicó a mantener y regar el jardín parece carecer de propósito. Éste es el momento de desherbar y quitar de raíz toda planta, por pequeña que sea, que carezca de valor, sabiendo que ningún esfuerzo propio es suficiente si Dios no nos concede las aguas de su gracia. De manera que, al tener en poco nuestra nada, y aun menos que nada, obtenemos mucha humildad y las flores vuelven a crecer (*Vida*, XIV).

Ahora regresemos al tema. Esta quietud y recogimiento del alma es algo que se siente mediante la satisfacción y paz que vienen con mucho gozo y sosiego de las facultades. Le parece al alma que como no ha avanzado, no hay nada más que desear. De modo que diría de buena gana con San Pedro que hará allí su morada (Mateo 17.4). No se atreve a moverse ni agitarse porque piensa que la bendición que ha recibido se iría de entre sus manos. De vez en cuando querría poder siquiera respirar. No entiende la pobrecita que ella por sí misma no podría traer esta bendición. De modo que menos podría retenerla siquiera un instante más de lo que el Señor quisiera.

Ya he dicho que en el recogimiento, las facultades del alma no dejan de funcionar. Pero el alma está tan satisfecha con Dios que, mientras que dura el recogimiento, no se pierden la quietud y la paz ya que la voluntad está unida con Dios, aun cuando las facultades puedan estar distraídas. Por cierto, poco a poco, la voluntad trae al intelecto y la memoria de regreso al recogimiento. A pesar de que la voluntad no esté totalmente absorta, está tan preocupada sin saberlo que, no importa qué clase de esfuerzo hagan las dos facultades del intelecto y el reconocimiento, no pueden quitar el contento y gozo a la voluntad. Sin casi ningún esfuerzo, se ayuda gradualmente a la voluntad para que esa pequeña chispa del amor de Dios no se apague.

¡Ruego a Su Majestad que me dé la gracia para explicar este estado como corresponde! Hay muchas, muchas almas que tratan de alcanzarlo, pero pocas lo sobrepasan. No sé de quién es la culpa. Estoy segura de que no es Dios quien falla, ya que una vez que Su Majestad le concede al alma el favor de alcanzar esta etapa, no creo que deje de otorgarle muchos otros favores, a menos que sea a través de las propias carencias del alma.

Es muy importante que el alma que alcanza esta etapa reconozca la gran dignidad de su posición y la gran merced que le ha concedido el Señor. Es también importante ver que ya no pertenece a la tierra, porque ahora parece que la bondad de Dios la convierte en una ciudadana del cielo. Esto ocurre siempre y cuando no se detenga debido a sus propias faltas. Sin embargo, qué infeliz será si regresa. Por cierto, pienso que regresar significa volver a ir hacia abajo, como lo habría hecho si la misericordia del Señor no me hubiera rescatado. En la mayoría de los casos, este regreso será el resultado de errores serios. Es imposible dejar atrás tanto bien sin la ceguera que causa tanto mal.

Por lo tanto, por el amor de Dios, imploro a esas almas a quienes Su Majestad les ha concedido tan gran merced, que lleguen a este estado, que se conozcan y aprecien con una humilde y santa presunción para que nunca regresen a las ollas de Egipto. Si por su debilidad y pecado y miserable naturaleza cayeran como yo lo hice, que no dejen de tener presente el bien que perdieron y sospechen y caminen con temor. Tienen razón en hacerlo así, porque si no regresan a la oración, habrán de ir de mal en peor. Lo que yo llamo una verdadera caída es aborrecer el camino mediante el cual hemos obtenido tanto bien. A estas almas les hablo. Porque no digo que no han de ofender a Dios y caer en pecado, aunque sería correcto para cualquiera que haya comenzado a recibir estos favores que cuide de no pecar. Pero somos criaturas miserables.

Lo que les aconsejo mucho es que no dejen de orar, porque es en la oración que una persona va a comprender lo que está haciendo y así obtendrá arrepentimiento del Señor y fortaleza para levantarse. Tienen que creerme que cuando dejan la oración, esto lleva a graves peligros. No sé si entiendo lo que digo porque, como les he dicho, estoy juzgando por mi propia experiencia.

Lo que el alma tiene que hacer durante estas temporadas de quietud no es más que avanzar con suavidad y sin ruido en oración. Lo que llamo "ruido" es corretear con el intelecto, buscando muchas palabras y significados para dar gracias por este don, y apilar nuestros pecados y faltas para ver que el don es inmerecido. Todo está en movimiento y apuro. El intelecto piensa mucho y la memoria bulle en el pasado.

Por cierto, estas facultades me cansan de vez en cuando. A pesar de tener mala memoria, aún así no la puedo controlar. Con calma y sabiduría, el alma tiene que entender que no se negocia bien con Dios a la fuerza; nuestros esfuerzos, por ende, son como el uso de grandes leños que apagan esta pequeña chispa. Uno tiene que darse cuenta de esto y decir con humildad: "Señor, ¿qué puedo hacer yo aquí? ¿Qué tiene que ver la sierva con el Señor, y la tierra con el cielo?" O tendría que usar otras palabras de amor que sugieran a la mente que están bien fundamentadas en el conocimiento de que lo que se dice es verdad. De modo que no le presten atención al intelecto, porque es como una piedra de moler.

Si la voluntad desea comunicar al intelecto una porción de los frutos que ha encontrado, o si se esfuerza por lograr que el intelecto recuerde, no lo conseguirá. Porque ocurre a menudo que la voluntad está unida con el intelecto y descansa mientras que el intelecto está muy desordenado.

Es mejor que la voluntad deje solo al entendimiento que perseguirlo, y que permanezca como una abeja sabia en el recogimiento y gozo de ese don. Si ninguna abeja entrara a la colmena y cada una estuviera ocupada en perseguir a la otra, no se fabricaría ninguna miel. Como resultado, el alma pierde mucho si no pone atención a este asunto, especialmente si el entendimiento es agudo. Cuando el alma comienza a reflexionar y buscar razones, va a pensar de inmediato que está haciendo algo si sus conversaciones y búsqueda de ideas parecen ser buenas.

La única razón que ha de haber para entender claramente que no hay ninguna razón para que Dios nos conceda tantas mercedes aparte de su sola bondad. ¿Por qué nos capacita Dios para estar conscientes de que estamos tan cerca de Él y nos da la habilidad de orar a Su Majestad por sus misericordias? En su presencia podemos pedir sus dones y orar por la Iglesia y por aquellos que han solicitado nuestras oraciones.

Por lo tanto, en esos momentos de quietud, permitamos que el alma permanezca en su reposo. Pongamos de lado el aprendizaje. Ya llegará el momento en que el aprendizaje le resulte útil al Señor. Así tenemos que estimarlo para no abandonarlo por ningún tesoro, pero sólo tendríamos que utilizarlo para servir a Su Majestad. Esto es lo único útil.

Créanme, en la presencia de la Sabiduría infinita, un pequeño estudio de la humildad y un acto de humildad valen más que todo el conocimiento del mundo. Porque aquí no hay razonamiento, sino simplemente para saber lo que somos y que estamos humildemente en la presencia de Dios. Porque Él desea que el alma sea ignorante en su presencia, y por cierto lo es. Recordemos que Su Majestad se humilla mucho para permitir que estemos cerca de Él, a pesar de lo que somos.

El entendimiento puede estar muy estimulado a componer oraciones de agradecimiento. Pero la voluntad con calma, y sin atreverse a levantar sus ojos como el publicano (Lucas 18.13), da gracias más eficaces que las que puede expresar el entendimiento con todas sus artimañas retóricas.

Por último, en esta etapa, uno no tiene que renunciar por completo a la oración discursiva o al uso de alguna liturgia, o incluso al uso de algunas oraciones espontáneas y vocales si existiera el deseo o capacidad de hacerlo. Pero si la oración requerida es mucha, es difícil hablar sin gran cantidad de esfuerzo.

Una vez que Dios comienza a darnos devoción, yo misma creo que podemos discernir si esta quietud proviene del Espíritu de Dios o si la suscitan nuestros propios esfuerzos. Nosotros deseamos pasar a la oración de quietud mediante nuestros propios esfuerzos. Sin embargo, cuando procuramos nosotros mismos esa quietud, no producirá ningún efecto sino que se irá rápidamente y no dejará más que aridez. Según mi opinión, si proviene de Satanás, el alma experimentada lo va a detectar, porque no deja más que problemas, escasa humildad y una disposición muy pobre, o sea, lo opuesto a lo producido por la oración que proviene de Dios. No deja luz en el entendimiento, ni constancia en la verdad.

Si el alma dirige a Dios el deleite y dulzura que siente y fija sus pensamientos y deseos en Él, según lo aconsejado, es poco o nada el daño que puede ocasionar aquí el diablo. Por lo tanto, no puede conseguir nada. En cambio Dios, mediante el mismo deleite que ocasiona en el alma, le permite a Satanás perder mucho. Porque este deleite impulsa al alma, ya que piensa que Dios le da el deleite, regresar frecuentemente a la oración con un profundo deseo por el Señor.

Si un alma es humilde y no inquisitiva ni se preocupa de los placeres, sino que es sobre todo amiga de la cruz, le prestará poca atención al consuelo que le ofrece el diablo. No puede ignorar el consuelo que proviene del Espíritu de Dios; sino que más bien, lo aprecia mucho. Todo lo que da el diablo es semejante a él; es una mentira completa. Cuando Satanás ve que en este consuelo y deleite se humilla el alma (porque en esta experiencia tiene que tener mucha humildad, y en todas las cuestiones de oración y consuelo tiene que esforzarse por obtener humildad), no regresará con demasiada frecuencia, ya que percibe que cuando lo hace, pierde.

Por ésta y por muchas otras razones, cuando estaba hablando del primer método de extraer agua, yo insistí que es muy importante que el alma se desapegue de toda clase de gozo cuando comienza a orar. Ella decide solamente ayudar a llevar la cruz de Cristo como un buen soldado que está dispuesto a servir al Rey sin recibir pago alguno, porque está seguro de que por fin sus ojos estarán puestos en el reino verdadero y eterno y en su victoria final.

Cuando es obra del Espíritu de Dios, no hay necesidad de andar buscando la fuerza para suscitar actos de humildad y arrepentimiento, porque es nuestro Señor mismo quien los otorga de una manera muy diferente de lo que podríamos alcanzar por nuestro magro esfuerzo.

De manera que dicha falsa humildad no es nada en comparación con esa verdadera humildad que proviene de la luz que nos brinda nuestro Señor, y que realmente nos avergüenza. Es bien sabido que Dios nos permite darnos cuenta de que no existe nada bueno en nosotros mismos. De modo que cuanto más grandes sean las mercedes, tanto más grande será este conocimiento.

Es Dios quien nos concede un fuerte deseo de avanzar en la oración y no darnos por vencidos, no importa qué pruebas nos asalten. El alma se entrega en todas las cosas. Se siente segura, mientras permanece humilde y con temor, de que se habrá de salvar. Porque Dios tiene que echar fuera de ella todo miedo servil y le otorga una fe más madura y confiada. De esa manera, el alma toma conciencia del comienzo de un amor por Dios que no actúa en interés propio. Desea períodos de soledad para disfrutar tanto más ese bien.

Para concluir, esta oración de quietud es el comienzo de todas las bendiciones. Las flores han llegado al punto en que casi no les falta nada para brotar. Y esto lo ve el alma con gran claridad de modo que es imposible persuadirla ahora que Dios no ha estado con ella. Sólo cuando mira nuevamente las faltas e imperfecciones en sí misma, comienza nuevamente a temerlo todo. Es bueno que el alma sienta temor, a pesar de que existen algunas almas que se benefician más de pensar que esta oración viene de Dios que de experimentar todos los miedos posibles. Porque si por naturaleza alguien es amoroso y agradecido, el recuerdo del favor que Dios le ha otorgado hace mucho más para traerlo de regreso a Dios que todas las amenazas del castigo eterno. Al menos, esto es lo que ha ocurrido en mi caso, a pesar de que soy aún tan pecadora (*Vida*, XV).

4. EL AGUA DE UN CANAL IRRIGADO O ARROYO

Hablemos ahora del tercer tipo de suministro de agua con el cual se riega este jardín. Ésta es agua que corre desde un río o de un canal, con la cual se riega el huerto con mucha menor dificultad aun cuando haya alguna guía para dirigir el agua.

En este estado, nuestro Señor ayuda al hortelano de manera tal que éste hace todo el trabajo. Es un "sueño de las potencias, que ni del todo se pierden ni entienden cómo obran." El consuelo, la dulzura y el deleite son ahora incomparablemente mayores que aquellos experimentados hasta ahora en la oración previa. El agua de la gracia se eleva hasta la boca del alma. Está tan ella que no sabe qué hacer. Sólo puede desear disfrutar de esta grandísima gloria.

No tengo otras palabras para describirlo ni para explicarlo. El alma no sabe si hablar o permanecer en silencio; si reír o llorar. Esta oración es un glorioso desatino, una celestial locura, adonde se aprende la verdadera sabiduría. Es para el alma una manera muy deleitosa de disfrutar.

De hecho, ya pasaron cinco o seis años desde el día en que el Señor comenzó a darme este estado de oración en abundancia. No sabía cómo hablar de ello, de modo que mi intención original en ese momento fue decir muy poco o nada. Me di cuenta claramente de que a pesar de que no era una unión completa de todas las facultades, esta oración era mucho más excelente que la anterior. Sin embargo, confieso que no podía realmente discernir ni comprender dónde yacía la diferencia.

Sin embargo, creo que lo que me alentó fue la humildad de su merced que estuvo dispuesto a que lo ayude una persona tan simple como yo. Porque el Señor hoy, después de la comunión, me otorgó este pedido. Interrumpiendo mi agradecimiento, puso delante de mí lo que es la comparación entre estas dos etapas de oración y me enseñó cómo explicarlo y lo que el alma debe hacer aquí. Por supuesto, yo estaba sumamente sorprendida. Sin embargo, lo entendí de inmediato.

Con frecuencia estaba como desatinada y embriagada en este amor, pero no podía entender su carácter. Comprendí con suficiente claridad que era la obra de Dios, pero no podía entender cómo obraba en esta etapa de la oración. Porque la verdad del asunto es que las facultades están casi totalmente unidas con Dios y tan absortas en Él que no pueden funcionar. Estoy extremadamente complacida en poder entenderlo ahora. ¡Bendito sea el Señor que tanto me ha favorecido!

En esta etapa, las facultades del alma están tan concentradas que sólo pueden ocuparse de Dios. Pareciera que ninguna se atreve a moverse ni las podemos agitar, a menos que nos esforcemos por distraernos. Aun entonces no creo que podamos hacerlo completamente. De manera que uno pronuncia muchas palabras aquí en alabanza a Dios sin pensarlas, a menos que sea el Señor que las piensa por nosotros. Por cierto, el entendimiento no vale nada aquí. El alma querría dar voces en alabanzas como si estuviera fuera de sí en un desasosiego sabroso.

Ahora están por cierto las flores ya abiertas y están comenzando a desparramar su fragancia.

En este estado, el alma querría que todos la viesen y entendiesen su gloria para alabanza de Dios, y que la ayudasen a alabarlo aún más. Él los haría partícipes de su gozo. Porque el gozo es mayor de lo que podemos soportar. Me parece que es como la mujer en el Evangelio que quería llamar o llamaba a sus vecinas (Lucas 15.9). El espíritu admirable de David, el admirable profeta, debe de haber experimentado lo mismo cuando tañía y cantaba con el arpa las alabanzas de Dios. Soy muy devota de este glorioso rey. Querría que todos lo fueran, en especial los que somos pecadores.

¡Oh, Dios mío! ¿Qué debe ser el alma cuando está en este estado? Desea ser todo lenguas para alabar a nuestro Señor. Dice mil desatinos santos, siempre tratando de complacer a quien la tiene así.

Conozco a una persona [Teresa misma] que, a pesar de no ser poeta, compuso sin ninguna preparación ciertas coplas que estaban llenas de significado y expresaban su dolor. No eran obra de su entendimiento pero, para poder disfrutar más de esa gloria que le daba una pena tan dulce, se quejaba de ella de esta manera a Dios. Estaba dispuesta a despedazarse, en cuerpo y alma, para mostrar el gozo que sentía en este dolor. ¿A qué tormentos podría verse expuesta que no fuera delicioso pasarlos por su Señor? Ella ve claramente que los mártires hacían poco o nada de su parte cuando soportaban sus torturas, porque el alma está muy consciente de que su fuerza proviene de otra fuente.

Sin embargo, ¿cuál será su sufrimiento cuando vuelva a vivir nuevamente en el mundo mediante el uso de sus sentidos y vuelva a las ansiedades y cuidados de él? No creo haber exagerado de ninguna manera, sino más bien he quedado corta en hablar de ese gozo que nuestro Señor se complace en dar al alma en éste, su exilio. ¡Bendito seas, oh Señor! Y que todas las cosas te alaben para siempre (Salmo 150.6; *Vida*, XVI).

Ya se ha dicho suficiente sobre esta clase de oración y de lo que el alma tiene que decir sobre lo que Dios está haciendo en su interior. Porque ahora es Él quien emprende la labor del hortelano y quien hace que el alma descanse. La excepción es que la voluntad consiente a las gracias. Las gracias son el gozo de lo que tienen y a lo que se debe resignar para hacer todo lo que esa Verdadera Sabiduría lleva a cabo en ella. Para ello, no hay duda de que necesita coraje. Porque este gozo es tan grande que el alma ahora parece estar a punto de salir del cuerpo. ¡Qué bendita muerte sería!

Mi significado es que en un estado de oración tan exaltado como éste, el alma entiende que Dios está haciendo su obra sin esfuerzo del entendimiento. El alma está, yo pienso, sorprendida al ver cuán buen hortelano es el Señor, y que no desea hacer ningún trabajo aparte de deleitarse con la fragancia de las flores que están comenzando a emanar su perfume. Porque cuando el

Señor eleva a un alma a este estado, puede hacer esto y mucho más. Estos son los efectos sobre ella.

En una de estas visitas, por breves que sean, se le da agua sin medida, porque el hortelano es quien es, el Creador del agua. Él es quien vuelca el agua sin medida. De modo que lo que la pobre alma realizó con sus propios esfuerzos durante veinte años y no pudo lograr, el Hortelano celestial logra en un instante.

De modo que el fruto crece y madura de tal manera que el alma puede nutrirse de este jardín, si así lo desea el Señor. Pero Él no le da permiso de distribuir el fruto hasta que no se haya fortalecido mucho con lo que haya ingerido. Sino, les estaría dando a los demás a probar sin que reciban ningún beneficio ni ganancia y los mantendría y les daría de comer a expensas de ella. Quizás el alma quede muerta de hambre. Esta posibilidad se ha explicado bien para aquellos hombres que sean letrados, y ellos sabrán cómo aplicarla mejor de lo que yo sé explicarla mediante mis propios esfuerzos.

Por último, las virtudes están ahora más fortalecidas que en la oración de quietud anterior. El alma no las ignora, porque ve que es diferente y no sabe cómo ha ocurrido. Comienza a realizar grandes hazañas mediante la fragancia que dan las flores, porque el Señor desea que ellas florezcan de tal manera que el alma pueda ver que posee virtud. Sin embargo, el alma está muy consciente de que no podría adquirirlas, ni ha podido, durante muchos años. Ve también que en un solo instante el Hortelano celestial las ha otorgado.

Aquí pues está la humildad que permanece en el alma, la que es mucho más grande y más profunda que en el pasado. Porque el alma ve con mayor claridad que no hizo más que consentir los favores del Señor y aceptarlos con su voluntad.

Este estado de oración me parece que es una unión muy marcada de toda el alma con Dios. Pero Su Majestad desea darle libertad de acción a las facultades para que ellas puedan comprender y gozarse en las muchas cosas que Él está ahora logrando. Porque Él es quien las está haciendo.

A menudo ocurre que la voluntad está unida, y el alma, consciente de ello, ve que la voluntad está cautiva y sin embargo se alegra. Digo que ve claramente que sólo la voluntad está en una profunda quietud. El entendimiento y la memoria, por otra parte, están tan libres que pueden ocuparse de los asuntos de negocios y llevar a cabo obras de caridad.

Esta oración difiere de la oración de quietud de la que he hablado, aun cuando parecen ser una sola. Porque en esta oración, el alma no se agita ni se mueve, sino que se deleita en el santo reposo de María que permaneció sentada a los pies del Maestro. Pero en esta tercera oración, el alma puede estar también activa como Marta.

De modo que el alma vive la vida activa y la contemplativa al mismo tiempo. Ahora puede dedicarse a las obras de caridad, atender sus asuntos de negocios y hacer lecturas espirituales. Sin embargo, no es completamente dueña de sí misma. Comprende claramente que la mejor parte del alma está en otra parte. Es como si le estuviéramos hablando a alguien de nuestro lado y del otro lado hay una persona que le está hablando también. No le podemos prestar atención a una o a la otra.

Esta oración es algo que se siente claramente y da una profunda satisfacción y alegría cuando se la experimenta. Es una excelente preparación para que el alma pueda alcanzar una profunda quietud cuando tiene tiempo para estar a solas o disfrutar de un rato libre de sus negocios. Es como la vida de un hombre que está lleno y no requiere ningún alimento porque su apetito está satisfecho. No va a comer nada de lo que se le ponga delante, sin embargo, no está lo suficientemente lleno como para negarse a comer si ve algo que es un manjar particularmente deseable.

Por lo tanto, el alma no tiene ninguna satisfacción en el mundo y no busca ningún placer en él, porque tiene es sí misma aquello que le da una satisfacción mucho más grande, mayores alegrías en Dios y mayores deseos de tener la satisfacción de estar con Él (*Vida*, XVIII).

5. EL AGUA DE LA FUENTE

Quizás todo lo que digo suene algo confuso. Eso es lo que temo. Pienso que estaba hablando sobre los consuelos espirituales y trataba de explicar cómo están a veces sujetos a nuestras pasiones [así como el agua en un canal puede estar sucia]. A menudo, ocasionan ataques de llanto. Por cierto, he oído de ciertas personas que se encuentran produciendo contracciones que ocasionan dolores de pecho que no pueden controlar, u otras que tienen violentas hemorragias nasales o producen similares síntomas desconcertantes.

No puedo decir nada sobre todo esto, porque yo no lo he experimentado. Pero debe de haber causa de consuelo en ello. Todo conduce a un intenso deseo de complacer a Dios y de disfrutar de Su Majestad.

Lo que llamo "consuelos de Dios" y que he denominado en otro sitio la "oración de quietud" es algo de una naturaleza muy diferente. Los que lo hayan experimentado por la gracia de Dios lo saben.

Para entenderlo mejor, supongamos que estamos mirando dos fuentes, cuyos tazones pueden llenarse con agua. [Aquí Teresa está pensando en dos grandes tazones de mármol decorativo que comúnmente se encontraban en los patios de estilo moro en las grandes casas de la España de su época.] No encuentro una explicación más apta para expresar las realidades espirituales que ésta del agua. Esto lo explico porque tengo muy poco conocimiento y mi capacidad es de tan poca utilidad. Sin embargo, porque soy una gran amante de este elemento que he considerado con mayor profundidad que otros asuntos, usemos la analogía. Es la que he observado con mayor atención.

Ahora, estas dos cisternas reciben agua de diferentes maneras. A una se le suministra agua de una cierta distancia mediante varios conductos y con destreza humana. Pero la otra ha sido construida en la misma fuente de agua, que se encuentra sobre un manantial, de modo que se llena sin hacer ningún ruido. Si este último manantial es abundante, así como lo es aquél del que estamos hablando, arroja un enorme volumen de agua después de haber llenado la cisterna. Aquí no se requiere ningún talento y no se tienen que fabricar conductos, ya que el agua fluye todo el tiempo.

Aquí pueden ver la diferencia. Porque el agua que viene por los conductos se asemeja, en mi opinión, a la ternura y los placeres de los que hablamos en la tercera etapa de oración que sacamos de nuestra meditación. Porque a estos los extraemos de nuestros pensamientos mediante la ayuda de la meditación en las cosas creadas. En pocas palabras, los pensamientos se obtienen mediante nuestra propia diligencia de manera que hacen ruido cuando los llenamos. Esto es lo que ocurre cuando nos llenamos con los beneficios de estos pensamientos.

El agua viene ahora directamente de su fuente de origen a la otra fuente. Esta fuente de origen es Dios. De modo que cuando es la voluntad de Su Majestad, y Él se complace en otorgarnos algún favor especial, su venida está acompañada por una gran paz y quietud y dulzura en nuestro interior. No puedo decir dónde surge o cómo ocurre. Este contento y deleite no se sienten, como se sienten los deleites terrenales en el corazón. Por lo menos, no al principio. Más tarde el tazón se llena por completo y entonces esta agua comienza a rebalsar todas las moradas y facultades hasta que alcanza el cuerpo. Es por esta razón que he dicho que tiene su origen en Dios y sin embargo termina en nosotros. Porque es cierto, y cualquiera que lo haya experimentado lo sabe, que todo el ser exterior disfruta de este consuelo y dulzura también.

Mientras escribo estas palabras, pienso en este versículo: "Cuando ensanches mi corazón" (Salmo 119.32). Esta ampliación no es algo que pienso que se eleva en el corazón, sino de alguna otra parte más interior que es verdaderamente profunda. Pienso que debe ser el centro del alma misma. Porque descubro semejantes secretos maravillosos dentro de mí. Ellos me asombran. ¡Pero cuántos más hay!

¡Oh, Señor y Dios mío! ¡Qué maravillosa es tu grandeza! Sin embargo, aquí vivimos como muchos pastorcitos tontos, imaginándonos que hemos alcanzado algún conocimiento de ti. No obstante, cuando digo "no alcanza a nada" quiero decir que Tú eres insuperablemente más grande. Esto no se debe a que las señales de grandeza que vemos en tus obras no sean maravillosas. Pero hemos realmente aprendido muy poco a conocerlas.

Regresando entonces a este versículo, pienso que lo que dice sobre el ensanchamiento del corazón nos puede resultar de alguna ayuda. Aparentemente, cuando esta agua celestial comienza a fluir desde la fuente de origen de la que estoy hablando, desde nuestra misma profundidad, se desparrama en nosotros y ocasiona una expansión interior. Produce una bendición inefable de modo que el alma no puede comprender todo lo que está aquí recibiendo. La fragancia que experimenta, podríamos decir, es como si en esas profundidades interiores hubiera un brasero sobre el que se queman dulces perfumes. No se puede ver la luz ni el lugar donde yace, pero el humo fragante y el calor penetran en toda el alma. A menudo, los efectos se extienden por todo el cuerpo.

Traten de entenderme correctamente aquí. Porque no se siente ningún calor ni se percibe ninguna fragancia, ya que es algo más sutil que estas experiencias sensoriales. Hablo llanamente para ayudarles a entenderme. Pero las personas que no hayan experimentado esto deben darse cuenta de que realmente ocurre. Su suceso puede verse y el alma se da cuenta más claramente de ello que lo que pueden expresar mis palabras. No es algo que podamos imaginar ni esforzarnos por adquirir. Porque es muy claro que no es algo fabricado con metal humano; más bien, está compuesto por el oro más puro de la sabiduría divina. En este estado, las facultades no están en unión, sino que están absortas y atónitas ante lo que consideran que les está sucediendo.

Es posible que al escribir sobre estas experiencias interiores, contradiga de cierta manera lo que he dicho antes. No sería raro, ya que han pasado quince años desde que escribí mi libro (la *Vida*). Desde entonces, el Señor me ha dado una conciencia más clara de estos asuntos. Tanto entonces como ahora, por supuesto, yo podría estar equivocada en todo esto, pero no puedo mentir sobre mis experiencias. Por la misericordia de Dios, antes desearía morir mil muertes. De manera que estoy hablando exactamente de ello como yo misma lo comprendo.

La voluntad por cierto me parece que está unida de alguna manera a la voluntad de Dios. Pero es mediante los efectos de esta oración y las acciones que le siguen que se puede verdaderamente probar la autenticidad de la experiencia. Porque no hay mejor prueba para hacerlo que ésta. Si la persona que recibe dicha gracia la reconoce por lo que es, o sea que nuestro Señor mismo le está concediendo un favor muchísimo mayor, el Señor le dará también otro gran favor si no se vuelve atrás.

Ustedes entonces desearán, hijas mías, luchar por alcanzar esta manera de orar, y estarán en lo cierto. Como he dicho, el alma no puede entender por completo los favores que el Señor le concede. Ni tampoco puede conocer el amor que la atrae cada vez más cerca de Él. Es por cierto deseable que sepamos cómo obtener dicho favor. De manera que les voy a decir lo que he descubierto al respecto.

Los efectos de esta oración son muchos, algunos de los cuales voy a ahora mencionar. Existe otra clase de oración, sin embargo, que comienza casi antes de ésta. Por lo tanto, permítanme contarles un poco sobre ella aquí, a pesar de que he hablado sobre ella en otra parte.

Ésta es la oración de recogimiento que me parece que también la concede Dios. Porque no exige que el alma esté en la oscuridad, ni que se cierren los ojos, ni que se haga nada externo. Ocurre que, sin desearlo, nuestros ojos se cierran y deseamos estar a solas. Luego, sin ninguna estratagema, es como un edificio que parece que se levanta para la oración que acabo de mencionar.

Luego, los sentidos y todas las cosas externas parecen perder su derecho, para que el alma recupere el suyo que lo había perdido. Dicen que el alma se entra dentro de sí y que, a veces, asciende por encima de ella. No podré explicar nada mediante estas expresiones. Porque tengo la desgracia de pensar que ustedes me van a entender mejor de acuerdo a la manera en que yo pueda expresar mi propia experiencia. Quizás nadie más que yo podrá verdaderamente entender (*Castillo interior*, IV, capítulo 3).

En esta cuarta etapa, no hay sentido de nada, sólo gozo sin entender lo que se goza. Se entiende que se goza un cierto bien que contiene en sí todos los bienes juntos, mas no se comprende este bien. Los sentidos se ocupan todos en este gozo, de manera que no queda ninguno en libertad de ocuparse de alguna otra cosa, exterior ni interiormente.

Los sentidos tenían antes permiso de dar algunas señales del gran gozo que sienten. Pero ahora, en este estado, el gozo del alma es incomparablemente mayor, y el poder de demostrarlo es aun menor. Porque no queda poder en el cuerpo ni en el alma para comunicar ese gozo. Cualquier cosa de esa clase sería un gran estorbo, un tormento y entorpecimiento de su descanso. Y yo digo que si realmente fuera la unión de todas las facultades, el alma, aun cuando lo quisiera, no podría darse a conocer. Porque si pudiera, ya no sería unión.

Cómo se lleva a cabo esto que llamamos unión y qué es lo que es, no lo sé expresar. La teología mística lo explica, pero no conozco los vocablos de esa ciencia. Tampoco puedo entender lo que es la mente, ni cómo se diferencia del alma o del espíritu. Los tres me parecen lo mismo, a pesar de que sé que el alma en ocasiones sale de sí misma como un fuego que está ardiendo y se hace llama. Algunas veces, este fuego crece con ímpetu y la llama asciende por encima del fuego. Pero no por ello se convierte en algo diferente. Es la misma llama del mismo fuego. Vuestros conocimientos, padres míos, les permitirán entender este asunto, mas yo no puedo ir más lejos.

Lo que pretendo explicar es lo que siente el alma cuando está en esta unión divina. Ya se entiende lo que es esa unión. Son dos cosas diferentes que se convierten en una. ¡Oh, Señor mío, qué bueno eres! ¡Bendito seáis para siempre! ¡Que todas las cosas te alaben, Dios mío, que tanto nos amaste que podemos hablar con verdad de esta comunicación que Tú tienes con las almas en éste nuestro destierro! Sí, incluso con las almas que son buenas, es gran caridad y magnanimidad de parte tuya. En una palabra, Señor mío, se trata de tu generosidad (*Vida*, XVIII).

Para poder hablar sobre la oración de recogimiento, he pasado por alto los efectos o señales que deben observarse en las almas a las que les otorga nuestro Señor esta oración. Es claro que tiene lugar un ensanchamiento del alma, como si el agua que proviene del manantial no tuviera forma de desbordarse. En cambio, la fuente tiene la característica de que a mayor caudal de agua recibida, tanto más crece. Así ocurre con esta clase de oración. Dios obra muchos milagros en el alma, acrecentándola y gradualmente preparándola para retener todo lo que Él le da.

Este suave movimiento y el ensanchamiento interior del alma la lleva a ser menos restringida en los asuntos relacionados con el servicio de Dios. Goza de mayor libertad, también. No está angustiada por el temor al infierno. A pesar de que ahora siente más miedo de haber ofendido a Dios, ha sido liberada del miedo servil y tiene mucha confianza de que habrá de gozarlo. El miedo que el alma solía tener de perder su salud por las prácticas ascéticas ha también cesado, y piensa que todo lo puede en Dios. Tiene mayor deseo de usar la disciplina espiritual que antes. El miedo a las aflicciones que solía tener está ahora moderado porque tiene una fe más viva. Sabe que si el alma las soporta por el bien de Dios, Su Majestad le dará la gracia para soportarlas con paciencia. Por cierto, a veces el alma las desea ya que tiene un gran anhelo de realizar algo por Dios. Y como ahora comprende mejor la grandeza de Dios, estima acorde a ello su propia bajeza.

Habiendo probado también los deleites de Dios, el alma encuentra que los del mundo son en comparación, basura (Filipenses 3.8). De modo que el alma se separa de ellos poco a poco, y por hacerlo, el alma tiene mayor control de sí. En una palabra, ha madurado en toda virtud y no dejará de avanzar cada vez más, a menos que recaiga y vuelva a ofender a Dios. Entonces todo se perdería, sea cual sea la altura a la que se haya elevado un alma en virtud y contemplación (*Castillo interior*, capítulo 3).

Ahora estoy hablando del agua que baja del cielo para llenar y saturar con su abundancia todo el huerto con agua. Si nuestro Señor nunca dejara de volcarla cuando fuera necesario, el hortelano tendría por cierto mucho descanso. Si no hubiera invierno, sino una estación templada durante todo el año, los frutos y las flores nunca faltarían. El hortelano tendría siempre su deleite allí. Pero en esta vida, esto no es posible. Tenemos que tener siempre cuidado, cuando falla un agua, de obtener otra. Esta agua del cielo baja con mucha frecuencia cuando el hortelano menos se lo espera.

El alma que busca a Dios se da cuenta con un gozo excesivo y dulce que está, en cierta manera, desvaneciéndose por completo en una especie de desmayo. La respiración y toda la fuerza del cuerpo parecen desaparecer, de modo que casi no puede mover las manos sino con mucho dolor. Los ojos se cierran involuntariamente y, si están abiertos, es como si no vieran nada. La lectura es imposible, porque las letras mismas parecen forzadas y no se las puede distinguir. Los oídos escuchan, pero no comprenden lo escuchado. Los sentidos no tienen otra función más que la de entorpecer el gozo del alma. Por lo tanto, más bien la lastiman. Es inútil tratar de hablar porque no es posible concebir palabra alguna. Y si fuera concebida, no tendría la fuerza de pronunciarla. Toda la fuerza del cuerpo desaparece mientras que aumenta la del alma para permitir que disfrute mejor su gozo. Además, el gozo externo que ahora se siente es grande y muy perceptible.

Por prolongada que sea, esta oración no lastima. Al menos jamás me ha lastimado a mí. Ni tampoco recuerdo, por enferma que haya estado al comienzo, sentirme peor por ella. Al contrario, siempre era mejor después. Semejante bendición, ¿qué daño puede ocasionar? Los efectos exteriores son tan evidentes que no dejan duda alguna de que tiene que haber existido una gran causa. Nos roba nuestras facultades corporales con mucho gozo para dejar a las facultades mayores aún.

La verdad es que pasa en tan poco tiempo que ni en estas señales exteriores ni en la falta de los sentidos se puede percibir. Pero, de la abundancia de la gracia se evidencia que la claridad del sol que ha estado allí tiene que haber sido muy grande, ya que ha derretido al alma. Me parece a mí que el período de tiempo, por largo que haya sido, durante el cual las facultades del alma estuvieron suspendidas, fue muy breve. Quizás haya durado media hora, pero eso sería mucho tiempo. No pienso haber estado nunca en semejante desmayo durante tanto tiempo.

La verdad del asunto es ésta. Es muy difícil saber cuánto tiempo, porque los sentidos están en suspenso. Pero pienso que no puede ser muy prolongado, porque siempre una de las facultades vuelve en sí. Es la voluntad la que persiste en la obra. Las otras dos facultades comienzan pronto a importunarla. Como la voluntad está en calma, las vuelve a suspender. Por un rato están quietas y luego vuelven a recuperarse.

De esta manera, se pueden pasar algunas horas en oración.

Cuando las dos facultades comienzan a beber y percibir el sabor de ese vino divino, se entregan con gran prontitud para estar más absortas. Siguen a la voluntad y las tres se regocijan juntas. Pero este estado de completa absorción, junto con el resto de la imaginación, porque creo que aun la imaginación está completamente en descanso, dura sólo un breve lapso de tiempo. A pesar de que las facultades no vuelven del todo en sí durante algunas horas, poco a poco, Dios las toma y las acerca a Él.

Pasemos ahora a describir cómo se siente el alma en su interior. Que lo describa quien lo sabe. Porque es imposible comprenderlo, y mucho más aún describirlo.

Cuando quise escribir esto, acababa de comulgar y de levantarse de esta misma oración de la que hablo. Estoy pensado lo que el alma estaba haciendo en ese momento. Nuestro Señor me dijo estas palabras: "Se deshace toda, hija mía, para entregarse más y más a mí. Ya no vive ella, sino Yo" (Gálatas 2.20). Como no puede comprender lo que entiende, es no entender entendiendo.

Lo único que puedo decir es que el alma se representa como junto a Dios. Existe una certidumbre que de ninguna manera se puede dejar de creer. Todas las facultades faltan y se suspenden de manera tal que no se puede entender cómo obran. Si el alma está pensando en algo, el recuerdo de ello se pierde, como si jamás lo hubiera pensado. Si lee, no se recuerda lo leído ni se detiene en ello. Lo mismo ocurre con la oración vocal.

Cuando comencé a tener estas experiencias, había una cosa que no sabía. No me había dado cuenta de que Dios estaba en todas las cosas. Como me parecía que Él estaba tan cerca, pensé que esto sería imposible. No podía dejar de creer que Él estaba allí presente, porque me parecía que era evidente que yo sentía su misma presencia. Algunos hombres iletrados solían decirme que Él estaba presente sólo por gracia. Yo no lo podía creer, porque me parecía que Él estaba presente.

De modo que andaba muy triste. Fue un gran letrado de la Orden del glorioso Santo Domingo el que me libró de esta duda. Porque me dijo que Él estaba presente y cómo se comunicaba con nosotros. Esto me dio un gran consuelo.

Es de notar y entender que esta agua del cielo, este grandísimo favor del Señor, deja siempre el alma con grandísimas ganancias (*Vida*, XVIII).

Cuando finaliza la oración de unión, queda en el alma una gran ternura. Ésta es tan grande que podría deshacerme, no de dolor, sino por mis lágrimas de gozo. Se encuentra bañada en ellas sin apenas percatarse de ello, y no sabe cómo o cuando las lloró. Observar la violencia del fuego acallada por el agua, que lo hace arder aún más, le da un gran deleite al alma. Parece que estuviera hablando en un idioma desconocido. Sin embargo, es así.

De vez en cuando me ha acontecido al finalizar esta oración, que quedaba tan fuera de mí que no sabía si había estado soñando o si el arrobamiento que sentía era realmente mío. Me encontraba en un mar de llanto que había fluido sin dolor con tanta violencia y rapidez que parecía como si una nube del cielo lo hubiera derramado. Éste no era un sueño. Así me ocurría al principio cuando todo pasaba rápidamente. El alma permanece en posesión de tanta valentía que si ahora Dios la cortara en trozos, habría en ello mucho consuelo.

Éste es, entonces, un momento de decisión, de determinación heroica, de energía viva de buenos deseos, de comienzo del odio por el mundo y de una clara percepción de su vanidad. El alma realiza un progreso mayor y más elevado que en los estados previos de oración. Su humildad se acrecienta cada vez más, porque ve claramente que ni obtener ni retener esta gracia le permitirá jamás hacer nada por sí misma. Se percibe como muy indigna. Es como la luz del sol que entra poderosamente en una habitación donde no puede ocultarse ninguna telaraña. Sólo percibe su propia miseria con gran claridad. La vanidad es tan remota que parece que jamás podría haberla tenido. Porque ahora los propios ojos del alma observan lo poco que puede hacer, o más bien, que nunca hizo nada.

El alma permanece a solas con Dios. ¿Qué otra cosa puede hacer más que amarlo? No ve ni escucha nada sino por compulsión. No es gracias al alma. De manera muy particular, su vida pasada está delante de ella junto con la gran misericordia de Dios. Ya no es necesario que el alma vaya y busque alimento con su entendimiento, porque ahora puede comer y masticar lo que ya está preparado. En cuanto a ella, ve que el alma merece el infierno y que se merece castigo.

Los buenos efectos de esta oración permanecen durante algún tiempo en el alma. Ahora ella entiende claramente que el fruto no le pertenece. El alma puede entonces compartir con los demás sin sufrir ninguna pérdida. Comienza a mostrar señales de ser un alma que protege los tesoros del cielo y está deseosa por comunicarlos a los demás. Desea orar a Dios que no permita que ella sea la única alma que los posee.

El alma comienza a beneficiar a sus semejantes sin darse cuenta de ello, así como tampoco lo realiza de manera consciente. Sus semejantes comprenden el asunto porque el perfume de las flores es ahora tan penetrante que desean acercarse a ellas. Ven que esta alma está colmada de virtudes. Ven el fruto y cuán delicioso es y desean ayudar a esa alma a comerlo.

Si este suelo ha sido bien cavado por los problemas, persecuciones, enfermedades y otras detracciones, son pocos los que ascienden alto sin ellas. Si se encuentra bien deshecho por un gran desapego de todo interés propio, tomará tanta agua que será improbable que vuelva a resecarse otra vez.

Pero si el suelo que es un mero desierto y está cubierto de espinas (como lo era cuando yo comencé) no evita el pecado, entonces será un suelo desagradecido que no es apto para una gracia tan grande. Se volverá a secar. Si el hortelano se torna descuidado, y si nuestro Señor gracias a su bondad no le envía lluvia, entonces el huerto se arruina. Esto me ha ocurrido más de una vez, de modo que me sorprendo por todo ello. Si yo no hubiera descubierto esto por experiencia propia, realmente no habría creído que sea posible.

Escribo esto para el consuelo de almas que son tan débiles como yo. Ruego que nunca se den por vencidas ni dejen de confiar en el poder de Dios. Aun cuando caigan después que el Señor las ha levantado a este alto grado de oración, no deben desalentarse salvo que se pierdan completamente. Las lágrimas de arrepentimiento lo ganan todo, y una gota de agua atrae a la otra.

CAPÍTULO CINCO

EL CASTILLO INTERIOR: LA VIDA INTERIOR COMO MUCHAS MORADAS PARA LA PRESENCIA DE DIOS: PRIMERA PARTE

CARTA VII: AL MUY ILUSTRE DON ALONSO VELÁSQUEZ, OBISPO DE OSUNA

¡Oh, que yo pudiera hacer entender a su Reverencia la quietud y tranquilidad que goza mi alma en este momento! Porque estoy segura de que disfruto a Dios. Parece que Él le ha dado a mi alma la posesión, aunque no el gozo, de Él. Es como si alguien le hubiera, por medio de una escritura legas, otorgado a alguien una gran propiedad, de manera que la persona tendría posesión de ella después de pasado un cierto período y percibiera el alquiler. Pero hasta ese momento, sólo puede disfrutar la promesa del título que se le ha otorgado.

Sin embargo, mediante la gratitud que siente por el donante, no desea disfrutar de la propiedad en este momento. Piensa que no la merece. En cambio, su único deseo es servirle, aun cuando sea con mucho sufrimiento. A veces, hasta piensa que esto es muy poco, a pesar de que sus aflicciones duraran hasta el fin del mundo, siempre y cuando pudiera servir al Dador de este bien. Porque en verdad, dicha persona no está sujeta a las miserias del mundo como solía hacerlo anteriormente. A pesar de que soporta aún mayores, le parece que sólo es de manera exterior. Porque el alma es como un castillo con poder soberano, y por tanto el alma no tiene ninguna ansiedad.

No obstante, esta seguridad no le impide al alma tener mucho miedo de ofender a Dios y de tratar de quitar todo lo que pueda frenar su servicio. Por cierto, aumenta su temor y cuidado. Pero el alma está tan consciente de su propio interés que parece haber perdido en parte su propio ser, ya que ahora no tiene conciencia y se olvida de sí. En todo mira a la gloria de Dios y cómo cumplir su voluntad de la mejor manera posible. Busca glorificarlo.

Continúa la paz interior, así como la presencia de la Trinidad. Lo hacen de manera tal que yo parezco claramente experimentar lo que dice el apóstol San Juan: "haremos morada con él" (Juan 14.23). Esto mismo hace, no sólo por gracia, sino que Él hace que el alma perciba su presencia. Esto trae tantas buenas cosas, que no se puede describir adecuadamente, en especial dado que no hay ocasión de buscar consideración para saber que Dios está en el alma.

Esta presencia ocurre casi todo el tiempo, excepto cuando el alma está oprimida por una grave enfermedad. A veces parece como si Dios deseara que sufriera sin ningún consuelo interior. Pero jamás, ni siquiera mediante alguna inclinación inicial, hace esto que el alma no desee que la voluntad de Dios se cumpla en ella. La entrega del alma a esta voluntad tiene semejante fuerza que no desea la muerte, ni la vida, más que por un corto tiempo cuando desea ver a Dios.

Mas la presencia de estas Tres Personas es inmediatamente representada al alma con tanto poder que hasta se disminuye mi dolor por estar alejada de mi Esposo. Continúa el deseo de vivir, si tal es su voluntad, para servirlo aún más. Mi deseo es ser únicamente un instrumento para lograr que al menos un alma lo ame más y alabarlo a Él mediante todos mis medios. A pesar de que esto sea por un breve lapso de tiempo, pienso que

es más beneficioso que disfrutar de la gloria eterna.
Indigna sierva y súbdita de su Señoría,
Teresa de Jesús

Las primeras moradas: la oración de entendimiento propio ante Dios

Primera parte: La belleza y dignidad del alma

Hoy, mientras le estaba suplicando a nuestro Señor que hablase por mí, no podía pensar en qué decir y no tenía idea de la manera en que podría cumplir la obligación impuesta por mi obediencia. Me vino a la mente lo que tenía que decir y poner por escrito para tener un fundamento en el cual basarme.

Se me ocurrió considerar que el alma de cada uno de nosotros es como un castillo todo de un diamante o de un cristal muy claro. En él hay muchos aposentos, así como en el cielo hay muchas moradas (Juan 14.2). Si lo pensamos detalladamente, hermanas, nos damos cuenta de que el alma del justo no es nada más que un paraíso adonde Dios dice tener su deleite (Proverbios 8.31). Si él es un Rey tan poderoso, tan sabio, tan santo y tan lleno de bondad, ¿cómo les parece que tendría que ser el aposento adonde se deleita? No puede haber nada comparable con la grandeza y la hermosura de un alma y la gran capacidad. Éste es un misterio que ni siquiera nuestro entendimiento, por agudo que sea, puede comprender, así como no puede comprender a Dios, pues Él mismo dice que nos ha creado "a su imagen y semejanza" (Génesis 1.26).

Bueno, entonces, si esto es verdad, no tiene sentido que nos cansemos tratando de comprender la hermosura de este castillo. Puesto que es algo creado, y hay mucha diferencia entre él y Dios como la hay entre Dios el Creador y la criatura, el mismo hecho que Su Majestad diga que lo ha hecho a su imagen significa que nosotros apenas podemos formarnos una idea de la sublime dignidad y la belleza del alma.

Es una lástima y muy desafortunado que, por nuestra propia culpa, no nos entendamos a nosotros mismos ni sepamos quiénes somos. ¿No les parecería, sin embargo, absurdo que alguien sea tan ignorante que, cuando le preguntan quién es, responde que no tiene idea de quién es, ni quién es su padre ni su madre ni la tierra de donde proviene?

Si esto es tan tonto, ¿no es acaso nuestro estado mucho peor si no procuramos descubrir lo que somos y sólo vagamente sabemos que estamos viviendo en estos cuerpos? Tan sólo asumimos que, porque nuestra fe nos lo dice, poseemos nuestra alma pero no tenemos manera de saber si es verdad. Pocas veces consideramos la calidad de nuestra vida interior o quién vive dentro o cuán preciosa es. Como resultado, realizamos pocos esfuerzos por preservar la belleza del alma. En cambio, todo nuestro interés se concentra en lo externo, como la tosquedad del engaste del brillante o en la pared exterior del castillo. O sea que nos concentramos en nuestro cuerpo.

Imaginemos, pues, que este castillo: mi alma, tiene muchas moradas. Algunas están en lo alto, otras abajo, otras a los lados. Pero en el centro está la morada principal, que es adonde se llevan a cabo los intercambios de mayor intimidad entre Dios y el alma.

Es necesario que tengan en mente esta comparación. Quizás Dios se complazca en usarla para demostrarles a ustedes algo de las mercedes que se complace en conceder a las almas y notar la diferencia entre ellas.

Estoy segura de que si alguien piensa que puede ser herido por creer que Dios concede dichos favores, entonces esa persona realmente necesita mucha humildad y amor al prójimo. Porque, ¿cómo podemos dejar de alegrarnos de que Dios haya concedido estas mercedes a un hermano ya que no impide que nos las conceda a nosotros? Algunas veces, Su Majestad las concede sólo para mostrarlas, como dijo del hombre ciego a quien le devolvió la vista

(Juan 9.3), cuando los apóstoles le preguntaron si era ciego por sus pecados o por los pecados de sus padres. Él otorga estos favores, entonces, no porque aquellos que los reciben son más santos que los que no los reciben, sino para que se ponga de manifiesto su grandeza. Esto lo vemos en el apóstol Pablo y María Magdalena, es para que alabemos a Dios por las obras que Él realiza.

Quizás algunos digan: "Estas cosas parecen imposibles, de modo que no es bueno escandalizar a los débiles." Mi respuesta es que menos se pierde en creer tales maravillas que dejar de hacer el bien a aquellos a quienes Dios se las concede. El resultado será que ellos tendrán mayor estímulo para amar a Aquél que les muestra semejante misericordia y cuyo poder y majestad son tan grandes.

En todo caso, yo no creo que esté hablando a nadie que corra este peligro, porque todos saben y creen que Dios da aún mayores muestras de su amor. Pero si alguno de ustedes no creyera esto, no lo verán por experiencia. Porque nuestro Señor desea fervientemente que no se ponga límite a sus obras. Por tanto, hermanas, que jamás les suceda a ninguna de ustedes.

Regresemos a nuestro hermoso y delicioso castillo. Porque ahora tenemos que ver cómo podemos entrar en él. Quizás les parezca que digo ahora un disparate, porque este castillo es el alma y es obvio que no hay necesidad de entrar en él, ya que el alma es el castillo mismo. Esto es tan ridículo como decirle a una persona que vaya a la habitación donde ya está. Sin embargo, tenemos que entender que hay una gran diferencia entre una habitación y otra. Porque muchas almas habitan cerca de los muros del castillo, que es adonde están los que lo guardan, y no se les ocurre entrar dentro de él. Tampoco desean saber que hay dentro de este precioso lugar, ni quién está dentro, ni cuántas habitaciones tiene. Ya habrán escuchado o leído en muchos libros de oración que se le aconseja a un alma "entrar dentro de sí". Esto es exactamente lo mismo que estoy diciendo aquí.

Hace poco, me decía un gran letrado que las almas sin el ejercicio de la oración son como un cuerpo que está paralizado o tullido. A pesar de tener manos y pies, no los pueden usar. De la misma manera, hay algunas almas que están tan débiles y tan ocupadas con cosas exteriores, que no tienen idea de cómo entrar dentro de sí. Por cierto, están ya tan acostumbradas a tratar con las sabandijas y bestias que están cerca de la muralla que rodea el castillo que comienzan casi a ser como ellas. A pesar de que se les ha dado una naturaleza tan rica que pueden tener comunión con Dios mismo, no hay remedio para ellas. Como la esposa de Lot, que miró hacia atrás y se convirtió en una estatua de sal, así las almas que no luchen por entender y remediar su miserable estado quedarán convertidas en estatuas de sal (Génesis 19.26).

Según lo entiendo, la puerta de entrada a este castillo es la oración y la meditación. Estoy hablando aquí de la oración mental y la vocal. Porque si una persona no piensa a quién se dirige, y lo que está pidiendo, no puedo creer realmente que esté orando. Quizás mueva constantemente los labios, pero eso es todo. Verdad, a veces es posible orar sin prestar atención a estas cosas, pero eso se debe únicamente al hecho de que se las ha pensado previamente. Si un hombre tiene la costumbre de hablar con la majestad de Dios como si estuviera hablando con su propio esclavo o si pronuncia vanas repeticiones y jamás piensa si se está expresando de manera correcta, entonces no ora en absoluto.

¡Que Dios no permita que ningún cristiano le hable jamás de esta manera! Mis hermanas, espero en Su Majestad que ninguna de ustedes lo haga, porque estamos acostumbradas aquí a tratar de cosas interiores. Ésta es una buena manera de evitar caer en semejante brutalidad.

Pensemos en aquellos que finalmente entran al castillo. En ese momento, están todavía muy absorbidos por los asuntos del mundo. Sus intenciones son buenas. A veces, aunque muy de vez en cuando, se encomiendan a Dios. Pero piensan con bastante descuido en el estado de su alma. Están llenos de mil preocupaciones y, por lo tanto, sólo oran unas pocas veces al mes. Por lo general, todo el tiempo piensan en sus propias preocupaciones mundanas, porque están muy apegados a ellas. Se nos recuerda: "Donde esté tu tesoro, allí estará también tu corazón" (Mateo 6.21). A veces ponen estas cosas de lado, y el propio conocimiento y conciencia de que no están progresando espiritualmente para llegar a la puerta es importante para ellos.

Por fin, estas personas entran en las primeras habitaciones bajas. Pero hay tantos reptiles que se ponen en su camino que no pueden ver la belleza del castillo ni sosegarse interiormente. Sienten que han hecho ya lo suficiente simplemente por haber entrado nada más.

Ahora, hijas mías, quizás les parezca que, debido a la bondad del Señor, ustedes no son una de éstas, y que les estoy hablando de manera irrelevante. Pero tienen que tener paciencia, porque no hay otra manera de explicarles algunas de las ideas que tengo sobre los asuntos interiores de la oración. Poder explicarles lo que quiero decir es muy difícil salvo que hayan tenido esa misma experiencia personal. Pero alguien con dicha experiencia, como verán, no puede dejar de aludir a estos temas.

Segunda parte: La fealdad del pecado en el alma

Antes de avanzar, deseo considerar qué espectáculo es mirar este castillo. Es muy resplandeciente y tiene la hermosura de una perla de Oriente. Es un árbol de vida que está plantado en medio de las aguas vivas de la vida (Salmo 1.3).

Qué tragedia es pues cuando cae en pecado. No hay tinieblas más tenebrosas, ni cosa tan oscura y negra, cuando ello ocurre. Sólo tienen que saber una cosa y eso es todo, que a pesar de que el sol mismo le ha dado todo su resplandor y hermosura, Él está todavía en el centro del alma. Sin embargo, si hay pecado, es como si no estuviera allí para participar de Él. Esto sucede a pesar de que el alma es tan capaz de disfrutarlo como el cristal de resplandecer en él el sol.

Cuando el alma está en semejante estado, no va a beneficiarse de nada. Por lo tanto, cuando cae en pecado, ninguna de las buenas obras que pueda llevar a cabo le será de utilidad para alcanzar la gloria. Porque el pecado no tiene su origen en el principio de gracia, que es que Dios, quien es la causa de nuestra virtud, es el único virtuoso. Estar separados de Él significa que no lo podemos complacer de ninguna manera. Por cierto, el intento de cualquiera que cometa pecado es contentar al diablo, que es la encarnación de las tinieblas, y no a Dios. De modo que la pobre alma queda convertida en las tiniebla mismas.

Yo conozco a una persona a quien quiso mostrarle nuestro Señor cómo quedaba un alma cuando pecaba [nuevamente, Teresa misma]. Esta persona dice que si la gente realmente lo comprendiera, ella piensa que les resultaría imposible pecar; al menos les resultaría imposible pecar de manera voluntaria, aun cuando el alma tuviera que ser probada de la manera más severa. El Señor le dio un fuerte deseo que todos lo entendieran. Le pido que les dé a ustedes, hijas mías, el deseo de buscarlo con seriedad por todos los que están en este estado y que se hayan convertido en absoluta oscuridad, y cuyas obras se hayan convertido también en tinieblas.

Así como todos los arroyos que provienen de una fuente muy clara, lo son también, así es el alma que está en estado de gracia. Debido a que los arroyos proceden de esta fuente de vida, una fuente en la que el alma está plantada como un árbol (Salmo 1.3), les resultan agradables a los ojos de Dios y de los hombres. Pero no habría frescura ni fruto si no vinieran de esa fuente que sustenta al árbol del hombre justo. Esta fuente evita que el alma se seque y le ayuda a producir buen fruto.

Por el contrario, el alma que por su culpa se aparta de esta fuente, sólo se planta en una fuente de agua estancada y de muy mal olor. Todo lo que corre de ella son corrientes de desventura y suciedad. Tenemos que entender claramente que esta fuente y este sol resplandeciente, el centro mismo del alma, no pierden su brillo y gloria. Ellos permanecen siempre dentro de ella y nada les puede quitar esta hermosura. Pero si alguien cubriera el cristal con un paño muy negro, está claro que aunque el sol dé en él, no tendrá ningún efecto en el cristal.

¡Oh, almas redimidas por la sangre de Jesucristo! ¡Tienen que conocerse y sentir lástima por ustedes! ¿Cómo es posible que, conociendo esta verdad, no traten de quitar este alquitrán de este cristal? Tengan en cuenta que una vez que se les acabe la vida, jamás volverán a gozar de esta luz.

¡Oh, Jesús! ¡Qué miseria es ver un alma separada y privada de esta luz! ¡Qué objeto miserable son los pobres aposentos de dicha alma! ¡Qué turbados andan los sentidos! ¡Qué desgraciada la gente que vive en ellos! ¡Con qué ceguera y mal gobierno rigen las facultades, que son los gobernadores y mayordomos y servidores! En fin, cuando un alma está plantada en el lugar donde está el diablo, ¿qué fruto puede dar?

Una vez escuché a un hombre piadoso decir que no se espantaba tanto del mal que hacía una persona que estaba en pecado, sino de lo que no hacía. Que Dios en su misericordia nos libre de tan gran mal. Porque mientras vivimos en esta vida, el pecado sólo merece el nombre de mal, pues acarrea males eternos. Esto es, hijas mías, lo que tienen que temer y de lo que hemos de pedir a Dios en nuestras oraciones que nos libre. Porque, "si el Señor no cuida la ciudad, en vano hacen guardia los vigilantes" (Salmo 127.1). Nosotros somos la misma vanidad.

Ya he hecho referencia anteriormente a una persona que decía que había recibido dos beneficios de la merced que Dios le concedía al mostrarle el miserable estado de su alma en pecado. La primera era un temor grandísimo de ofenderlo, y por lo tanto ella estaba continuamente implorándole que no la dejará car. Ella podía ver el terrible daño que acontecería.

El segundo beneficio era un espejo para promover humildad en ella, porque sabía que el bien que hacemos no se origina en nosotros sino en la fuente en la que está plantado el árbol de nuestra alma. Es este sol el que le da calor a nuestras obras. Ella dijo que se le había representado de manera tan clara que cuando hacía alguna cosa buena, o veía que otra persona la hacía, acudía al principio que Dios solo es la fuente de toda nuestra bondad. Ella veía que sin Él "no podemos hacer nada" (Juan 15.5). Esto fue lo que la impulsaba a alabar a Dios. Como regla, cada vez que realizaba una buena obra, jamás pensaba en sí misma.

De modo que, hermanas, si pueden recordar estas dos cosas, entonces el tiempo que han pasado leyéndolas, y el tiempo que he pasado escribiéndolas, no es tiempo perdido.

Sé muy bien que es importante para ustedes que yo les explique estas cosas interiores lo mejor posible, ya que siempre escuchamos decir: "Qué cosa buena es la oración." Estamos sujetas por nuestra Regla a ejercitar la oración durante muchas horas todos los días, y sin embargo no nos la explican. Se menciona poco con respecto a lo que podemos hacer en oración y con respecto a aquellas cosas relacionadas con la manera en que nuestro Señor opera dentro del alma, haciendo su obra sobrenatural.

Como se nos explica tan poco, nos será de consuelo mirar este edificio celestial e interior. Los mortales apenas lo comprenden, a pesar de que muchos caminan por él.

Regresemos ahora a nuestro castillo de muchas moradas. No deben imaginarse a estas moradas situadas en una sola hilera, una detrás de otra. En cambio, fijen su atención en el centro, la pieza o palacio adonde está el rey. Piensen que es como un palmito, que para poder comerlo hay que quitar las muchas coberturas que rodean la parte sabrosa en su interior. De la misma manera, alrededor de la habitación central hay muchas hermosas moradas, así como también por encima.

Al hablar del alma, siempre tenemos que pensar que es una esfera amplia, espaciosa y sublime. Esto lo podemos hacer sin la menor exageración, porque la capacidad del alma es mucho mayor de lo que podamos jamás apreciar. El sol que está en este palacio irradia su influencia a todas sus partes.

Es importante que el alma que tenga oración no se sienta arrinconada ni apretada dentro del palacio. Permitan que el alma camine con libertad por todas las moradas, arriba y abajo y hacia los lados, ya que Dios le ha concedido tan gran dignidad. No se sientan obligados a permanecer demasiado tiempo en una sola morada, a menos que sea la morada del propio conocimiento. Porque éste es el lugar correcto donde empezar. Y si podemos avanzar por un camino seguro y llano, ¿para qué queremos alas para volar? Más bien, hagamos todo el esfuerzo posible para avanzar en el conocimiento propio. Es mi opinión que jamás nos conoceremos por completo a menos que procuremos conocer a Dios. Al mirar su grandeza nos ponemos en contacto con nuestra propia bajeza. Al mirar su pureza, vemos nuestra propia suciedad. Al considerar su humildad, vemos cuán lejos estamos de ser humildes.

Ustedes habrán notado que en estas primeras moradas apenas llega un poco de luz de la cámara real del Rey. Aunque no están oscurecidas y negras, como cuando el alma está en pecado, están de alguna manera oscurecidas para que el alma no las pueda entender. Esto no es culpa de las moradas, sino porque hay tantas cosas malas como culebras y serpientes y víboras y otros animales venenosos que entran dentro del alma y que no le permiten advertir la luz. Es como si una persona tuviera que ingresar en un lugar donde brilla el sol, pero sus ojos estuvieran tan cubiertos de tierra que casi no los puede abrir. En realidad, la pieza está clara, pero la persona no la disfruta por el impedimento de cosas como estas fieras y animales que le hacen cerrar los ojos para no poder ver otra cosa más que ellos.

Así me parece que debe ser el estado del alma misma. Aun cuando no esté en mal estado, está tan metida en las cosas del mundo y tan absorta en sus bienes u honra o negocios que aunque el alma desee ver y disfrutar su belleza, estas cosas no se lo permiten, ni parece que pueda escabullirse de tantos impedimentos.

Es muy importante que si el alma desea entrar en las segundas moradas, procure abandonar todo negocio innecesario. A menos que lo haga, jamás podrá ingresar a las moradas interiores del castillo. En cambio, habrá de permanecer en la primera serie de habitaciones donde ya se encuentra y donde estará expuesta a peligros. Allí entre tantas criaturas ponzoñosas es imposible que no la muerdan una u otra vez.

Piensen también, hijas mías, en la posibilidad de que nosotras que ya estamos libres de estos tropiezos, como lo estamos, y hemos entrado mucho más adentro a otras moradas secretas del castillo regresemos por nuestra culpa al lugar donde existe semejante tumulto. A causa de nuestros pecados, hay muchas personas a quienes Dios les había concedido favores, que han vuelto a caer en esta miseria.

Aquí en nuestro convento estamos libres de los peligros exteriores. Pero en los asuntos interiores del corazón, que le complazca al Señor que lo estemos y que nos libre de ellos. De modo que guárdense, hijas mías, de todo cuidado ajeno. Recuerden que hay pocas moradas en este castillo en donde los demonios no estén preparados para librar batalla.

Sí, es verdad que hay algunas habitaciones en las que los guardas (o sea, nuestras facultades) tienen la fuerza para pelear. Pero es esencial que no descuidemos los ardides del diablo y que no nos engañe convirtiéndose en un ángel e luz. Hay multitudes de cosas que puede hacer para dañarnos. Porque puede entrar poco a poco y nosotros no lo reconocemos hasta después de haberlo hecho.

Por cierto, él es como una lima sorda. Necesitamos reconocerlo al principio. Ahora quiero decir algo que les explicará esto mejor.

Por ejemplo, Satanás le da a una hermana deseos de penitencia. Le puede parecer a ella que no puede tener descanso excepto cuando se está atormentando. Éste puede ser un buen comienzo. Pero si la priora le ha mandado que no haga penitencia sin su permiso y el diablo le hace pensar a esta hermana que la práctica es tan buena que la puede llevar a cabo con atrevimiento, ella podría a escondidas hacer penitencia a tal punto que pierde la salud y ni siquiera hace lo que manda la Regla. Entonces pueden ver claramente que este bien sólo termina en un mal.

O el diablo puede poner en otra hermana un gran celo de santidad. Dicho celo es muy bueno en sí. Pero se lo puede llevar a cabo de manera que cada pequeña falta de las hermanas le parece a ella como una seria infracción. Ella presta mucha atención y observa si ellas cometen estas cosas y luego acude a informarle a la priora. Podría ocurrir a veces que ella no ve sus propias faltas por su gran celo por su propia obediencia religiosa. Como las otras hermanas no entienden lo que está ocurriendo en su interior y ven el cuidado, quizás no acepten su celo con tanto entusiasmo.

Lo que el diablo pretende aquí no es poca cosa. De hecho, lo que intenta es enfriar la caridad y el amor de unas con otras. Esto daña mucho a la comunidad. Recordemos, hijas mías, que la perfección verdadera consiste en el amor de Dios y del prójimo. Cuanto mayor la perfección con que guardemos estos dos mandamientos, tanto más perfectas seremos. Toda nuestra Regla y Constituciones no sirven para otra cosa más que permitirnos guardar esto con mayor perfección. Por lo tanto, evitemos tales celos indiscretos que pueden hacer mucho daño a la comunidad y que cada una se cuide a sí misma.

Este amor mutuo es tan importante que espero que nunca lo olviden. Porque es la obsesión de andar mirando asuntos sin importancia en las demás, con poco conocimiento del interior de su alma, que podría hacer que la persona crítica pierda la paz en su alma e inquiete el alma de las demás. Consideren, pues, el costo de lo que están haciendo para alcanzar la santidad.

El diablo puede poner también esta tentación en la priora, y en este caso sería aún más peligrosa.

Se necesita mucha discreción. Si se cometen faltas contra la Regla y Constitución, no pueden pasarse por alto con liviandad, pero la priora, y no las demás, tiene que ser informada de ellas. Si no las corrige, se debe informar el asunto al prelado. Esto es caridad. También, si se encontraran graves faltas entre las hermanas y se las deje pasar, aun cuando este permiso sea debido al temor de que sea sólo una tentación, esto sería en sí una tentación.

Se debe tener mucho cuidado, para evitar que el diablo nos engañe, de no mencionar este asunto a otras personas. De esa manera, el diablo puede sacar mucho provecho y comenzar la costumbre de la murmuración en la comunidad. Sólo hay que hablarlo con quién corresponda y pueda remediar el mal. Porque en esta casa, que es para la gloria de Dios, no tendría que haber oportunidad para habladurías. En cambio, se tiene que guardar continuo silencio. Pero estemos sobre aviso, como corresponde.

LAS SEGUNDAS MORADAS: LA ORACIÓN DE RECOGIMIENTO RELACIONADA CON EL CARÁCTER DE DIOS Y LA NECESIDAD DE ENTREGA PERSONAL

La importancia de la perseverancia

Consideremos ahora la clase de almas que ingresan en las segundas moradas y lo que hacen allí. Esta sección tiene que ver con aquellos que ya han comenzado a practicar la oración y que entienden la importancia de no permanecer en las primeras moradas. Al mismo tiempo, no tienen la suficiente determinación como para quedarse en esta segunda etapa sin regresar en ocasiones a la primera, porque no evitan las oportunidades de pecar. Esto puede ser muy peligroso. Pero estas personas han recibido mucha misericordia y procuran escapar de las culebras y otros animales venenosos, aunque más no sea por períodos breves. Se dan cuenta que es bueno huir de ellos.

En parte, estas almas tienen más trabajo que las que están en las primeras moradas. Pero están en menos peligro, porque parece que ahora entienden mejor su situación, y hay gran esperanza de que entren más adentro del castillo.

Digo que tienen más trabajo en estas habitaciones, porque los que están en las primeras moradas son como sordomudos. Por lo tanto, ellos toleran mejor la dificultad de no hablar que aquellos que escuchan pero no pueden hablar, o sea, los que están en las segundas moradas. Estas personas pueden escuchar al Señor que los llama. Como se están acercando a donde vive Su Majestad, Él es muy buen vecino. Tan grande es su misericordia y bondad que, a pesar de que continuamos siendo adictos a nuestros pasatiempos y negocios y placeres y compras y ventas del mundo, y a pesar de que aún caemos en pecado y nos volvemos a levantar, con todo esto, nuestro Señor está tan ansioso que lo queramos y procuremos su compañía que nos llama sin cesar para que nos acerquemos a Él. Su voz es tan dulce que nuestra pobre alma se consume de dolor si no hace enseguida lo que le manda. Por eso es que digo que dicha alma sufre más que la que no lo puede oír.

No digo que Dios nos hable y nos llame de una manera que luego les contaré. Sus llamamientos son con palabras que oyen en conversaciones con gente buena o sermones o lecturas de libros de devoción y muchas otras maneras en que hemos frecuentemente escuchado que Dios nos llama. También nos llegan mediante enfermedad y adversidades. Sus llamamientos pueden ser también con una verdad especial que Él nos haya enseñado durante nuestro período de oración. Por flojos que sean estos momentos de oración, Dios los estima mucho.

De modo que, hermanas, no tengan en poco este favor, ni se desconsuelen, aunque no respondan de inmediato al Señor. Su Majestad sabe cómo aguardar muchos días e incluso años, especialmente cuando ve que tenemos perseverancia y buenos deseos. Esto es lo que es necesario hacer aquí, porque mediante la perseverancia nunca dejaremos de ganar mucho.

Pero el ataque que realiza aquí el diablo puede ser más terrible de mil maneras diferentes y puede causar más pena al alma que en las moradas anteriores. Allí el alma estaba muda y sorda, o al menos escuchaba poco y se resistía menos, como quien ha perdido en parte la esperanza de vencer. Pero en estas moradas, el entendimiento está más despierto y las facultades más agudizadas, aun cuando los golpes y el ruido de la artillería sean tan fuertes que el alma no los puede dejar de oír.

Aquí los demonios presentan nuevamente al alma estas culebras, o sea, las cosas de este mundo. Pero ahora ellos pretenden que estos placeres terrenales sean casi eternos en su valor. Constantemente le recuerdan al alma la estima que los hombres nos tenían. Nos recuerdan los amigos y parientes. Nos piden que recordemos que nuestra salud se va a estropear debido a las austeridades de nuestra autodisciplina, porque el alma que desea ingresar en estas moradas siempre comienza a desear mortificarse. En esto, y de mil otras maneras, ellos nos presentan obstáculos.

¡Oh, Jesús! ¡Que confusión que traen los demonios a nuestra pobre alma! Y ¡qué angustiante es no saber si podemos pasar adelante o si tenemos que regresar a las habitaciones donde solíamos estar!

Por otro lado, la razón le dice al alma cuánto se equivoca al pensar que todas estas cosas terrenales tienen el más ínfimo valor en comparación con lo que se está buscando. La fe enseña al alma lo que le es suficiente. La memoria le revela cómo todas estas cosas llegarán a su fin, y le recuerda que aquellos que extrajeron tanto gozo de tales cosas han muerto. A veces, han muerto de repente y la gente los ha olvidado rápidamente. Algunas personas que solían ser muy prósperas están ahora debajo de la tierra. Cuando pasamos por su sepultura, pensamos en su cuerpo lleno de gusanos. La memoria le recuerda al alma estas y muchas otras cosas.

La voluntad se inclina a amar a Aquél en quien ha visto tantas cosas y muestras de amor. Desearía regresar a Él. Lo que más impresiona al alma es ver cómo este verdadero amador nunca la abandona, sino que siempre la acompaña, dándole vida y ser. Luego acude el entendimiento y le ayuda al alma a entender que, aunque viva muchos años, nunca encontrará mejor amigo que Dios. El mundo está lleno de engaños. Aquellos placeres que el diablo le propone están llenos de problemas y cuidados y contradicciones. De esta manera, el entendimiento le da al alma la confianza de que fuera de este castillo jamás encontrará seguridad ni paz. Le recuerda al alma que no vaya por casas ajenas, ya que su casa está repleta de cosas buenas, si las quiere gozar.

Cuán afortunada es pues el alma que encuentra todo lo que necesita en su casa, especialmente cuando tiene a un huésped que la hará dueña de todos los bienes. ¡Para qué andar vagando entonces como el hijo pródigo y verse obligada a comer la comida de los puercos!

Reflexiones como éstas nos ayudan a vencer los demonios. Mas, ¡oh, Señor y Dios mío, cómo se estropea todo por las costumbres en que caemos y la manera en que todos las siguen! Nuestra fe está tan muerta, que deseamos más lo que vemos que lo que la fe nos dice. Y, por cierto, sólo vemos la desventura de los que van tras estas locuras visibles.

Pero estas cosas ponzoñosas que estamos tratando son la causa de nuestra mala fortuna. Porque si un hombre es mordido por una víbora, todo su cuerpo se hincha y envenena. Así ocurre en este caso, y sin embargo no nos cuidamos y guardamos. Claramente, se necesitan muchos remedios para curarnos y Dios nos favorece mucho si no morimos por la mordida. Obviamente, esta alma pasa por grandes pruebas aquí, especialmente si el diablo ve que su condición y costumbres son tales que ella está preparada para avanzar mucho. Entonces todos los poderes del infierno se unen para obligarla a retroceder.

¡Oh, Señor mío! ¡Aquí se necesita tu ayuda, porque sin ella no se puede hacer nada! Por tu misericordia, no permitas que esta alma sea engañada y deje de lado lo que ha comenzado. Dale luz para ver que toda esta guerra consiste en evitar las malas compañías. Por lo tanto, es muy importante conversar con aquellos que están caminando de la manera correcta, no sólo con aquellos que están en las mismas habitaciones en las que está el alma, sino con aquellos que sabe que han ingresado en las moradas más cercanas al Rey. Porque esto le será de gran ayuda al alma que pueda conversar con ellos de tal manera que ellos la lleven adelante consigo.

De modo que dejen que el alma tenga el firme propósito de no dejarse vencer, porque si el demonio ve que está decidida a perder su vida y su paz y todo lo demás antes de regresar a las primeras moradas, pronto dejará de molestarla. Dejen que el alma esté siempre vigilante para evitar someterse en este ataque.

Así que estén atentos y no sean como aquellos que se pusieron de rodillas para beber cuando iban a la batalla (Jueces 7.5, o sea, con Gedeón). Pero que sea valiente ya que está avanzando para luchar contra todos los demonios. No hay mejores armas que las de la cruz.

Aunque otras veces he dicho esto, es tan importante que lo vuelvo a mencionar. Porque es al comienzo que uno no debe pensar en tales cosas como favores espirituales. Ésa es una manera muy baja de comenzar a levantar un edificio tan precioso y noble. Si comenzamos a construirlo sobre arena, se caerá y siempre tendremos disgustos y tentaciones. No son éstas las moradas adonde llueve el maná, sino en las que están más adelante. Una vez que llegue allí, el alma tendrá todo lo que quiere, porque sólo desea lo que quiere Dios y lo que lo complace.

Es verdaderamente extraño que a pesar de que estemos llenos de mil imperfecciones e impedimentos, y nuestras virtudes sean tan inmaduras que apenas saben andar ya que hace poco que han nacido, no tengamos vergüenza de desear los deleites de la oración y quejarnos de los períodos de sequedad. Nunca permitan que les ocurra, hermanas. En cambio, abracen la cruz que su Esposo llevó sobre sus hombros y entiendan que ésta ha se ser vuestra tarea. Permitan que la que más pueda padecer, padezca más por Él y será la más liberada. Lo demás es de una importancia secundaria. Si nuestro Señor se los concede, denle muchas gracias.

Quizás les parezca que están muy decididas a resistir todas las pruebas exteriores, con tal de que Dios les conceda los favores interiores. Pero Su Majestad sabe mejor lo que nos conviene. No necesita consejos para saber lo que nos tiene que dar, ya que puede con razón decir que no sabemos lo que estamos pidiendo (Mateo 20.22). Nunca olviden que el principiante en la oración tiene que, sobre todo, trabajar y ser decidido y prepararse con toda la diligencia posible para lograr que su voluntad se conforme con la voluntad de Dios.

En la voluntad de Dios yace toda la verdadera perfección que se puede alcanzar en el camino espiritual. Cuanto más perfectamente practiquemos esto, tanto más recibiremos de nuestro Señor y tanto más avanzaremos en su camino. Pero no piensen que tenemos que usar jergas extrañas ni tratar cosas que no sabemos ni comprendemos. Porque todo nuestro bien consiste en lo que acabo de describir, o sea, hacer la voluntad de Dios.

Pues si nos equivocamos en el principio y queremos que Dios haga nuestra voluntad y nos lleve como nos imaginamos, ¿qué firmeza puede tener este edificio? Procuremos más bien hacer todo lo que podamos y tomemos conciencia de esas sabandijas ponzoñosas, ya que muchas veces permite nuestro Señor que nos persigan malos pensamientos y nos aflijan. Por cierto, ellas nos afligen sin que las podamos echar. Hay veces en que el Señor permite que estos animales nos muerdan, y nos dejen con aridez espiritual, de modo que después aprendamos cómo evitarlos. De esa manera, Él desea probar si nos arrepentimos mucho de haberlo ofendido.

Por eso no deben desanimarse si alguna vez cayeran. Lo más importante es que no dejen de avanzar; que incluso de esas caídas Dios puede extraer un bien a nuestro favor, así como provee el antídoto para aquellas personas que hayan bebido el veneno. Esto prueba que su antídoto es realmente efectivo.

Aun cuando no viéramos nuestra miseria y el gran daño que nos hace una vida de distracciones por otros medios que este asalto, esto ciertamente bastaría. Porque, ¿puede haber una peor mal que el que hallamos en nuestra propia casa? ¿Qué esperanza podemos tener de encontrar sosiego en otras casas, si no lo podemos encontrar en la propia? Pero pareciera que aquellos amigos y parientes más íntimos y sinceros (me refiero a las facultades del alma), con los que siempre tenemos que vivir, nos hacen la guerra, como si sintieran la rebelión que nuestros vicios han alzado en su contra. "¡La paz sea con ustedes!" hermanas, como dijo nuestro Señor (Juan 20.21). Pues créanme, que si no tenemos paz ni la procuramos en nuestra propia casa, no la encontraremos en la casa de los demás.

Por la sangre que Cristo derramó por nosotros, que se acabe ya esta guerra en nosotros. Se lo pido a los que no han comenzado a entrar en su propia alma; y a los que hayan comenzado, no permitan que dicha guerra los haga tornar atrás. Tienen que darse cuenta que caer por segunda vez es peor que caer una. Pueden ver que los llevará finalmente a la ruina.

Por lo tanto, que estos moradores no confíen en sí mismos, sino en la misericordia de Dios, y verán cómo Su Majestad los lleva de una morada a otra, y los coloca en una tierra donde estas fieras no los pueden tocar ni cansar, sino que ellos las pueden sujetar a todas y burlarse de ellas. Entonces ellos, incluso en esta vida, podrán disfrutar de muchas más cosas buenas de lo que se habían imaginado.

El recogimiento viene con suavidad. Después podrán practicarlo por períodos cada vez más prolongados. De modo que no diré más aquí, excepto declarar mi convicción de que es muy importante que ustedes consulten a personas con más madurez y experiencia. Sino, ustedes pensaran que están dejando de realizar lo más necesario. Siempre y cuando no abandonemos nuestra vida de oración, el Señor tornará todo lo que hagamos para nuestro beneficio, aun cuando no encontremos a nadie que nos enseñe. No existe otro remedio para este mal de abandonar la oración que volver a comenzar nuevamente. Si no lo hacemos, perderemos cada día más el alma. Le pido a Dios que lo entiendan.

Alguna de ustedes podrá pensar que es peligroso volverse atrás. ¿No sería entonces mejor nunca haber entrado en el castillo, sino quedarse fuera de él? Ya les he dicho al comienzo, y nuestro Señor también lo ha dicho, que quien anda en el peligro, en él perece (Salmo 1.6). Pero la puerta para entrar en este castillo es la oración.

Pues pensar que hemos de entrar en el cielo y no entrar en nosotros, conociéndonos y considerando nuestra miseria y lo que debemos a Dios y pidiéndole muchas veces misericordia, es desatino. El mismo Señor dice: "Ninguno subirá a mi Padre, sino por mí" (Juan 14.6). No sé si dice así, creo que sí. También agrega: "El que me ha visto a mí, ha visto al Padre" (Juan 14.9).

Pues, si nunca miramos a Cristo ni consideramos lo que le debemos y la muerte que pasó por nosotros, no veo cómo lo podemos conocer ni realizar obras en su servicio. Porque, ¿qué valor puede tener la fe sin ellas y sin ir unidas a los méritos de Cristo? ¿Quién nos despertará a amar a este Señor?

Le pido a Su Majestad que nos ayude a entender lo mucho que le costamos y cómo no es más el siervo que su Señor (Mateo 10.24). Tenemos que obrar para gozar su gloria, y para esto nos es necesario orar para no caer en tentación (Mateo 26.41).

LAS TERCERAS MORADAS: EL ENGAÑO DE UNA VIDA BUENA Y EJEMPLAR QUE ES AÚN EGOCÉNTRICA

Primera parte: La precariedad moral de la vida

A los que por la misericordia de Dios han ganado estas batallas, y con perseverancia han entrados a las terceras moradas, ¿qué les diremos? Seguramente estas palabras: "Dichoso el que teme al Señor" (Salmo 112.1).

Su Majestad no me ha concedido poco al permitirme que ahora entienda el significado de estas palabras. Con razón a este hombre lo llamaremos "bienaventurado" ya que, según lo que podemos comprender, a menos que se vuelva atrás, está seguro de su salvación.

Aquí ven, hermanas, qué importante es haber vencido las batallas pasadas. Porque tengo por cierto que nunca deja el Señor de darle seguridad de conciencia al alma que ha llegado tan lejos. Ésta no es poca bendición. Digo "seguridad de conciencia", pero me equivoco; porque no hay seguridad en esta vida. De modo que siempre entiendan que lo que quiero decir es "a menos que se aleje del camino en el que ha comenzado".

Es por cierto una gran miseria vivir una vida en la que andamos como hombres cuyos enemigos viven a la puerta y que no pueden, por lo tanto, deponer sus armas, ni siquiera cuando comen, ni cuando duermen. En cambio, siempre tienen miedo de que penetren en su fortaleza por algún punto débil.

¡Oh, Señor mío y bien mío! ¿Cómo quieres que vivamos una vida tan miserable, en la que no podemos dejar de desear y pedir que nos saques de ella, si no fuera que poseemos la esperanza de perderla por ti o de pasarla enteramente en tu servicio y, sobre todo, entender que es tu voluntad que vivamos en ella? Si lo es, Dios mío, permítenos morir contigo, como dijo Santo Tomás (Juan 11.16), que vivir sin ti y temer que sea posible perderte para siempre, no es más que morir muchas veces.

Por eso pienso, hijas, que la bendición que tenemos que pedir es la de disfrutar la completa seguridad de los bienaventurados. Con estos temores, ¿qué placer puede tener aquel cuyo único placer consiste en complacer a Dios? Consideren que esto, y mucho más, se podría decir de algunos santos que cayeron en graves pecados. Sin embargo, no podemos estar seguros de que Dios nos dará la mano para salir de ellos y ayudarnos a abandonarlos.

Por cierto, hijas mías, que mientras escribo esto tengo tanto temor que no sé cómo lo escribo ni cómo vivo cuando pienso en este tema. Y esto me ocurre con frecuencia. De modo que oren, hijas mías, que Su Majestad viva siempre en mí. Si no fuera así, ¿qué seguridad puede tener una vida tan mal gastada como la mía? Pero no se sientan molestas al escuchar que esto es así. ¿Qué puedo hacer si perdí mi santidad por mi propia culpa? No puedo quejarme de que Dios haya dejado de ayudarme a cumplir sus deseos. No puedo decir esto sin lágrimas y gran confusión cuando me doy cuenta de que estoy escribiendo esto para las que me pueden enseñar a mí.

¡Qué obediencia tan difícil ha sido ésta! Pido a Dios que, como ha sido hecho por Él, les resulte de alguna manera beneficioso, aunque más no sea que para ayudarles a pedir perdón a nuestro Señor por esta miserable pecadora que es tan atrevida. Pero el Señor sabe que lo único de lo que puedo presumir es de su misericordia. Ya que no puedo dejar de ser la que he sido, no tengo otro remedio más que recurrir a su misericordia y confiar en los méritos de su Hijo. Ni aun mis pecados ni ser lo que he sido son suficientes para empañar esta sagrada Orden.

Deseo prevenirles de algo: que no se sean presumidas. Recuerden que, aun cuando David era un hombre muy santo, fíjense en lo que se convirtió Salomón. Ni hagan demasiado caso al hecho del encierro y la penitencia en que viven. No se sientan demasiado confiadas porque están siempre hablando de Dios, ejercitándose siempre en la oración o retirándose completamente de las cosas de este mundo y, a su leal saber y entender, aborreciéndolas. Todas estas prácticas son muy buenas, pero no son suficiente razón, como he dicho, para que dejemos de temer. Es mejor que repitan a menudo este versículo y lo tengan contantemente presente: "Dichoso el que teme al Señor" (Salmo 112.1).

Regresando a lo que comencé a decir sobre las almas que han entrado en las terceras moradas, podría considerar que esto no es un pequeño favor que el Señor les ha concedido. Por cierto, es un favor muy especial, es decir, ellas han superado las primeras dificultades. Porque creo que hay muchas almas en el mundo que, a través de la bondad de nuestro Señor, desean mucho no ofender a Su Majestad. Se cuidan de caer en pecado; aman la disciplina espiritual; pasan horas en meditación y oración. Al hacerlo, ocupan bien su tiempo y se ejercitan en obras de caridad con el prójimo. Son muy constantes en todas sus acciones y en el gobierno de su propia casa, al menos las que las tienen.

Éste es un estado muy deseable y no parece haber razón para negarles la entrada a la última morada, ni se la negará el Señor, si ellas están dispuestas a avanzar. Porque ésta es una excelente disposición para inducirlo a mostrarles toda clase de favores.

¡Oh, Jesús! ¿Quién dirá que no desea una bendición tan grande, habiendo ya superado las pruebas más grandes? No, nadie. Por cierto, todos decimos que las deseamos. Pero todavía se requiere algo más para que nuestro Señor posea del todo el alma, no es suficiente decir estas palabras, así como no fue suficiente que el joven rico le preguntara a nuestro Señor qué debía hacer para ser perfecto (Mateo 19.16-22).

Por cierto, desde que comencé a hablar de estas moradas he tenido a ese joven presente, porque somos tal como él. Como regla, éste es el origen de nuestros grandes períodos de sequía en la oración, a pesar de que estos pueden tener además otras causas. No estoy hablando de las pruebas interiores, que aquejan a muchas almas buenas a un grado extremo y sin culpa suya. El Señor siempre las saca de estas pruebas para su beneficio. También saca a las personas que sufren depresión y alguna otra enfermedad emocional. Por cierto, en todo esto tenemos que dejar que Dios sea el juez.

Personalmente creo que lo que he dicho es lo que generalmente ocurre. Como dichas almas se dan cuenta de que nada pueden inducirlas a cometer un pecado, muchas de ellas no cometerían intencionalmente ni un pequeño pecadillo. Así que conducen bien su vida y sus bienes. Con semejante actitud, no pueden aceptar pacientemente que la puerta de entrada al lugar donde habita el Rey se les cierre cuando se consideran sus vasallas. Pero aunque acá en la tierra tenga un rey muchos vasallos, no todos entran hasta su cámara.

Segunda parte: La aridez en la vida de oración

Yo he conocido algunas almas, y aun creo que podría decir muchas almas, que han llegado a este estado y han vivido muchos años en esta rectitud y concierto de alma y cuerpo, según se lo puede entender. Sin embargo, después de todos esos años, cuando parecía que ya habían obtenido completo dominio del mundo o estaban completamente desengañados de él, Su Majestad les ha enviado pruebas no demasiado grandes. En el proceso, ellos comenzaron a andar con tanta inquietud y depresión de espíritu que se exasperaron. Yo sentí mucho temor por ellos. Me parecía inútil darles algún consejo, porque ellos han estado tanto tiempo dedicados a la práctica de la virtud que les parece que podrían enseñar a otros. A la vez, les sobran las razones de sentirse tan deprimidos.

En fin, con estas personas no puedo encontrar, ni he encontrado, manera alguna de consolarlos, salvo mostrar mi pena por sus problemas. Luego, cuando veo que los estoy apenando aún más, me siento realmente triste por ellos. No sirve de nada argumentar con ellos, porque insisten en lamentarse por sus penas y están convencidos de que sufren por Dios.

Por lo tanto, nunca comprenden que se debe a su propia imperfección. No nos debería sorprender lo que están experimentando. Sin embargo, yo pienso que el sentimiento de cosas semejantes tendría que pasar rápidamente. Porque Dios quiere muchas veces que sus escogidos sientan su miseria y por esa razón, Él aparta su ayuda por un tiempo, pero no más de lo necesario, para que reconozcamos rápidamente nuestras propias limitaciones. Ellos se tendrían que dar cuenta de que están aún penando por las cosas terrenales, y no por cosas demasiado importantes. Así es que yo pienso que es una gran misericordia de Dios que, aun cuando estén en falta, puedan obtener mucho de la humildad.

Desafortunadamente, éste no es el caso de las personas de las que estoy hablando. Porque aun cuando admiren estos ideales en teoría, y deseen que otros los admiren de la misma manera, no los están experimentando. De modo que permítanme mencionar algunos de estos sentimientos para poder entender y probarnos a nosotros mismos antes de que nos pruebe el Señor. Porque es muy importante que estemos preparados y nos hayamos entendido primero.

Supongamos que hay una persona rica sin hijos ni nadie a quien dejarle sus bienes que pierde sus riquezas. Sin embargo, no ha perdido nada, ya que no le falta lo necesario para sí y para el manejo de su casa. Incluso podría quedarle algo de sobra. Si esta persona anduviera preocupada e inquieta como si no le quedara un mendrugo de pan que comer, ¿cómo le podría pedir nuestro Señor que lo deje todo por Él? Claro está que podría estar sufriendo porque desea darles dinero a los pobres. Pero pienso que Dios quiere que yo me conforme con lo que Él hace y tenga en paz mi alma, que no tales obras de caridad.

De modo que esta persona no se puede resignar, porque el Señor no lo ha llevado a esto. Está bien. Pero tendría que entender que le falta esta libertad de espíritu. Y como el Señor se la pedirá, tendría que prepararse para que el Señor se la dé.

Supongamos que otra persona tiene mucho para comer e incluso le sobra. Imaginemos que se le ofrece la oportunidad de adquirir más bienes. Por cierto, que aproveche tal oportunidad, si se le presenta. Pero si trata de obtenerlos y procura más y más, por buenas intenciones que tenga, tal individuo puede estar seguro de que jamás entrará en las moradas más cercanas al Rey.

Lo mismo ocurre si tales personas son despreciadas de alguna manera o pierden su reputación. A menudo, Dios les concede la gracia de soportar bien estas pruebas, porque desea ayudar a la gente a ser virtuosos para los demás. Esto lo hace para que la virtud misma que poseen no sea despreciada. O quizás los ayuda porque lo han servido, porque Dios es muy bueno. Sin embargo, están inquietos, porque no pueden hacer lo que quieren o controlar sus sentimientos.

¡Válgame Dios! ¿No son estos acaso los mismos que estaban meditando sobre los sufrimientos del Señor y pensando qué bueno era poder sufrir y aun desearlo? Ellos desearían que los demás vivieran una vida regimentada como la de ellos. Que Dios no permita que se imaginen que las ansiedades que están padeciendo son culpa de los demás, porque en sus propios pensamientos se imaginan que son verdaderamente virtuosos.

Quizás les parezca, hermanas, que me estoy alejando del tema y que lo que digo no tiene nada que ver con ustedes. Aquí en esta casa no existen tales cosas, ya que no tenemos riquezas ni las queremos ni procuramos, ni tampoco nos injuria nadie. Quizás digan que estas comparaciones no tienen nada que ver con nosotras.

Es cierto que estos ejemplos no nos son directamente pertinentes, pero muchas deducciones y aplicaciones son importantes para nosotras. Porque mediante estas comparaciones ustedes pueden descubrir si están completamente libres de todo apego a lo que han abandonado. Porque surgen cosillas que, aunque no sean como éstas, les dan igualmente la oportunidad de probarse a ustedes mismas y descubrir si realmente han obtenido el control de sus pasiones.

Créanme que el asunto no se centra en usar éste o aquel hábito religioso, sino en tratar de ejercitar las virtudes y en rendir su voluntad a la de Dios en todo. Consiste también en regular nuestra vida, conformándola a lo que Su Majestad ordene y no deseando que se haga nuestra voluntad sino la suya. Dado que es posible que no hayamos alcanzado este grado de humildad, practiquémosla, ya que es el ungüento de nuestras heridas. Si somos verdaderamente humildes, Dios, nuestro cirujano, aunque tarde algún tiempo, vendrá a sanarnos.

Las prácticas ascéticas que hacen estas almas están bien equilibradas así como lo está su vida. Tienen un gran deseo por tales disciplinas para poder servir con ellas a nuestro Señor. No tienen nada de malo, y así las realizan con mucha discreción para evitar que dañe su salud. No tengan miedo de que se maten. ¡Son gente muy razonable! Su amor no es lo suficientemente ardiente como para sacarlas de razón.

¡Cómo desearía yo que estuviéramos insatisfechas con esta costumbre de servir a Dios a paso de caracol! Y como parecemos caminar y cansarnos todo el tiempo, porque es un camino agotador, tendremos suerte si no nos perdemos. ¿No les parece, hijas, que si pudiéramos ir de una tierra a otra en ocho días, que sería bueno tomarse un año debido a todos los vientos y nieve e inundaciones y malos caminos? ¿No valdría más la pena pasarlo de una vez? Porque existen todos estos obstáculos y el peligro de serpientes. ¡Cuánto les podría contar de todo esto! ¡Por Dios, cuánto desearía haber pasado ya de aquí, a pesar de que muchas veces temo que no es así!

Cuando avanzamos con timidez y cautela, encontramos obstáculos por todas partes. Porque tememos todo y no osamos pasar adelante. No tenemos la valentía de avanzar y creemos que podríamos llegar a estas moradas, dejando que los demás soporten las dificultades del camino. Pero esto no es posible.

Así que, hermanas mías, por el amor de Dios, esforcémonos para seguir avanzando y dejemos nuestras razones y nuestros miedos en las manos de Dios. Olvidemos esta debilidad natural que nos ocupa tanto. Dejemos que nuestros superiores cuiden de estos cuerpos, porque ésa es su preocupación. Nuestra única tarea es caminar a prisa para ver al Señor. Aunque los consuelos que tengamos sean pocos o ninguno, sería un gran error preocuparnos por nuestra salud, en especial sabiendo que nuestra ansiedad no contribuirá a mejorarla. Eso lo sé por propia experiencia. También sé que nuestro progreso no tiene nada que ver con el cuerpo, que es lo que menos importa de todo.

El camino al que me refiero exige una gran humildad y es la falta de ella lo que nos impide avanzar. Pensemos que hemos avanzado sólo un poco y consideremos que el progreso de nuestras hermanas es mucho mayor. No sólo deseemos, sino que también procuremos que nos consideren la peor de todas.

Cuando la humildad está presente, este estado es excelentísimo. Pero si no es así, nos pasaremos en este estado toda la vida y sufriremos mil penas y miserias. Sin una renuncia total, este estado es muy trabajoso y pesado. Vamos muy cargadas de este lodo de nuestra miseria, lo que no les ocurre a los que llegan a los aposentos restantes.

En esos aposentos, el Señor no deja de pagar como justo y aun como misericordioso, porque siempre nos da mucho más de lo que nos merecemos al darnos serenidad espiritual. Esta serenidad es mucho mayor de lo que podríamos obtener de los placeres y distracciones de la vida. Pero no pienso que nos da muchas bendiciones espirituales, salvo que de vez en cuando nos invita a ver lo que está ocurriendo en las moradas restantes de modo que podamos prepararnos a ingresar también en ellas.

Les podrá parecer que estos consuelos y deleites espirituales son la misma cosa, así que ¿para qué hago esta distinción? A mí me parece que hay una diferencia muy grande entre los dos. Claro que podría estar equivocada. Pero hablaré de ello cuando comience a hablar de las cuartas moradas, ya que entonces tendré algo que decir sobre los consuelos que el Señor les da a los que viven en esas moradas.

Existen grandes consuelos para las almas que Dios trae a las cuartas moradas y confusión para las que piensan que ya lo tienen todo. Si las almas son humildes, se sienten movidas a dar gracias. Pero si carecen de humildad, sienten un disgusto interior y falta de propósito. La madurez espiritual y su recompensa no consisten en los deleites espirituales, sino en amar más. De esto dependen la justicia y verdad de nuestras acciones.

¿De qué sirve hablar de estas bendiciones interiores y de qué manera podemos entender cómo son? No lo sé, de modo que pregúntenle a quien me manda escribir sobre este tema. Yo no estoy obligada a discutir con mis superiores, ya que no sería correcto, sino a obedecer. Lo que les puedo decir con verdad es que, cuando yo no tenía ninguna de estas bendiciones, ni las conocía por experiencia, ni pensaba conocerlas en mi vida, aún así, cuando leía en los libros sobre estas bendiciones y consuelos que da el Señor a las almas que le sirven, me daba mucho consuelo y motivaba a mi alma a dar grandes alabanzas a Dios. Bueno, si mi alma tan ruin hacía esto, cuanto más lo alabarán aquellas almas que son buenas y humildes. Y si una sola persona se sintiera motivada a alabar a Dios aunque sólo fuera una sola vez, es muy bueno que se mencione el tema. De esa manera podemos aprender más sobre el gozo y la alegría que perdemos por nuestra propia culpa.

Pero no se imaginen que no tiene importancia esforzarnos por obtenerlos o no. Porque si la falta no es nuestra, entonces el Señor es justo y lo que Su Majestad nos niegue de esta manera, nos lo dará de otra, según su parecer. Pero los secretos son muy ocultos. Sin duda alguna, lo que Dios haga será lo que más nos conviene.

La bondad del Señor es la que nos trae a este estado. Él nos muestra su misericordia cuando nos trae a él. Lo que me parece que nos sería de gran provecho a las que estamos a punto de ascender aún más es darnos cuenta de que tenemos que prestar más atención para obedecerle de inmediato.

Aun cuando estas personas no sean parte de una orden religiosa, es muy importante que tengan a alguien a quien acudir como lo hacen muchos otros. De esa manera, no harán en nada su voluntad, porque es de esta manera en la que generalmente nos dañamos y engañamos espiritualmente. No tendrían que buscar a alguien que se parezca a ellos, que sólo los halague en vez de tratar de alejarlos de las cosas de este mundo. Tienen que procurar alguien que conozca bien los engaños del mundo, porque al conversar con alguien que ya los conozca, podrán descubrir mejor estos engaños por sí mismos. Dado que algunas de las cosas que nos parecen imposibles al principio parecen posibles cuando vemos que otros las pueden realizar con facilidad y son santificados en ellas, el escoger a alguien para hablar que haya tenido éxito nos dará gran ánimo. Como los hijos de las aves, con su vuelo nos atrevemos a volar. A pesar de que no pueden volar muy alto al principio, poco a poco lo logran imitando a sus padres.

Por decididas que estén estas personas a no ofender a Dios, es mejor no correr el riesgo de ofenderlo. Porque ellas están aún tan cerca de las primeras moradas que podrían fácilmente regresar si su fortaleza no estuviera fundada en tierra firme. De modo que necesitan la guía de aquellos que ya estén ejercitados en sufrir. Estos conocen las tempestades del mundo y se dan cuenta de que no hay necesidad de temerlas ni de desear los placeres terrenales. Porque si aquellos de quien estoy hablando tuvieran que padecer grandes persecuciones, regresarían a dichos placeres. Y el diablo sabe muy bien cómo urdir tales tempestades para hacernos mal. Estas personas, intentando con buen celo prevenir los pecados de los demás, no pueden resistir lo que les podría ocurrir a ellos mismos en estas ocasiones.

De modo que miremos nuestras faltas y no nos preocupemos por las ajenas. Porque los que viven vidas cuidadosamente reguladas se espantan de todo. Sin embargo podemos aprender lecciones muy importantes de aquellos que nos espantan. Es verdad que nuestra compostura exterior y conducta pueden parecer mejor que las de ellos, pero esto, aun cuando sea bueno, no es lo más importante. No tendríamos que esperar que todos vayan por nuestro camino y no tendríamos que tratar de señalarles el camino espiritual, que quizás no conozcamos.

Aun con estos deseos que nos da Dios de ayudar a los demás, hermanas, podemos equivocarnos. De aquí que lo mejor es seguir las instrucciones de nuestra Regla: "en quietud y confianza será vuestra fortaleza" (Isaías 30.15), que el Señor cuida de sus almas (1 Pedro 5.7). Y si no dejamos de suplicar a Su Majestad, avanzaremos mucho con su favor. Que Él sea bendito para siempre.

CAPÍTULO SEIS

EL CASTILLO INTERIOR: SEGUNDA PARTE

LAS CUARTAS MORADAS: LA ORACIÓN DE QUIETUD, EL COMIENZO DE UN ENCUENTRO PERSONAL CON EL DIOS VIVIENTE

Primera parte: Los beneficios de la oración contemplativa

Ahora que estoy por comenzar a hablar de las cuartas moradas, es necesario, como ya lo he dicho, encomendarme al Espíritu Santo y suplicarle que de aquí en adelante hable por mí. Esto es necesario para que pueda decir algo de las moradas que quedan de manera que lo entiendan. Porque aquí comienzo a hablar de cosas sobrenaturales. Esto es muy difícil de explicar, a menos que lo haga Su Majestad, como lo hizo cuando yo describí lo mejor que pude entender el tema hace catorce años. Aunque me parece que entiendo un poco mejor estas mercedes que el Señor concede a algunas almas, es diferente saberlas explicar. Que el Señor lo haga si existe algún provecho de así hacerlo. Pero si no, no.

Como estas moradas están más cerca del aposento donde habita el Rey, es grande su hermosura. Hay cosas muy delicadas para ver y apreciar. El entendimiento no puede encontrar palabras para explicarlas. Pero para todo aquel que tenga experiencia comprenderá muy bien lo que estoy diciendo.

Para llegar a estas moradas es necesario haber vivido mucho tiempo en las anteriores. Como regla, uno tiene que haber vivido en aquellas que ya he descrito, a pesar de que no existe ninguna regla infalible al respecto. Porque nuestro Señor concede sus favores cuando y como y a quien le place y, como los bienes son suyos, no le hace ningún agravio a nadie.

En estas moradas pocas veces entran reptiles ponzoñosos. Si entran, no hacen daño. De hecho, podrían hacerle bien al alma. Por cierto, pienso que en este estado de oración es mucho mejor que entren y den guerra al alma. Si no tuviera tentaciones, el diablo podría engañar al alma con respecto a los consuelos que da Dios. Estas alimañas hacen mucho más daño que el que pueden hacer cuando el alma está sometida a tentaciones. Por lo tanto, no considero que sea seguro que el alma permanezca en un arrobamiento ordinario ni me parece posible que el Espíritu del Señor esté en un ser durante este destierro.

Tengo que hablar sobre las diferencias entre consuelos y deleites espirituales. La palabra "consuelos" se le puede dar a aquellas experiencias que adquirimos mediante nuestra propia meditación y peticiones a nuestro Señor. Ellos proceden de nuestra propia naturaleza a pesar de que, por supuesto, Dios ayuda (en todo lo que digo tienen que entender que sin Él no podemos hacer nada).

Estos "consuelos" nacen de las buenas obras que hacemos y pensamos que los hemos adquirido por nuestros propios esfuerzos. Tenemos razón de sentir la satisfacción de haber trabajado de esta manera. Pero, cuando lo pensamos, la misma satisfacción se puede obtener de muchas cosas que nos pueden suceder aquí en la tierra.

Por ejemplo, una persona puede adquirir de repente alguna propiedad valiosa, o ve a una persona que ama mucho, o lleva un negocio importante o algún otro asunto importante a buen término, de manera que todos hablan bien de él, o una mujer recibe noticias de que su esposo o hermano o hijo han muerto y lo ve venir vivo. En dichas experiencias, he visto que las personas derraman lágrimas de gran alegría. De hecho, me ha acaecido a mí alguna vez. Me parece que, así como estas alegrías son naturales, así son las que nos dan las cosas de Dios. Éstas son de linaje más noble, aunque las otras no eran malas. En fin, comienzan en nuestra naturaleza humana, pero acaban en Dios.

Podemos resumir todo esto diciendo que aunque los deleites espirituales comienzan en Dios, la naturaleza humana puede sentirlos y disfrutarlos tanto como los que he mencionado antes y mucho más. ¡Oh, Jesús! ¡Qué deseo tengo de explicarme en esto! Porque pienso que discierno una diferencia muy conocida y sin embargo no tengo el conocimiento necesario para que me entiendan. Que el Señor me ayude y lo haga.

Ahora me acuerdo de un versículo que decimos al final del último salmo de la Prima. Las [últimas] palabras del versículo dicen: "Por el camino de tus mandamientos correré, cuando ensanches mi corazón" (Salmo 119.32). Para los que tengan mucha experiencia espiritual, estas palabras son suficientes para ver la diferencia entre consuelos y deleites espirituales. Todo aquel que no haya tenido esta experiencia, necesita más explicación. El salmista indica que los consuelos que se mencionan no ensanchan el corazón. Más bien parecen apretarlo un poco, a pesar de que es el consuelo más grande ver que se hace por Dios. Derrama algunas lágrimas de congoja que parecen de alguna manera el resultado de las pasiones. Yo sé poco de estas pasiones del alma. Quizás, si supiera más sobre ellas, podría aclarar y explicar qué procede de la sensualidad y qué de nuestra naturaleza. Pero soy muy torpe. Si tan sólo supiera explicar lo que he experimentado. El conocimiento y el aprendizaje son una gran ayuda en todo.

Mi propia experiencia de este estado (me refiero a este gozo y consuelo que viene de la meditación) es que si comenzaba a llorar por la Pasión, no podía dejar de hacerlo hasta que se me partía la cabeza de dolor. Si lloraba por mis pecados, ocurría lo mismo. Luego el Señor me concedió un gran favor. No deseo examinar ahora cuál es mejor, sino querría saber cómo explicar la diferencia que hay entre lo uno y lo otro. Algunas veces, corren las lágrimas cuando consideramos estas cosas y nacen los deseos ayudados por nuestra propia naturaleza y temperamento. Pero como he dicho, al fin terminan en Dios, sea cual sea su naturaleza. Y debemos estimarlos, si existe la humildad para comprender que uno no es mejor que el otro debido a la experiencia de ellos, porque no se puede saber si todos son efectos del amor. Pero cuando lo son, son regalo de Dios.

En su gran mayoría, estas almas que habitan en las moradas pasadas son las que tienen estas devociones, porque esas almas operan casi de continuo con el entendimiento y hacen uso de él en sus meditaciones. Hacen bien en hacerlo, porque no han experimentado nada más. Sin embargo sería bueno también que a veces se esforzaran un rato en hacer actos de amor y alabar a Dios, regocijarse en su bondad y sus otros atributos, y desear también su honra y gloria. Hacer todo esto de la mejor manera posible despertará su voluntad. Sin embargo, que tengan cuidado cuando el Señor les da esto otro, que no lo abandonen para terminar sus meditaciones de costumbre.

Segunda parte: Las experiencias confusas en la vida contemplativa

A veces he andado terriblemente confusa y oprimida por el torbellino del pensamiento. Por cierto, hace sólo cuatro años que comencé a entender por experiencia que el pensamiento (o, para decirlo con más claridad, la imaginación) no es lo mismo que el entendimiento. Le pregunté sobre ello a un letrado y él me dijo que yo tenía razón. Eso me dio aliento. Porque como el entendimiento es una de las facultades del alma, me parecía muy difícil ver por qué era a veces tan fluctuante, mientras que los pensamientos, como regla, vuelan tan rápido que sólo Dios puede sujetarlos. Esto lo realiza a veces uniéndonos a Él de manera tal que parece que, de cierta forma, estamos desatados de este cuerpo. Pero me frustraba ver cómo las facultades del alma, a mi parecer, estaban concentradas en Dios y recogidas con Él y por otra parte, la imaginación (el pensamiento) parecía estar confusa y alborotada.

¡Oh, Señor, toma en cuenta lo mucho que sufrimos como resultado de nuestra falta de saber! Lo peor de todo es que no nos damos cuenta de que necesitamos saber más cuando pensamos en Ti y, por lo tanto, no les preguntamos a los que saben. Por cierto, ni siquiera sabemos qué hay que preguntar. De aquí que tengamos que sufrir terribles pruebas, porque no nos comprendemos a nosotros mismos. Muchas veces nos preocupamos por lo que no es malo sino bueno y pensamos que hay mucha culpa.

De aquí es de donde proceden las aflicciones de mucha gente que practica la oración, y sus quejas de las pruebas interiores, especialmente si son personas iletradas, crean depresión. Se desmejora su salud y hasta abandonan del todo la oración, porque no se dan cuenta de que existe un mundo interior acá en nosotros. Así como no podemos detener el movimiento del cielo, que anda a toda velocidad, tampoco podemos detener nuestros pensamientos. Luego las facultades del alma los acompañan y pensamos que estamos perdidos y hemos desperdiciado el tiempo que pasamos delante de Dios.

Entretanto, el alma quizás esté completamente unida a Él en las moradas que están muy cercanas a su presencia, mientras que la mente está en las afueras del castillo, padeciendo mil bestias salvajes y ponzoñosas, y mereciendo favor con este padecer. De modo que esto no tendría que turbarnos, ni tendríamos que vernos tentados a abandonar la lucha, como lo pretende el diablo. La mayoría de estas pruebas y momentos de inquietud vienen del hecho de que no nos entendemos a nosotros mismos.

Mientras escribo esto, pienso lo que pasa en mi cabeza con el gran ruido que hay en ella que mencioné al principio. Hace que sea casi imposible escribir lo que me han ordenado. Parece como que en mi cabeza hubiera muchos ríos caudalosos, cuyas aguas corren hacia abajo. Parece como que hay muchos pajarillos y silbos, no en mis oídos, sino en la parte superior de mi cabeza adonde dicen que está la parte más elevada del alma. Yo estuve mucho tiempo en esta parte elevada de mi ser, porque me parecía que este movimiento poderoso del espíritu hacia arriba subía con velocidad.

Pido a Dios que yo recuerde mencionar la causa de esta elevación cuando hable sobre las moradas que vienen a continuación; pero éste no es el lugar adecuado para hacerlo. Por cierto, no me sorprendería que el Señor me haya dado este dolor de cabeza para que pueda entender mejor estas cosas. Porque todo este torbellino en mi cabeza no estorba a la oración ni lo que estoy diciendo, porque el alma está completamente entera en su quietud y amor y deseos y claro conocimiento.

Pues si en lo superior de la cabeza está lo superior del alma, ¿por qué no está turbada el alma? Esto no lo sé. Pero sé que lo que digo es verdad. Yo sufro cuando mi oración no está acompañada por una suspensión de las facultades; pero cuando las facultades están suspendidas, no siento ningún dolor hasta que pasa la suspensión. Sería terrible que esta experiencia me obligara a abandonar por completo la oración.

Tercera parte: La oración de recogimiento en atención a Dios

Hagamos de cuenta que los sentidos y las facultades, que he denominado los guardias del castillo, se han ido fuera del castillo y durante días y años andan con gente extraña, enemiga del bien de este castillo. Luego, viendo su perdición, regresan a él, a pesar de que no van dentro porque las costumbres que han desarrollado son ahora difíciles de conquistar. Pero ya no se los puede considerar traidores, de manera que caminan alrededor del castillo. El gran Rey, que está en la morada de este castillo, percibe su buena voluntad y, por su gran misericordia, desea traerlos de vuelta a él. Como un buen pastor, da a conocer su voz a sus ovejas con un silbido tan suave que casi no lo pueden escuchar (Juan 10.4). Esto lo hace para que ellas dejen de deambular y andar perdidas y regresen a sus moradas. La llamada del Pastor tiene tanto poder que ellas inmediatamente abandonan todas las cosas externas que las engañan y regresan de prisa al castillo.

No creo que jamás lo haya explicado tan claramente como aquí. Buscar a Dios en lo interior es encontrarlo de manera más efectiva y provechosa que en las criaturas, como dice San Agustín, que lo buscó en muchas partes, hasta que lo encontró en su interior (*Confesiones*, X, 27). De modo que es de gran ayuda que Dios nos conceda este favor. No piensen que el entendimiento puede alcanzarlo intentando pensar en Él existiendo dentro del alma, ni tampoco mediante la imaginación, imaginándolo a Él allí. Es una buena costumbre y un excelente método de meditación, ya que se fundamenta en la verdad: que Dios está en nosotros. Pero esto no es lo que quiero decir aquí, porque todos pueden hacer esto con la ayuda de nuestro Señor.

La oración de la que hablo es de una naturaleza muy diferente. Estas personas están a veces en el castillo antes de haber siquiera comenzado a pensar en Dios. No puedo decir cuándo ingresaron en él o cómo escucharon el llamado de su Pastor. Por cierto no fue por los oídos, porque exteriormente no hubo ningún llamado audible. En cambio, se experimentó un recogimiento suave en su interior, como verán quienes vayan por este camino. No sé cómo expresarlo mejor.

Creo haber leído que esto se compara a una tortuga que se retrae dentro de sí. El que hizo uso de esta comparación, sin duda la comprendió muy bien, porque estas criaturas se meten en su interior cuando quieren. Sin embargo, éste no es el caso del recogimiento al que me refiero. Sólo está en nuestro poder cuando Dios se complace en concedernos este favor. Pienso que cuando Su Majestad lo concede, se lo da únicamente a los que ya están desentendiéndose de las cosas de este mundo. No digo que ya lo hayan logrado, porque es posible que su estado no se los permita. Pero están así en sus afectos y en sus deseos, ya que Él los invita especialmente a estar atentos a las cosas interiores.

Por tanto, creo que si nos entregáramos enteramente a Su Majestad, no nos concedería sólo esto, sino muchos otros dones a los que comienza a llamar para cosas más elevadas. Que lo alabe mucho el que experimente esto en sí, porque es muy apropiado que entienda el favor y dé gracias por él. De esa manera se dispondrá para otros favores que son mayores aún.

La disposición que nos prepara para esto es escuchar atentamente lo que el Señor nos habla interiormente. En esto debemos procurar no discurrir, sino estar atentos para ve qué obra hace el Señor en el alma. Porque salvo que Su Majestad comience a darnos arrobamientos, no puedo entender cómo puede detenerse la mente. Esto parecería hacernos más bien que mal, a pesar de que es un asunto que frecuentemente discuten algunas personas espirituales.

Una persona me mencionó un cierto libro del Fray Pedro de Alcántara, un colega misionero. Al leer el libro, nos dimos cuenta que escribió lo mismo que yo, aunque utilice otras palabras. Pero, de lo que dice podemos entender que nuestro amor ha de estar ya despierto. (Véase el "Octavo consejo" del *Tratado de oración y meditación*, II, págs. 113-114).

Es posible que esté equivocada, pero baso mi opinión sobre los asuntos interiores en las siguientes razones. La primera, que en las actividades espirituales tales como ésta, la persona que hace más es lo que menos piensa y quiere hacer. Lo único que tenemos que hacer es pedir como los pobres necesitados delante de un gran emperador rico. Luego, de inmediato, bajar la mirada y esperar con humildad. Cuando por sus secretos caminos nos parece que Él nos oye, es bueno callar, pues nos ha dejado permanecer cerca de Él. No sería malo, si fuera posible, tratar de no obrar con el entendimiento.

Pero si no estamos seguros de que el Rey nos ha oído, o de que nos está prestando atención, no actuemos como tontos. Porque el alma es bastante tonta cuando trata de inducir esta oración por sí misma. Como resultado, queda mucho más seca. Entonces la imaginación se inquieta mediante los esfuerzos que hace por no pensar en nada. Más bien, que el Señor desee que lo busquemos y consideremos estar en su presencia. Él sabe lo que nos conviene.

Al mismo tiempo, no me puedo persuadir a pensar que el esfuerzo humano sirva de algo en cosas que parece haber puesto límites Su Majestad y que desea dejar para sí. Lo que no se reservó para sí son muchos otros esfuerzos que podemos hacer con su ayuda, tales como: penitencia, buenas obras y oración, en la medida que nuestra miseria las pueda llevar a cabo.

La segunda razón es que estas obras interiores son todas suaves y apacibles. El hacer algo penoso causaría más daño que bien. Llamo cosa penosa algo que podríamos obligarnos a hacer. Por ejemplo, es penoso mantener el aliento. Dejemos, pues, el alma completamente en las manos de Dios para que haga con ella lo que desea, sin preocuparnos por nuestro propio interés. Entréguense por completo a la voluntad de Dios.

La tercera razón es que el mismo esfuerzo que hace el alma para dejar de pensar quizás despierte el pensamiento a pensar mucho.

La cuarta razón es que la cosa más importante y agradable ante los ojos de Dios es tener presente únicamente su honra y su gloria, y olvidarnos de nosotros mismos, nuestro provecho, nuestros deleites y nuestros placeres. Pero, ¿cómo puede una persona olvidarse de sí cuando pone tanto cuidado en sus acciones que apenas se atreve a moverse o permitir que su entendimientos y deseos bullan?

Cuando Su Majestad quiere que el entendimiento cese, lo emplea de otra manera e ilumina el conocimiento del alma a un grado tan por encima de lo que podemos alcanzar, que nos lleva a un estado de arrobamiento. En este estado, el alma recibe mejor enseñanza que la que podría resultar jamás de sus propios esfuerzos, que sólo podrían estropearlo todo. Porque Dios nos dio las facultades para que pudiéramos obrar con ellas, así que no necesitamos encantarlas, sino dejarlas que hagan su labor hasta que Dios les dé algo mejor para hacer.

Lo que entiendo que más le conviene hacer al alma que el Señor ha querido llevar a estas moradas es actuar como he dicho. De la misma manera, tendríamos que procurar, sin violencia ni esfuerzo, mantener apartado el entendimiento de todo razonamiento discursivo. Sin embargo, no deberíamos suspender el entendimiento, ni dejar de pensar. Es bueno que el alma recuerde que está en la presencia de Dios y que se dé cuenta de quién es este Dios. Si lo que siente la arroba, enhorabuena. Pero que no trate de entender lo que es, ya que así como se le concede a la voluntad, que lo disfrute sin utilizar ningún esfuerzo. Que el alma no haga nada, excepto pronunciar algunas palabras amorosas, que aunque no tratemos de estar aquí sin pensar nada, así estamos muchas veces, aunque más no sea por un breve tiempo.

Tengan mucho cuidado de no exponerse a situaciones en las que puedan ofender a Dios. Porque el alma no está aún criada, mas es como un niño que comienza a mamar. De modo que si lo apartamos de los pechos de su madre, ¿qué otra cosa podemos esperar sino su muerte? Ésa, me temo, sería la suerte de todo aquel a quien Dios le haya concedido este favor, si abandonara la oración. A menos que lo haga por alguna razón excepcional, o a menos que regrese a ella de prisa, irá de mal en peor.

Yo sé que hay muchas razones para temer en este caso, y conozco a algunos que me dan mucha lástima. Porque he visto que esto les ha ocurrido a ellos, por haberse apartado de quien tan ardientemente deseaba convertirse en su amigo y mostrárselo mediante obras. Yo les previne de antemano que evitaran tales ocasiones, porque el diablo va a esforzarse mucho más contra estas almas que contra muchas otras a las que nuestro Señor no les concede tales favores. Porque él sabe que dichas almas le pueden ocasionar mucho más daño al llevar otras almas consigo y traer mucho provecho a la Iglesia de Dios. Es posible que el Diablo no vea otra cosa en ella más que el hecho de que Su Majestad les demuestra un amor particular, pero esto es suficiente para llevarlo a hacer lo máximo posible para destruirlas. Ésta es la razón por la cual Satanás las ataca con tanta furia. Si las conquista, estarán más arruinadas que muchas otras.

A lo que podemos entender, ustedes, hermanas, están libres de estos peligros. Pero que Dios las libre de soberbia y vanagloria y les conceda la gracia de que el demonio no pueda falsificar estos favores. Sin embargo, dichas adulteraciones serán reconocibles porque no producen estos efectos espirituales, sino que producen lo exactamente opuesto.

No obstante, deseo advertirles sobre un peligro que ya he mencionado en otra parte. He visto a personas de oración, en especial mujeres, que son más débiles en su constitución, o naturalmente frágiles, o debilitadas por una vida ascética extrema. Ellas, cuando tienen algún consuelo místico, caen como en un sueño que llaman espiritual. Luego, su constitución les falla. No bien sienten cualquier gozo interior, les sobreviene una debilidad física y languidez y, quedándose dormidas, se confunden sobre lo que sienten y piensan que tendrían que dejarse extasiar. Cuanto más se aflojan, tanto mayor la abstracción, porque de hecho, su condición física continúa deteriorándose. De modo que en su mente les parece que lo que están experimentando es arrobamiento. Yo lo llamo simple abobamiento, porque no es nada más que perder el tiempo y destruir nuestra salud.

Pienso en una persona que continuaba durante ocho horas de esta manera, no teniendo sentido ni ninguna percepción real de las cosas de Dios. Sólo se curó cuando le hicieron comer y dormir de manera adecuada y eliminar tanta penitencia. Ella había engañado a su confesor y a otras personas, a pesar de haberlo hecho de manera bastante inconsciente y sin ninguna intención de engañar. Creo que el diablo usó estas circunstancias para su propia ganancia. Por cierto, él estaba comenzando a progresar en esta persona.

Por lo tanto, tenemos que darnos cuenta de que cuando una experiencia proviene realmente de Dios, aunque haya languidez tanto interior como exterior, no lo habrá en el alma. Porque el alma tendrá grandes sentimientos al verse tan cerca de Dios. Además, esto sólo continúa por un breve lapso de tiempo. Aun cuando el alma vuelva a estar absorta, en esta clase de oración, excepto en casos de debilidad física, el cuerpo no será derrocado ni se producirá ninguna sensación exterior en él. De manera que estén seguros de que cuando experimenten esta clase de cosa, se lo comuniquen a su director espiritual.

Diviértanse, entonces, lo más posible y no pasen tantas horas en oración. Procuren dormir y comer bien hasta que su fortaleza normal quede restaurada en caso de que la hayan perdido en este ejercicio de oración. Pero si la constitución física de alguno estuviera tan debilitada que esto no es suficiente, entonces tendría que estar seguro de que Dios no lo está llamando a nada más que a la vida activa, ya que en los monasterios tiene que haber de todo.

Que aquellos que sean de esta clase se ocupen de los oficios y que no permanezcan demasiado a solas para que su salud no se destruya del todo. Esto sería una gran mortificación. Quizás el Señor esté probando el amor que le tienen al ver cómo reaccionan ante esta prolongada ausencia y, después de un tiempo le complazca restaurar su fortaleza. Si no, sus oraciones vocales y obediencia harán que se merezca lo que hubieran obtenido de otra manera, y quizás más.

También podría haber algunas personas que son débiles en su inteligencia e imaginación. Quizás sean tan inocentes que creen que ven todo lo que se imaginan. Éste es un estado muy peligroso y quizás tratemos de ello más adelante. Ya he dicho suficientes cosas sobre esta morada, porque es aquella en la que entra el mayor número de almas. Sin embargo, como ésta es la esfera en donde se entrecruzan lo natural y lo sobrenatural, el diablo puede hacer aquí mucho más daño. Pero en las moradas que aún quedan por decir, el Señor no le da tanto lugar. Que el Señor sea alabado para siempre. Amén.

LAS QUINTAS MORADAS: LA ORACIÓN DE UNIÓN SIMPLE CON DIOS

Primera parte: La experiencia de la presencia de Dios

Mis queridas hermanas, ¿cómo podría explicarles las riquezas y tesoros y deleites que hay en las quintas moradas? Estoy tentada a pensar que sería mejor no decir nada sobre las moradas restantes, porque no hay manera de poder describirlas. El entendimiento es incapaz de entenderlas y ninguna comparación las puede explicar. Las cosas terrenales son demasiado bajas para este fin.

Envía, Señor mío, luz del cielo para que pueda iluminar a éstas, tus siervas, ya que te has complacido en que se gocen algunas de ellas de estos deleites. Ilumínalas para que algunas de ellas no sean engañadas por el diablo que se transforma en un ángel de luz, pues todo su deseo es el de contentarte.

Aunque dije "algunas", son bien pocas las que no entran en estas moradas de las que ahora hablaré. Hay diversos grados. Por esa razón digo que la mayoría entrará en estas moradas. Pero creo que son sólo unas pocas las que pasarán a experimentar algunas de las cosas que hay en este aposento. Sin embargo, aunque no sea más que llegar a la puerta, Dios les brinda mucha misericordia. Aunque muchos son los llamados, pocos son los escogidos (Mateo 22.14).

Así digo ahora que, aunque todas llevamos este hábito sagrado del Carmen y somos llamadas a la oración y contemplación (porque ésta fue nuestra Regla desde el principio, de esta casta venimos, de nuestros santos Padres del Monte Carmelo que en tanta soledad y con tanto desprecio del mundo buscaban este tesoro, esta preciosa joya de la que hablamos), somos pocas las que nos disponemos para que nuestro Señor descubra que esta joya de contemplación es característica de nosotras. Exteriormente podríamos presentarnos en todo lo necesario. Pero en la práctica de las virtudes que son necesarias para llegar a este estado, necesitamos mucho más. De modo que no podemos ser negligentes ni en el más mínimo detalle.

Por eso, hermanas, busquen seriamente al Señor para poder gozar en alguna manera del cielo en la tierra. Pido que nos dé su gracia y nos muestre el camino, para que no lo perdamos por nuestra culpa. Que el nos dé fuerza en el alma para cavar hasta encontrar este tesoro escondido que está por cierto en nosotras mismas. Me gustaría poder explicar esto, si nuestro Señor se complace en permitir que yo lo haga. Dije "fuerzas en el alma" para que puedan entender que no hace falta la fuerza física a quien Dios nuestro Señor no la da. Nadie está imposibilitado de comprar sus riquezas. El se contenta con que cada uno dé lo que tiene. ¡Bendito sea tan gran Dios!

Sin embargo, reflexionen, hijas, que para obtener este objeto del que estamos hablando, Él no desea que ustedes se queden con nada. Por poco o mucho que sea, Él lo quiere todo para sí. En proporción a lo que ustedes saben que les ha dado, Dios les concede mayores o menores mercedes. No hay mejor prueba que ésta para descubrir si han llegado a la oración que llega a la unión. No piensen que es algo soñado, como en el pasado. Digo "soñado" porque el alma parece estar como adormecida. Ni parece estar dormida, ni se siente despierta. Sin embargo, en este sueño, está completamente despierta a Dios, a pesar de que está totalmente dormida a las cosas del mundo y a nosotras mismas. Porque de verdad, durante el breve lapso que dura, el alma se queda como sin sentido y no puede pensar en nada, aunque lo quiera.

¡Oh, maravillosos secretos de Dios! Nunca me voy a cansar de tratar de explicarlos, aunque sean pocas las posibilidades de acertar. De modo que diré mil tonterías, por si alguna vez atinara a hablar de un punto importante, para que alabemos mucho al Señor. Dije que no era cosa soñada, porque en las moradas anteriores, hasta que la experiencia no fuera cuantiosa, el alma permanecía con dudas sobre lo había realmente ocurrido: si había sido un antojo, si estaba dormida, si se lo había dado Dios o si el diablo se había transfigurado en ángel de luz. En una palabra, el alma tiene mil sospechas, y es bueno que las tenga porque la misma naturaleza nos puede engañar alguna vez.

En esas moradas no hay mucho lugar para que entren cosas ponzoñosas, a pesar de que pueden meterse algunas lagartijas pequeñas. Como son pequeñas, se meten por doquier, pero no hacen daño, sobre todo si no hacen caso de ellas. Éstas representan los pequeños pensamientos que proceden de la imaginación y de lo que hemos mencionado antes. Sin embargo, a veces causan muchas molestias. Pero estas lagartijas, por pequeñas que sean, no pueden ingresar en estas moradas, porque aquí no hay imaginación, ni memoria, ni entendimiento que pueda impedir este bien.

Me atrevo a decir que si la unión proviene verdaderamente de Dios, entonces el diablo no puede ingresar ni hacer ningún daño. Su Majestad está tan junto y unido con la esencia del alma, que el diablo no se atreve a acercarse, ni tampoco puede entender este secreto. Y está claro, pues dicen que no entiende nuestro pensamiento, menos entenderá un secreto tan profundo como esta unión. Esto aplica a los actos del entendimiento y de la voluntad, porque el diablo claramente ve los pensamientos de la imaginación, a menos que nuestro Señor lo ciegue en ese momento.

¡Oh, bendito estado en el que este maldito no puede hacernos mal! Así obtiene el alma muchas bendiciones, porque Dios obra en ella sin que nadie le estorbe, ni nosotros mismos. ¿Qué no dará quien tanto ama dar y desea dar todo lo que quiere?

Me parece que ustedes no están aún satisfechas, porque les parece que se pueden engañar, ya que consideran que estos asuntos interiores son muy difíciles de examinar. Aunque lo dicho sea suficiente para el que lo ha experimentado, sin embargo deseo darles una prueba clara mediante la cual puedan estar seguras de que provienen de Dios. Porque Su Majestad me la ha traído hoy a la memoria y me parece que es la cierta.

En los asuntos difíciles, aunque me parezca que los entiendo y que digo la verdad, siempre uso las palabras "me parece", porque si estuviera equivocada, estoy muy dispuesta a creer lo que me han dicho los hombres de letras. Ellos mismos no han experimentado estos asuntos, sin embargo tienen mucho peso porque son grandes eruditos. Como Dios los considera luz para su Iglesia, Él les revela la verdad de las cosas para que ellos puedan reconocerlas. Si no son personas inmorales, sino verdaderos siervos de Dios, nunca se sorprenderán de la grandeza de Dios, porque saben que su poder es capaz de hacer muchísimo más que todo lo que podamos imaginarnos o pedir (Efesios 3.20).

He tenido mucha experiencia con hombres instruidos, y también la he tenido con algunos hombres medio letrados y tímidos, cuyas deficiencias me han costado muy caras. De esto he aprendido que el que no cree que Dios puede hacer mucho más, y que Él se ha complacido y aún se complace en revelarse a sus criaturas, dicha persona mantendrá la puerta fuertemente cerrada para recibir sus favores.

Por eso, hermanas, que nunca les suceda esto, sino crean que Dios puede hacer mucho más. No consideren si aquellos a quienes Dios comunica sus favores son buenos o malos. Su Majestad lo sabe, de modo que toda intervención nuestra es innecesaria. Más bien, con humildad y simpleza de corazón, sirvamos a Su Majestad y alabémoslo por sus obras y maravillas.

Regresemos ahora a la señal que digo que es la verdadera. Ahora ven que Dios ha hecho que el alma esté boba del todo para imprimir en ella la verdadera sabiduría. Mientras el alma permanezca en este estado, no puede ver, ni oír, ni entender. El período de tiempo que permanece en este estado es siempre breve, y parece al alma que es aún más breve de lo que realmente es. Dios se fija a sí mismo en el interior de esa alma de manera tal que, cuando ella torna en sí, no puede de ninguna manera dudar que estuvo en Dios y Dios en ella. Esta verdad se arraiga tan profundamente en ella que, a pesar de que pasen los años sin concederle Dios un favor similar, el alma nunca lo olvida. Sin embargo, esto es muy diferente de los efectos con los que queda en su interior. De ellos, hablaré más tarde. Lo que importa ahora es esta certeza.

¿Cómo vio o entendió el alma esta verdad? Mi respuesta es que el alma no la vio entonces, pero después la vio claramente. Porque ésta no es tanto una visión como una certeza que permanece en el alma y que sólo Dios puede implantar dentro de ella. Conocí a una persona que no sabía que Dios estaba en todas las cosas por su presencia y potencia y esencia. Pero mediante una experiencia de esta clase que recibió de Dios, lo pudo creer con firmeza. Así que, cuando uno de esos hombres medio instruidos de los que ya he hablado anteriormente le contestó que Dios estaba allí sólo por gracia, la verdad estaba tan impresa en su interior que ella no le creyó. Después les preguntó a otros que le dijeron la verdad, lo cual la consoló mucho.

Pero no se engañen pensando que esta certidumbre tiene algo que ver con una forma corporal. Dios no está presente de esa manera, sino sólo mediante su divinidad. Entonces ustedes vuelven a preguntar: ¿cómo podemos tener certeza de lo que no vemos? Eso no lo sé, porque es obra de Dios. Pero sé que digo la verdad. El que no tenga esta certeza, lo único que puedo decir es que esa persona no ha experimentado esta unión del alma con Dios.

En todos estos asuntos, no tenemos que buscar razones para entender cómo fue, ya que nuestro entendimiento no puede comprenderlo. ¿Por qué nos queremos esforzar en vano y preocuparnos de ello? Seguramente es suficiente saber que el que lo hace es todopoderoso. Con respecto a lo que estaba diciendo sobre nuestra incapacidad de hacer algo, recuerdo haber oído a la esposa en el Cantar de cantares que dice: "Me llevó a la cámara del vino" (Cantar de los cantares 1.4; 2.4, en la versión de Reina-Valera Antigua). No dice que ella fue. Y dice también que andaba buscando a su Amado en todas las direcciones (Cantar de los cantares 3.2). Pienso que la bodega significa el lugar adonde nuestro Señor desea que entremos, cuando Él lo desea y como Él lo desea. Pero nosotros no podemos entrar por nuestro propio esfuerzo. Su Majestad tiene que colocarnos allí y entrar Él en el centro de nuestra alma.

Para que Él pueda mostrar claramente sus maravillas, no desea que nuestra voluntad tenga parte en ello, ya que la voluntad se ha rendido ya completamente a Él. Ni tampoco desea que se abra la puerta de nuestras facultades y sentidos, que están dormidos. Porque Él entrará al centro del alma sin usar una puerta, como lo hizo cuando vino a sus discípulos y dijo: "¡La paz sea con ustedes!" (Juan 20.19). Más adelante, en las últimas moradas, verán cómo Su Majestad desea que el alma lo goce en su propio centro, aún más que aquí.

¡Oh, hijas! ¡Qué cosas maravillosas veremos, si no queremos ver nada más que nuestra propia bajeza y miseria y entender que no somos dignas de ser siervas de un Señor tan grande! Porque sus maravillas exceden toda comprensión. ¡Que sea alabado para siempre! Amén.

Segunda parte: El crecimiento del alma para recibir más de Dios

Les debe parecer que ya he mencionado lo que ha de verse en estas moradas. Sin embargo, queda mucho por decir, porque como ya he mencionado, queda mucho por venir. En lo que concierne a la unión mística, pienso que no puedo añadir más. Pero cuando el alma a quien Dios le ha concedido estos favores se prepara para ellos, hay muchas cosas por decir sobre la manera en que Dios lo hace. Para poder explicar mejor el estado del alma, deseo hacer uso de una comparación que es adecuada para este fin. Nos puede ayudar a entender cómo, a pesar de que en esta obra que hace el mismo Señor no podemos hacer nada, nuestra propia disposición puede contribuir mucho para inducir a Su Majestad a concedernos esta merced.

Ustedes ya han oído cómo se fabrica la seda. Es un invento que sólo Él podría haber hecho. Viene de una semilla que no es más grande que un grano pequeño de pimienta. Yo nunca lo he visto, sino sólo oído, de manera que si es incorrecto, no es mía la culpa. Cuando viene el tiempo cálido y comienzan a salir las hojas en los morales, las semillas comienzan a vivir, que hasta ese momento estaban muertas. Los gusanos de seda se alimentan de estas hojas de morales hasta que crecen del todo. Luego se colocan las ramas de manera que con sus pequeñas boquitas, los gusanos puedan comenzar a hilar la seda, haciéndose unos pequeños capullos muy apretados en los que se encierran. El gusano de seda que es grande y feo acaba y, en su lugar, sale una hermosa mariposa blanca del capullo.

Sin embargo, si no lo hemos visto, ¿cómo lo podemos creer? Pero nos lo han relatado como el caso en otras épocas y en diferentes países. Sin esta evidencia, ¿qué razones podríamos encontrar para que una criatura tan falta de razón como un gusano de seda o una abeja trabajen para nuestro provecho con tanta diligencia y con tanta industria y que el pobre gusano pierda la vida en ello? Sin embargo, esto les puede servir, hermanas, para un rato de meditación, sin que les tenga que decir nada más. Mediante este ejemplo, ustedes pueden darse una idea de las maravillas y sabiduría de nuestro Dios.

¿Qué tendríamos que hacer si entendiéramos la propiedad de todas las cosas? Es muy beneficioso que nos ocupemos de pensar en estas maravillas y que nos alegremos de ser esposas de un Rey tan sabio y poderoso.

Regresemos ahora a lo que estaba diciendo, y apliquemos la comparación de lo que he mencionado a nosotras mismas. Este gusano comienza a tener vida cuando, mediante el calor del Espíritu Santo, comienza a aprovechar del auxilio general que a todos nos da Dios y cuando comienza a aprovecharse de los remedios que dejó en su Iglesia. Tales remedios incluyen frecuentar los sacramentos y leer buenos libros, así como escuchar sermones. Porque estos son poderosos remedios para el alma que está muerta por negligencia y pecado y está sumergida en oportunidades de hacerlo. Entonces este gusano comienza a vivir y se sustenta con buenas meditaciones hasta que está crecido. Esto es lo que me preocupa ahora, porque el resto es de poca importancia.

Cuando el gusano ha crecido, comienza a hilar la seda y edificar la casa adonde habrá de morir. Querría dar a entender aquí que esta casa es Cristo. Pienso que he leído o escuchado en alguna parte que nuestra vida "está escondida" con Cristo en Dios (Colosenses 3.3), de modo que nuestra vida es Cristo.

Aquí entonces ven, hijas, lo que podemos hacer con el favor de Dios, ya que Su Majestad mismo es nuestra morada, así como está en esta oración de unión, habiéndola labrado nosotras. Al decir esto, quizás me malentiendan y crean que digo que nosotras podemos tomar o añadir de Dios al decir que Él es nuestra morada, y que nosotras podemos fabricarla para meternos en ella. Pero la verdad es que no podemos quitar de Dios ni poner. Pero podemos quitar de nosotros y poner, como hacen estos gusanitos. Porque no bien acabamos de hacer todo lo que podemos, Dios une toda nuestra obra insignificante, que no es nada, con su propia grandeza. Le da tan gran valor que el mismo Señor es el premio de esta obra. Y así como ha sido el que puso el mayor esfuerzo, así quiere unir nuestros trabajitos con las grandes pruebas que Él padeció y hace que sea todo una cosa.

¡Oh, pues, hijas mías, hagamos de prisa esta labor y tejamos este pequeño capullo, dejando de lado nuestro amor propio y nuestra voluntad y no nos aferremos a ninguna cosa de la tierra! Practiquemos penitencia, oración, mortificación, obediencia y todo lo demás que ya saben. Que Dios nos conceda obrar de acuerdo con nuestro conocimiento y las instrucciones que hemos recibido pertinentes a nuestro deber. Que muera este gusano. Que muera una vez que haya terminado de hacer aquello para lo que fue criado. Ustedes podrán entonces percibir cómo vemos a Dios. Nos vemos tan metidas en su grandeza como lo está este gusanito en su capullo. Miren cómo digo:

"veremos a Dios". Esto es en la medida en que se deja sentir en esta clase de unión.

Y ahora consideremos qué pasa con este gusano de seda. Porque todo lo que he dicho tiene este propósito. No bien logra estar en esta oración muerto al mundo, sale como una mariposita blanca.

¡Oh, maravillosa grandeza de Dios! ¡Cuán transformada sale un alma de aquí, después de haber estado un poquito, apenas una media hora, metida en la grandeza de Dios y tan cerca de Él! Ciertamente les digo, el alma no se conoce a sí misma. Porque tienen que recordar que aquí existe la misma diferencia que la que existía entre el gusano feo y la hermosa mariposa. El alma no puede entender cómo pudo merecer tanto bien, ni de dónde le pudo venir.

El alma siente ahora un gran deseo de alabar al Señor. Se querría consumir y morir por Él mil muertes. Luego comienza a tener deseos de sufrir y soportar grandes aflicciones, sin poder hacer otra cosa. Son enormes los deseos de penitencia, de soledad, de que todos conozcan a Dios. A causa de esto está muy apenada cuando ve que ofenden a Dios. En la siguiente morada, trataremos más de estas cosas en particular, porque aunque lo que hay en esta morada sea casi igual a lo de la siguiente, sus efectos tienen una fuerza muy diferente.

Pero ahora vean el desasosiego de esta mariposita. A pesar de que jamás ha estado más quieta y sosegada en su vida, al mismo tiempo no sabe dónde posarse y descansar. ¿Regresará al lugar de donde provino? No puede, ya que no está en nuestro poder, hasta que Dios se complazca nuevamente en concedernos este favor.

¡Oh, Señor! ¡Qué nuevas luchas comienzan ahora para esta alma! ¿Quién podría imaginarse esto, después de recibir bendiciones tan sublimes? En una palabra, de una manera u otra tenemos que cargar la cruz mientras vivimos. ¿Podría alguien acaso decir que, después de llegar a estas moradas, va ahora a descansar y deleitarse? Mi respuesta es que pensar de esta manera es clara evidencia de que jamás ha alcanzado estas moradas. Quizás haya experimentado algún otro deleite espiritual, si entró en la morada pasada, y luego su experiencia recibió la ayuda de su debilidad natural o quizás también del diablo. Éste le da paz para que le pueda librar después mayor batalla.

No quiero decir que los que llegan aquí no tienen paz. Por supuesto que la tienen y es muy profunda por cierto. Porque las aflicciones que han tenido son de tanto valor y de tan buena raíz que, a pesar de que parecen ser muy grandes, de ellas mismos sale la paz y el contento. Del mismo descontento que causan las cosas del mundo, nace el deseo de dejarlo atrás. Sin embargo, esto no es suficiente para darle alivio, porque a pesar de todo lo que ha ganado, el alma no está aún completamente rendida a la voluntad de Dios. No obstante, no deja de actuar en conformidad con la voluntad de Dios, a pesar de que lo hace con muchas lágrimas y gran pena por no poder hacer más debido al hecho de que no le han dado más capacidad para hacerlo. Cada vez que ora, ésta es su pena. En cierta manera, este dolor surge, quizás, de ver que se lo ofende a Dios y se lo tiene en poca estima en este mundo. Además, el alma se turba al ver las muchas almas que se pierden, así de herejes como de enemigos.

Sin embargo, las que más la mueven a compasión son las de los cristianos. Porque a pesar de que el alma ve que la misericordia de Dios es grande y que por mal que vivan se pueden enmendar y salvar, teme que sean muchos los que se pierden.

¡Oh, grandeza de Dios! Hace unos pocos años, quizás unos pocos días, estaba esta alma pensando sólo en sí. Ahora mi alma se ha metido en penosa ansiedad por los demás. Aunque tratemos de meditar muchos años, no podríamos sentir tanta pena como en este momento.

¡Qué Dios me ayude! Si pudiera pasar muchos días y años tratando simplemente de entender cuán gran pecado es ofender a Dios y reflexionar que aquellos que están condenados son sus hijos, y luego tuviera que meditar en esta vida miserable que viven mis hermanos y hermanas, ¿sería acaso suficiente? ¡No, hijas, no! Éste no es el dolor que se siente aquí, porque mediante la ayuda de nuestro Señor podemos profundizar nuestra pena pensando en estas cosas. Porque esa pena no penetra, ni puede alcanzar la parte más profunda de nuestra alma, de la manera que lo hace este dolor del que estoy aquí hablando. Porque parece moler el alma y convertirla en polvo sin que ella lo procure y, a veces, sin que ella lo quiera.

¿Qué es pues esta pena? ¿De dónde procede? Permítanme que se los diga.

Ya he aludido otra vez a la Esposa y cómo Dios la metió en la bodega y le dio su caridad (Cantar de los cantares 2.4). Bueno, ésta es la situación aquí. El alma se ha entregado por entero en sus manos y está tan atrapada por su amor que no sabe ni quiere nada salvo lo que Dios desea de ella. En la medida que lo puedo entender, Dios jamás le confiere este favor a alma alguna que no haya tomado ya para sí. Él quiere que el alma, sin que lo entienda, salga de allí impresa con su sello. Porque verdaderamente, el alma no hace aquí más que lo que hace la cera cuando se le imprime un sello. La cera no se puede imprimir a sí misma, pero sólo está dispuesta, o sea, blanda. Y tampoco se ablanda a ella misma para este objeto, sino que permanece quieta y permite que se haga la impresión.

¡Oh, bondad de Dios! Todo se hace a costa tuya. Sólo quieres nuestra voluntad y que la cera no ofrezca resistencia. Pues vean, hermanas, lo que Dios hace aquí para que esta alma sepa que es suya. Él le da la misma imagen que su Hijo tenía en esta vida. No podría brindarnos mayor merced que ésta.

¿Quién deseaba más dejar esta vida que Él? Y así lo dijo Su Majestad en la Cena: "En gran manera he deseado" (Lucas 22.15,

Reina-Valera Antigua). ¿Cómo, Señor, no se te puso delante la dolorosa muerte que habías de morir como algo penoso y espantoso? —No, porque el gran amor que tengo y el deseo de que se salven las almas superan sin comparación esas penas. Por cierto, las muchas cosas terribles que he padecido desde el momento en que he estado en el mundo y que todavía sufro son tantas que, en comparación, éstas no son nada.

A menudo he pensado en esto, sabiendo qué grandes tormentos padeció y padece una cierta alma que conozco al ver de qué manera se lo ofende a nuestro Señor. Por cierto, esta alma preferiría morir antes que soportarlo. Si esta alma, cuando se la compara con la de Cristo, tiene tan poco amor, y sin embargo siente un dolor intolerable con respecto al pecado, ¿qué sería lo que tuvo que padecer nuestro Señor Jesucristo? Y, ¿qué vida tuvo que pasar, teniendo todos sus sufrimientos presentes delante de Él y siempre viendo las grandes ofensas que le hacían a su Padre? Sin duda, yo creo que éstos eran mucho más grandes que aquellos que soportó en su más sagrada Pasión, porque entonces ya veía el fin de estos padecimientos.

El gozo de Cristo al ver nuestra redención que compró con su muerte y el mostrar el amor que tenía por su Padre al sufrir tanto por Él, moderarían sin duda los dolores. Esto es parecido a lo que les ocurre a los hombres en este mundo que, mediante la fuerza del amor, pueden hacer grandes penitencias que apenas sienten. Por cierto, querrían hacer cada vez más, porque todo les parece demasiado poco. ¿Qué sentiría pues Su Majestad cuando pudo mostrar a su Padre su perfecto cumplimiento al obedecerle y amar a su prójimo? ¡Oh, qué deleite es sufrir por hacer la voluntad de Dios!

Pero el ver constantemente tantas ofensas cometidas en contra de Su Majestad y tantas almas yendo al infierno, pienso que le debe haber resultado muy doloroso. Era tan penoso que, si no hubiera sido más que hombre, un día de aquel tormento hubiera sido suficiente para ponerle fin a muchas vidas que podría haber tenido, ¡cuánto más a una!

Tercera parte: Las evidencias de nuestra unión con Cristo

Veamos algo de lo que Dios concede al alma en este estado. Siempre tenemos que recordar que tenemos que tratar de ir adelante en el servicio de nuestro Señor y en el conocimiento propio. Porque si el alma no recibe más que esta gracia y se descuida en su vida como si ya fuera cosa establecida y se aleja del camino que la lleva al cielo, le ocurrirá lo que le ocurre a la criatura que sale del gusano: echa simiente para que se produzcan más gusanos y luego se muere para siempre. Digo que echa simiente porque, para mí, una bendición tan grande no tendría que ser dada en vano. Si el alma que la recibe no saca provecho de ella, otro lo harán. Porque como posee el alma estas virtudes y desea las virtudes ya dichas, mientras persevere en este bien, siempre dará beneficio a otras almas y las abrigará con el calor de su deseo. Sin embargo, aun cuando lo pierdan, pueden aún desear que otras se beneficien y tengan el placer de dar a conocer las gracias y los favores que Dios les concede a aquellos que lo aman y sirven.

Yo he conocido a una persona a quien le acontecía esto (*Vida*, capítulo VII) y que, estando muy perdida (o sea, habiendo abandonado por un tiempo la oración), aun así continuaba enseñando el camino de la oración a los que no lo entendían. Les dio grandes beneficios. Más adelante, nuestro Señor, en su misericordia, le dio luz. Porque en verdad, ella aún no había experimentado los efectos ya mencionados. Pero, ¡cuántos debe haber que llama el Señor al apostolado, como a Judas, con los que se comunica, y los llama para ser reyes, como a Saúl, y después por su propio pecado se pierden!

Por lo tanto, hermanas, saquemos la conclusión de que para obtener mayores virtudes, y no perdernos como ellos, no podemos tener ninguna otra seguridad que la obediencia y una firme determinación de no transgredir la ley de Dios. Porque hablo de aquellos a quienes concede Dios dichos favores y, de la misma manera, a todas las personas.

Me parece que, a pesar de todo lo que he dicho, esta morada permanece algo oscura. Pero hay tanto beneficio al entrar en ella, que será bueno que aquellos a quienes el Señor no da cosas tan sobrenaturales, no queden sin esperanza. Mediante la ayuda de nuestro Señor, se puede alçanzar muy bien la verdadera unión, siempre y cuando nos esforcemos por sujetar nuestra voluntad a lo que sea únicamente la voluntad de Dios.

¡Oh! ¿Cuántos de nosotros podemos decir esto: "No deseamos ninguna otra cosa y estamos dispuestos a morir por esta verdad? Les repito que cuando éste es el caso, hemos obtenido este favor de nuestro Señor. No estén ansiosos sobre esa otra unión dulce que ya he mencionado antes, ya que lo más valioso en ella proviene de esto de lo que estoy hablando ahora.

¡Qué unión tan deseable! ¡Venturosa el alma que la ha obtenido! Vivirá con descanso en esta vida y ninguno de los males de esta vida la afligirá, salvo el temor de perder a Dios o de ver que es ofendido. Ni enfermedad, ni pobreza, ni muertes, excepto la muerte de alguien que haga falta a la Iglesia de Dios, que bien ve esta alma que nuestro Señor sabe qué es lo mejor en este asunto.

Adviertan, hijas, que es necesario que muera el gusano. Esto es lo que más les costará, porque la muerte viene con mayor facilidad cuando uno puede verse viviendo una vida nueva. Nuestro deber ahora es continuar viviendo esta vida presente y, sin embargo, matar nosotras mismas el gusano. Yo les confieso que esto les costará mucho, pero tiene su recompensa. De modo que si obtienen la victoria, la recompensa será aún mayor. Pero no deben dudar de la posibilidad de esta verdadera unión con la voluntad de Dios. Ésta es la unión que yo he deseado toda mi vida. Ésta es la que siempre pido al Señor, y la que es más clara y segura.

Sin embargo, ¡ay de nosotros! ¡Qué pocos la alcanzamos, aun cuando el alma se guarde de ofender al Señor y haya ingresado en la vida religiosa pensando que lo ha hecho todo! ¡Oh! Cuántos gusanos quedan sin descubrir hasta que, como el gusano que carcomió la hiedra de Jonás (Jonás 4.6-7), ellas han carcomido las virtudes. Estos gusanos son el amor propio, la propia estimación, el juzgar a los demás, incluso en las cosas pequeñas, falta de caridad, no amarlos como nos amamos a nosotros mismos. Aun cuando cumplimos con nuestras obligaciones y, aparentemente, no pecamos, estamos aún muy lejos de realizar aquello que tenemos que hacer para estar del todo unidas con la voluntad de Dios.

¿Cuál piensan, hijas, que es su voluntad? ¿No es acaso que seamos del todo perfectas, para ser uno con Él y con el Padre, como lo pidió Su Majestad (Juan 17.22)? Consideren cuánto nos falta para llegar a esto. Les puedo asegurar que estoy escribiendo ahora con mucha pena, porque me veo tan rezagada, y todo por mi culpa. Para lograrlo, el Señor no nos tiene que conceder grandes favores; basta lo que nos ha dado al darnos a su Hijo para que nos enseñe el camino.

No piensen que si, por ejemplo, se muriera mi padre o mi hermano, yo tendría que estar tan conformada a la voluntad de Dios que no sufriría la pérdida de ellos. O que, si me asaltara alguna enfermedad o problemas, los padecería con alegría. Es bueno que tengamos semejante disposición y a veces es cuestión de sentido común. Pero al no poder ayudarnos a nosotros mismos, podemos hacer que la necesidad se convierta en una virtud. ¡Cuán a menudo actuaban de esta manera los filósofos, o de manera similar, y eran verdaderamente sabios!

Pero aquí el Señor nos pide dos cosas: que amemos a Dios y que amemos al prójimo. Estas son dos cosas que tenemos que esforzarnos por cumplir, ya que al observar estas leyes de manera perfecta, hacemos su voluntad y, por consiguiente, estaremos unidos con Él. ¡Cuán lejos estamos de hacer estas dos cosas de la manera que tendríamos que hacerlas por un Dios tan grande! Que Su Majestad nos dé la gracia para que merezcamos llegar a este estado, ya que está en nuestro poder hacerlo si realmente lo deseamos.

La señal más cierta para descubrir si estamos observando estas dos cosas es el amor hacia nuestro prójimo. Ya que dado que no podemos saber si amamos a Dios, aunque haya grandes indicios de ello, estas señales son más fáciles de descubrir con respecto al amor a nuestro prójimo.

Tengan por cierto, entonces, que para que avancen aún más en ese amor, cuanto más lo tengan, más van a avanzar en el amor de Dios. Porque el afecto que Su Majestad tiene por nosotros es tan grande que, en pago del que tenemos a nuestro prójimo, Él hará que nuestro amor por Él crezca de mil maneras. De esto no tengo ninguna duda.

Es muy importante, pues, que observemos con diligencia cómo procedemos en esto. Si nos esforzamos perfectamente para adquirir este amor por nuestro prójimo, lo habremos hecho todo. Porque como nuestra naturaleza es corrupta y mala, a menos que nazca de raíz del amor de Dios, no tendremos jamás de manera perfecta el amor de nuestro prójimo. Como esto es muy importante, hermanas, procuremos irnos conociendo cada vez mejor, aun en las cosas pequeñas.

No hagan caso de todos los planes importantes que pueden distraer nuestra mente cuando estamos en oración y que pensamos que haremos y llevaremos a cabo por nuestro prójimo con la esperanza de que se salve un alma. Porque si nuestras acciones no están en armonía con esos planes, no tenemos ninguna esperanza de creer que los podamos poner alguna vez en práctica. Lo mismo digo de la humildad y de todas las virtudes. Los ardides del diablo son grandes. Para hacernos creer que tenemos una virtud que no tenemos, dará mil vueltas al infierno. Y tiene razón, porque tales ideas son muy dañinas, ya que estas falsas virtudes vienen siempre acompañadas de alguna vanagloria. Por otro lado, las virtudes que da Dios carecen de precio y soberbia.

Me gusta algunas veces ver ciertas almas que, cuando están en oración, les parece que querrían estar abatidas y públicamente afrentadas por Dios, y después tratan de ocultar cualquier pequeña falta si pudieran. ¡Y Dios nos libre si fueran acusadas de algo que no han hecho...! ¡Qué Dios no permita que las tengamos que escuchar entonces!

De modo que si alguien no puede soportar semejante cosa, tenga cuidado de prestar atención a las resoluciones que haya hecho en privado.

Por cierto, ésas no son determinaciones que hayan sido hechas por la voluntad como un auténtico acto de la voluntad; un verdadero acto de la voluntad es algo completamente diferente. Probablemente sean el resultado de la imaginación. Y el diablo aprovecha muy bien la imaginación para realizar sus sorpresas y engaños.

¿Hará esto el diablo con las mujeres y personas iletradas porque no podemos entender la diferencia entre las facultades y la imaginación y miles de otras cosas interiores? ¡Oh, hermanas, con qué claridad se puede ver lo que le significa a alguna de ustedes el amor al prójimo, y qué imperfección ha alcanzado en otras! Si ustedes entendieran la importancia de esta virtud, no se preocuparían de nada más.

Cuando veo personas que con mucha diligencia tratan de entender la oración que están experimentando y están muy ensimismadas cuando están en ella, no atreviéndose a distraer sus pensamientos para no perder el más mínimo grado de la ternura y la devoción que han estado experimentando, me doy cuenta cuán poco entienden el camino por donde se alcanza esa unión con Dios. Ellos piensan que todo el asunto consiste en tales ejercicios.

¡Pero no, hermanas, no! Nuestro Señor desea obras. De modo que si ven una hermana enferma a quien pueden dar algún alivio, no tengan miedo de perder esa devoción y compadézcanse de ella. Si tiene algún dolor, padézcanlo con ella y, si fuera necesario, ayunen para que ella coma. No lo hagan por su propio bien, sino porque saben que es la voluntad del Señor. Ésta es la verdadera unión con su voluntad.

O, nuevamente, si escuchan que se alaba mucho a una persona, no sientan envidia, sino que alégrense más que si las loasen a ustedes. Si hay humildad, esto es fácil, porque en ese caso sentirían vergüenza de que las alabasen. Pero estar contentas de que se alaben las virtudes de las hermanas es algo maravilloso. Y cuando vean alguna falta en una de ellas, siéntanla como si fuera nuestra y encúbranla de los demás.

Pidan a nuestro Señor que les dé este amor perfecto por el prójimo. Dejen que lo haga Su Majestad, ya que Él les dará mucho más de lo que puedan jamás desear. Tienen que tratar de no hacer la voluntad de ustedes, de modo que la voluntad de sus hermanas sea hecha en todo, aun cuando esto pueda ocasionarles la pérdida de algunos de vuestros derechos. Quizás tengan que olvidarse de vuestro propio bien y simular vuestro propio placer en orden de complacerlas a ellas. Hagan esto no importa cuanto se oponga a ella vuestra propia naturaleza.

Cuando se presente la oportunidad, traten de soportar esa misma prueba para aliviar a vuestro prójimo de ella. No piensen que esto no les habrá de costar nada o que lo habrán de encontrar hecho. En cambio, piensen lo que le costó a nuestro Esposo el amor que nos tuvo que, por librarnos de la muerte, murió una muerte tan penosa en la cruz.

Cuarta parte: La vida de oración de nuestro desposorio
Me parece a mí que en esta unión no hemos todavía alcanzado el punto del desposorio espiritual. Es más bien como lo que ocurre en nuestra vida terrenal cuando dos personas están por desposarse. La primera consideración que discuten juntos es si son adecuados el uno para el otro, si se gustan y si están enamorados. Luego se vuelven a reunir para poder aprender a apreciarse el uno al otro y conocerse mejor.

Lo mismo ocurre con esta unión espiritual. Donde hay consentimiento mutuo y se le ha concedido al alma que comprenda cuán bien está, y ella está firmemente resuelta a hacer en todo la voluntad de su Esposo, Su Majestad se dispone a tomarla, sabiendo muy bien si el alma está así resuelta. Entonces le concede su misericordia con el deseo de que ella lo conozca mejor y de que, como dicen, se reúnan en una entrevista para que Él la pueda unir a sí mismo.

Todo esto ocurre en un tiempo muy breve. Porque todo el dar y tomar ya ha llegado a su fin y sólo es necesario que el alma vea de una manera secreta quién es este Esposo que ha de tomar. Porque si ella utilizara sus sentidos y facultades, el alma no podría entender ni siquiera en mil años lo que ahora comprende en este brevísimo período de tiempo. Pero como el Esposo es quien es, después de esa visita la deja más digna de unirse con Él.

El alma queda tan enamorada de Él que hace todo lo posible de su parte para no quebrantar este divino desposorio. Porque si el alma se descuidara y depositara sus afectos en algo que no fuera Él, lo perdería todo. Por cierto, su pérdida sería tan grande como los favores que Él le ha estado concediendo, y estos son mucho más grandes de lo que se puede expresar mediante palabras. Por esa razón, almas cristianas, les pido por su bien que no se descuiden, sino que apártense de todas las ocasiones de pecado. Porque aun en este estado, el alma no tiene todavía la fuerza para meterse en ellas, como lo estará después de llevado a cabo el desposorio, que es en la morada siguiente, donde ya no habrá más peligro.

Dado que esta comunicación no fue más que una breve reunión, el diablo hará todo lo posible por evitar este desposorio. Sólo después, cuando ve que el alma está del todo rendida al Esposo, no se atreverá a tanto, porque le da miedo. Ya ha aprendido por experiencia que si alguna vez la ataca, él sufrirá una gran pérdida y el alma obtendrá mayor ganancia.

Les digo todo esto, hijas, porque he conocido a personas con un alto grado de espiritualidad que han alcanzado este estado y, sin embargo, el diablo las ha ganado para sí con gran sutileza y ardides. Con este fin, él reunirá todos los poderes del infierno, porque como he dicho con frecuencia, si puede ganar una sola alma, podrá obtener toda una multitud. Ya él tiene mucha experiencia en esto.

De esto aprendemos qué es lo que requiere nuestra mayor diligencia. Primero, tenemos que pedir constantemente a Dios en nuestras oraciones que nos mantenga protegidos en sus manos y tenemos que frecuentemente considerar que si Él nos deja, caeremos pronto en el abismo. Nunca tenemos que confiar en nosotros mismos. Sería una locura hacerlo.

Sobre todo, tenemos que andar con particular cuidado y atención, mirando cómo vamos en las virtudes y observando detalladamente si vamos mejorando o disminuyendo en algo. Sobre todo notemos el amor que tenemos las unas con las otras y nuestro deseo de ser consideradas la menor y en cosas ordinarias. Si miramos estas cosas, y le pedimos al Señor que nos dé su luz, descubriremos de inmediato si hay ganancia o pérdida. Porque no deben pensar que el alma que Dios ha traído tan lejos la deja ir tan de prisa de su mano o que el diablo la puede volver a capturar sin ningún esfuerzo. ¡No! Su Majestad sentiría tan profundamente su pérdida, que le da mil avisos interiores de muchas maneras para que el daño no le quede oculto.

La conclusión de todo este discurso es que tenemos que siempre procurar ir hacia delante y andar con gran temor si esto no ocurre. Porque no hay duda de que si el alma deja de avanzar, el diablo intentará atraparla. La razón de ello es que el amor no puede jamás estar ocioso. Por lo tanto, la falta de progreso es una mala señal, porque el alma que haya resuelto convertirse en la esposa de Dios mismo, y que haya llegado al punto mencionado anteriormente, no puede acostarse y echarse a dormir.

Para que puedan ver, hijas, lo que hace nuestro Señor por estas almas que ya ha escogido como esposas, comencemos ahora a pensar en las sextas moradas. Verán entonces cuán poco es todo el servicio que podríamos ofrecerle y todo el sufrimiento que podríamos padecer por Él y toda la preparación que podríamos hacer para recibir tan grandes favores. Es posible que sea la voluntad de nuestro Señor que me hayan ordenado escribir esta obra para que nos olvidemos de nuestros placeres triviales en la tierra al fijar nuestros ojos en la recompensa. Tan sólo consideren cuán infinita ha de ser su misericordia para que tenga el deseo de comunicarse con unos gusanos como nosotros. Por lo tanto, encendidas por su amor, corramos con nuestros ojos puestos en su grandeza.

Le pido al Señor que me ayude a explicar algo de cosas tan difíciles, porque a menos que Su Majestad y el Espíritu Santo muevan mi pluma, sé muy bien que me sería imposible escribir. Si lo que digo no les ayuda, le suplico a nuestro Señor que no me permita decir nada. Porque Su Majestad sabe que, en la medida en que me conozco a mí misma, no tengo otro objeto que la alabanza de su nombre.

Esforcémonos, pues, a servir a un Señor que nos recompensa abundantemente aun acá en la tierra. Que nos dé la posibilidad de forjarnos alguna idea de lo que nos dará en el cielo, donde todas las tareas tediosas y peligros que ahora nos acechan y nos preocupan ya no nos molesten. Si no fuera por nuestro temor de perderlo y ofenderlo, qué placer sería que no se acabara la vida hasta el fin del mundo, para poder continuar trabajando para tan gran Dios y Señor y Esposo. Que Su Majestad nos permita merecer brindarle algún servicio sin tantas faltas como las que siempre tenemos, aun en las obras buenas, amén.

CAPÍTULO SIETE

EL CASTILLO INTERIOR: TERCERA PARTE

LAS SEXTAS MORADAS: LA ORACIÓN DE UNIÓN ÍNTIMA Y LOS DESPOSORIOS CON CRISTO

Primera parte: Los favores espirituales mayores involucran mayor sufrimiento

Hablemos ahora con la ayuda del Espíritu Santo de las sextas moradas, las moradas en las que el alma ha sido herida por el amor del Esposo. El alma procura estar sola y trata de renunciar a todo lo que podría estorbar esta soledad. La visión del Señor (mencionada en las moradas anteriores) ha quedado tan esculpida en el alma, que su único deseo es volverlo a gozar nuevamente. Ya he dicho que en esta oración no se ve nada que se pueda decir realmente ver, ni siquiera con la imaginación. Simplemente la llamo visión por la comparación de la que ya hice uso

El alma ya está ahora decidida a no tomar otro esposo. Pero parece que el Esposo no presta atención a los grandes deseos que tiene de que se haga ya el desposorio. El Esposo quiere que el alma desee aún más el desposorio y quiere que esta bendición exceda todo lo demás en su costo. Todo es poco en comparación con la grandeza de esta bendición, hijas. La prueba y seguridad de tener esta ganancia no son realmente más de lo necesario para que ella pueda soportar su aplazamiento.

¡Oh, Dios mío, que esfuerzos interiores y exteriores se tienen que padecer hasta que se entra en la séptima morada! Cuando pienso en ellos, temo que si hubiéramos anticipado su intensidad de antemano, habría sido extremadamente difícil para nosotros, débiles como somos, tener la suficiente determinación como para soportarlos o ser lo suficientemente resueltos como para padecerlos. Y esto es cierto aun cuando tenemos la ventaja de saber que cuando llegamos a la séptima morada, ya no habrá qué temer. Pienso que es correcto y adecuado mencionarles algunos de los problemas que sé que sin duda tendremos que soportar. Quizá no se lleve a todas las almas por este camino, aunque dudo mucho que las que a veces disfrutan de veras las cosas del cielo puedan vivir de una manera o de otra libres de las pruebas terrenales.

Me doy cuenta de que hablar de estas pruebas podría serle un gran consuelo a algún alma en un estado similar. Esto le permite saber lo que ocurre en aquellas almas a quienes Dios les concede semejantes favores, porque de verdad parece que está todo perdido. No procederé a narrarlas en el orden en el que suceden, sino como me vienen a la memoria.

Comenzaré por las más pequeñas de estas pruebas. Esto surge del alboroto que hacen ciertas personas con las que trata e incluso los que no la conocen ni tienen trato con ella. Ellos dicen: "¡Piensa que se está convirtiendo en una santa!" O: "Va a tales extremos para que los demás parezcan menos espirituales que ella, cuando en realidad son mejores cristianos sin todas estas extravagancias." De lo que no se dan cuenta es que esto es algo que se requiere de las personas que buscan fervientemente a Dios.

Luego, las personas que pensaba que eran sus amigos se apartan de ella y son los que más la afligen. Piensan y sienten que esta alma está, según su opinión, "perdida y notablemente engañada". Por cierto, están seguros de que todo esto proviene del diablo. De modo que hablan y dicen que llegará al mismo fin que tal y cual persona que se perdió de esta manera. Piensan que, a través de sus faltas, arrastrará a otros con ella y engañará hasta a sus propios confesores. De modo que se burlan de la pobre alma y hablan detrás de sus espaldas de mil maneras.

Conozco a una persona [sin duda, la misma Teresa] a quien le ocurrió todo esto. Tenía mucho miedo de que no hubiera nadie dispuesto a confesarla. Hay mucho que podría contarles sobre esto, pero no me voy a detener aquí para hacerlo. Lo peor de todo es que estas pruebas no se terminan rápido, sino que duran toda la vida. De modo que se envía a la persona a un "exilio social" mediante las advertencias que se dan unos a otros de evitar tratar a personas semejantes.

Ustedes me dicen: "Seguramente habrá alguien que hable bien de ella." La realidad es, hijas mías, que hay muy pocos que realmente creen que sus acciones sean buenas, en comparación con los mucho que las abominan.

Esto nos lleva a una segunda prueba que ocurre cuando hablan bien de nosotros. Ésta es peor que la que acabo de mencionar. El alma ve muy claramente que si no existe ningún bien en nosotros, sólo puede tratarse de un don de Dios y de ninguna manera, suyo. Por cierto, el alma claramente ve que no hace mucho tiempo estaba metida en la peor de las bancarrotas y sumergida en grandes pecados. De modo que esta frase se convierte en un tormento intolerable de soportar, al menos al principio. Luego podría comenzar a disminuir por varias razones.

La primera de las razones por las que disminuye el dolor es que la experiencia muestra que la gente puede hablar tan rápidamente bien como mal de nosotros, de modo que no debemos prestarle más atención a lo uno que a lo otro. La segunda razón que nos ha mostrado el Señor con gran deleite es que a pesar de que en nosotros, en nuestra carne, no hay nada bueno, el bien que puede hallarse es verdaderamente dado por Su Majestad. De modo que el alma comienza a alabar a Dios como si viera lo que ocurre en una tercera persona que no es ella misma. La tercera razón es que, al ver cómo otros aprovechan los favores que Dios les hace, el alma puede darlo vuelta y entender que sus virtudes son dignas de estima. En realidad, por supuesto, no es así. La cuarta razón es que al apreciar el alma la honra y gloria de Dios más que su propia gloria, no tiene ya la tentación de pensar que estas frases que han dañado a otros, le ocasionarán daño alguno. De modo que el alma se libera de toda preocupación por su propia reputación, siempre y cuando sea para la gloria de Dios, pase lo que pase.

Éstas y otras razones aplacan la vergüenza que le dan estas falsas alabanzas, a pesar de que siempre se siente alguna molestia aún. Sólo cuando el alma no presta ninguna atención a ellas logra ser libre. De hecho, la mayor prueba de todas es que se estime públicamente el alma como buena sin razón alguna. Porque una vez que el alma haya aprendido a preocuparse poco de su reputación, le importarán aún menos las demás pruebas. Por cierto, se alegra y percibe las pruebas como la música más deliciosa. Esto es ciertamente verdad. Porque el alma se fortalece y no se acobarda, ya que la experiencia le ha enseñado ahora el gran beneficio que obtiene en este proceso.

Le parece al alma que los que la persiguen no están ofendiendo a Dios, sino que Su Majestad está permitiendo estas pruebas para la mayor ganancia del alma. Ésta ve esto con toda claridad y, por consiguiente, siente un amor especial y muy tierno por ellos y los considera sus mejores amigos. Ellas son, de hecho, mejores benefactores que aquellos que hablan bien del alma.

Nuestro Señor suele también dar enfermedades muy graves. Ésta es una prueba mucho mayor, en especial cuando los dolores son agudos. Porque cuando son fuertes, parecen las peores aflicciones que se puedan soportar en la tierra.

Estos padecimientos afectan el alma por dentro y por fuera de manera tal que el alma no sabe qué hacer de sí cuando sufre dolores físicos tan fuertes. En este estado, el alma desearía padecer cualquier martirio siempre y cuando fuera breve y no sufrir con tanta intensidad. Dios, en su misericordia, no permite que padezcamos más de lo que podemos soportar, de modo que no duran mucho con tanta intensidad. Además, Su Majestad nos da primero la paciencia para que los podamos padecer.

Hay otros grandes dolores y enfermedades de diferentes clases. Yo conozco una persona [Teresa misma] a quien el Señor le otorgó hace cuarenta años este favor. No ha estado casi ningún día sin dolor o alguna otra clase de sufrimiento. Esto se debe a su falta de salud corporal, por no mencionar los otros padecimientos que ha tenido que soportar. Es verdad que ella se considera haber sido tan ruin que los dolores son poca cosa en comparación con el infierno que se merecía.

Quizás a otras personas que no hayan ofendido tanto a nuestro Señor, Él las llevará por otro camino, pero yo siempre escogería el camino del sufrimiento, siquiera por imitar a nuestro Señor Jesucristo. Esto lo haría aun cuando no hubiera ninguna otra ventaja más que esa. Por supuesto, existen muchos otros beneficios. ¡Oh! ¡Si tan sólo pudiera describir adecuadamente las aflicciones interiores para que las entendieran! ¡Qué pequeños parecerían estas otras en comparación! Pero es imposible explicarlas.

El alma no necesita reflexionar en dicha experiencia de dolor para entender esta verdad sobre la aflicción interior (especialmente la aflicción que provoca depresión), porque la experiencia que ya ha tenido de verse completamente incapaz de nada, ahora le da a conocer su completa inhabilidad. A pesar de que el alma permanece en un estado de gracia a pesar de todo este tormento, la experiencia de gracia está tan oculta que el alma piensa que no tiene, ni ha tenido jamás, ni la más mínima chispa de amor por Dios. Si hubiera hecho algún bien o si Su Majestad le hubiera otorgado algún favor, el alma piensa que fue cosa soñada y simplemente un antojo.

¡Oh, Jesús, qué trágico es ver un alma tan desamparada de esta manera y qué poco le sirven los consuelos de la tierra! Si se vieran alguna vez en esta condición de depresión, no piensen, hermanas, que los ricos y los que están en libertad tienen un remedio mejor para estos tiempos. No, no, ya que me parece que si a los condenados a muerte les pusieran delante todos los deleites del mundo, no bastarían para aliviarlos sino que, por el contrario, acrecentarían su tormento. Lo mismo ocurre aquí. El consuelo viene de arriba, porque en esta situación, las cosas de la tierra no sirven para nada. Este gran Dios quiere que conozcamos nuestra miseria y lo reconozcamos a Él como nuestro Rey.

Por lo tanto, ¿qué tiene que hacer esta pobre alma si continúa de esta manera durante mucho tiempo? Si reza, es como si no rezase. Me refiero a que no recibe ningún consuelo de sus oraciones, porque su ser interior no lo experimenta. Ella ni siquiera entiende lo que está rezando para sí, a pesar de que la oración sea vocal. En cuanto a la oración mental, éste no es el momento para hacerla porque no tiene las facultades para hacerlo. Incluso la soledad le ocasiona un gran daño y sería otro tormento más. No puede soportar estar en la compañía de alguien y que le hablen. Por mucho que se esfuerce por superar esta depresión, anda con mal humor que no puede ocultar de los ojos de los demás.

¿Puede explicar el alma lo que soporta? Es indecible, porque hay conflictos y problemas espirituales que no tienen nombre. El mejor remedio —no me refiero a librarse del problema, que yo no lo encuentro, sino para que se pueda soportar— es hacerse cargo de obras de caridad y cosas exteriores, poniendo la esperanza en la misericordia de Dios. Ésta nunca está ausente para los que confían en Él. Que sea bendito para siempre, amén.

El diablo puede ocasionar otras pruebas exteriores, pero éstas no ocurren tan comúnmente ni existe ninguna razón para hablar de ellas, porque no son nada en comparación con las ya mencionadas. Porque, hagan lo que hagan, según mi opinión no pueden jamás inhibir las facultades ni turbar el alma de dicha manera. Hay razón para pensar que no pueden hacer más de lo que les permite el Señor. De modo que cuando los poderes de razonamiento no están perdidos, todo es pequeño en comparación con lo dicho anteriormente.

Comenzaré ahora a tratar las otras aflicciones interiores que se padecen en estas moradas. Hablaré también de las diferentes clases de oración y favores de nuestro Señor. Algunos de estos, como se evidencia de los efectos que dejan en el cuerpo, son más difíciles de soportar que otros. Pero no se merecen el nombre de problemas, ni tenemos ninguna razón para llamarlos así, ya que son grandes favores del Señor. Cuando está el alma en medio de ellos sabe que son tales y que está muy lejos de merecerlos. Esta gran aflicción viene, junto con muchas otras, cuando el alma está lista para ingresar en la séptima morada. Mencionaré algunos de ellos, porque es imposible mencionarlos a todos.

Segunda parte: Una creciente indiferencia hacia el yo

Parece que hemos dejado atrás a nuestra palomita, pero en realidad no es así. Porque éstas son las dificultades que la hacen volar aún más alto. Comencemos ahora a tratar la manera en que el Esposo trata con ella y cómo, antes que del todo lo sea, se lo hace desear por unos medios tan sutiles que el alma misma no los entiende. Tampoco creo que yo pueda explicarlos para que los entiendan, salvo las personas que los hayan experimentado. Son unos impulsos muy delicados y sutiles que provienen de lo más profundo del alma y no sé a qué compararlos para poderlos explicar. Son muy diferentes de todo lo que podamos procurar en nuestro interior y aún de los placeres ya mencionados.

Muy a menudo, estando la persona distraída y sin pensar en Dios, Su Majestad la despierta como si fuera con un rayo sin ruido de trueno. A pesar de que no escuche ningún ruido, el alma claramente percibe que Dios la ha llamado. Esto es tan obvio que a veces, sobre todo al principio, el alma se estremece y se queja, aunque no sienta ningún dolor. El alma siente que ha sido herida muy sabrosamente, pero no sabe cómo ni quién la hirió. Pero se da cuenta de que es algo precioso y jamás querría sanarse de aquella herida. El alma se queja con palabras de amor. Son exteriores, dirigidas a su Esposo, porque no puede hacer otra cosa ya que entiende que Él está presente, aunque no quiera manifestar de qué manera lo puede gozar.

Ésta es una pena grande, aunque sabrosa y dulce. Aunque no quiera tenerla, no puede, ni querría jamás no tenerla. Porque esta aflicción le da al alma más deleite que el arrobamiento sabroso que carece de pena de la oración de quietud.

Estoy haciendo todo lo posible, hermanas, por darles a entender esta operación de amor, y no sé cómo hacerlo. Porque parece una contradicción que el Amado, aunque no lo veamos, permita que el alma perciba que está con ella. Él parece que la llama con una seña tan clara que no se puede dudar y con un silbido que penetra tan profundo que el alma no puede dejar de oírlo. Parece que cuando el Esposo le habla de esta manera al alma, está en la séptima morada. Toda la gente que está en las otras moradas no atreven a moverse, ni los sentidos, ni la imaginación, ni las facultades.

¡Oh mi poderoso Dios! ¡Qué grandes son tus secretos y qué diferentes las cosas del Espíritu Santo de todo lo que se puede ver o entender aquí sobre la tierra! ¡De ninguna manera se puede expresar este favor tan por pequeño en comparación con los que obras con las almas!

Tan poderoso es este llamado de ti dentro del alma que ella se consume con anhelo y deseo. Sin embargo no sabe qué pedir, porque está claramente persuadida de que Dios está con ella.

Si el alma entiende esto, entonces me podrían preguntar: ¿qué más desea?, ¿qué la aflige?, ¿qué mayor bien quiere? No lo sé, pero sé que esta pena parece llegar hasta las entrañas. Cuando el que las hiere saca la saeta, parece que las arranca y se las lleva tras de sí, por lo profundamente que desean este amor.

Estaba pensando ahora que si de este fuego del brasero encendido que es mi Dios, saltara alguna chispa y diera en el alma, de modo que pudiera sentir ese fuego encendido pero no fuera bastante como para quemarla, continuaría en ese dolor que es tan deleitoso. El mero toque de dichas chispas da esta experiencia. Ésta es la mejor comparación que he podido encontrar.

Porque este dolor delicioso no es realmente dolor, ni continúa con la misma intensidad, a pesar de que a veces pueda durar un largo rato. Y otras veces se acaba pronto, según lo quiera comunicar el Señor. Porque insisto que no se puede procurar por esfuerzos humanos. A pesar de que a veces dure un rato, va y viene, o sea, nunca se queda quieto. Así que jamás deja de encender el alma, a menos que esté ya por apagarse. Luego la chispa se muere y el alma queda con el deseo de padecer ese dolor amoroso que le causa.

No hay razón alguna para creer que esta experiencia sea natural, o que la cause una depresión. Mucho menos se debe creer que sea un engaño del diablo o los efectos de alguna alucinación. Es perfectamente claro que esta experiencia sólo puede venir de nuestro Señor, que es inmutable. Sus efectos no son como los de otras devociones, cuya autenticidad es dudosa debido a su carácter extático. En esta experiencia, ninguno de los sentidos y facultades se suspenden, ni induce a introspección. En cambio, están atentos para descubrir qué es lo que ocurre. Su ejercicio, según lo que alcanzo a descubrir, no ocasiona ningún disturbio y no aumenta ni elimina esta pena deleitosa. Cualquiera que haya recibido esta experiencia del Señor la va a reconocer al leer esta descripción. Que le dé gracias a Dios y no tenga miedo de que sea un engaño.

Además, para que esta persona no sea ingrata por tan gran privilegio, que procure esforzarse a servir y mejorar en todo su vida. Luego verá cuál es el efecto saludable de dicha experiencia y cómo puede anticipar recibir más y más. Una persona que recibió esta bendición pasó varios años deleitándose en ella. Piensa que si hubiera servido al Señor durante muchos años soportando grandes pruebas, aún así habría valido la pena. Que Dios sea bendito por siempre jamás, amén.

Quizás pregunten cómo puede tener uno tanta confianza en dichas experiencias. Pueden estar seguros de esto por las siguientes razones. Primero, el diablo no puede jamás conceder al alma semejante dolor delicioso. Puede, sin duda, conceder ciertos placeres que parezcan espirituales, pero está más allá de su poder unir un dolor tan intenso con la quietud y gozo que trae al alma. Todo su poder está en lo meramente exterior, y las penas, cuando las da, no son nunca dulces o apacibles, sino inquietas y turbulentas. Segundo, porque esta tempestad sabrosa proviene de una región muy diferente de las que él puede señorear. Tercero, quedan grandes beneficios en el alma que son generalmente la decisión de padecer por Dios. Esto no puede venir del diablo. El alma queda muy decidida a apartarse de los placeres terrenales, de las conversaciones mundanas y de todas las demás cosas para soportar muchas aflicciones.

Es muy obvio que esto no es un antojo, porque a pesar de que el diablo procure hacerlo algunas veces, no puede falsificarlo. Se experimenta de manera tan notoria que no puede fingirse. Quiero decir que no puede parecer ser lo que claramente no es, ni se puede dudar de lo que verdaderamente es. Los impulsos son genuinos, porque los podemos percibir tan claramente como un sonido fuerte en nuestros oídos. Ni lo podemos confundir con melancolía, porque ésta no hace ni fabrica sus antojos más que en la imaginación; esto proviene del interior del alma. Es posible que me equivoque. Pero hasta que escuche otras razones de alguien que entienda el tema, me sujetaré a esta opinión. Conozco a alguien [probablemente ella misma] que tenía mucho miedo de ser engañada de esta manera, y sin embargo nunca tuvo miedo de esta clase de oración.

Nuestro Señor también emplea otras maneras de despertar el alma. Por ejemplo, cuando uno está rezando vocalmente y no piensa en nada interior, el alma puede parecer inflamarse de una manera abrupta y deliciosa. Es como si de repente vinera un perfume muy fragante que penetra en todos los sentidos. No digo que sea literalmente un perfume. Sólo uso esto como una comparación para comunicar el entusiasmo que despierta en el alma la presencia del Esposo y el deseo sabroso de gozar el alma de Él. Con esto queda dispuesta a realizar grandes actos y alabanzas a nuestro Señor.

Ya hemos conversado sobre el origen de este favor. Pero aquí no hay dolor, ni son penosos los deseos mismos de gozar a Dios. Esto es lo que más comúnmente siente el alma. De modo que no pienso que haya razón aquí de sentir temor. Más bien tendríamos que tratar de recibir este favor con gratitud.

Tercera parte: El alma despertada por locuciones

El Señor tiene otra manera de despertar al alma. Aunque no me parezca un favor más grande del que ya hemos conversado, podría ser más peligroso. De modo que entraré en mayores detalles. Se despierta vocalmente al alma de muchas maneras diferentes. Algunas de ellas parecen venir de afuera. Otras vienen de lo más profundo del alma. Otras parecen venir de arriba, mientras que otras son tan completamente exteriores al alma que se pueden escuchar oralmente como si las pronunciara una voz humana.

Algunas veces pueden ser antojos, en especial en las personas que tienen tendencia a la depresión. Me refiero a aquellas que están afectadas por una notable melancolía o personas que tienen una imaginación débil. No hay que hacerle caso a esta clase de personas, aunque nos digan que ven, oyen y entienden. No las inquietemos tampoco diciéndoles que es el diablo. Tenemos que oírlas como a personas enfermas. La priora o confesor o la persona en quien confían les tienen que aconsejar que no hagan caso a estos engaños, porque ésta no es la manera en que pueden servir a Dios y el diablo ha engañado a muchos de esta manera. Más bien anímenlas de manera que no les cause mayor aflicción. Es inútil decirles que es depresión mental, porque no les creerán. Ellas van a insistir en que están realmente viendo y escuchando, porque les parece algo tan vívido.

La verdadera solución podría ser asegurarse de que dispongan de menos tiempo para la oración y, en lo posible, disuadirlas de atribuirle importancia a estos engaños. El diablo está acostumbrado a usar almas débiles como éstas para la destrucción de las mismas o, al menos, para dañar a otras. Tanto para las almas enfermas como las sanas hay que tener cuidado de estas cosas hasta que se sepa con seguridad qué clase de espíritu es responsable. También creo que es mejor que ellas se deshagan de estas cosas al principio, porque si son de Dios, el tratar de separarnos de ellas nos ayudará aún más a ir adelante por los caminos de Dios. Cuando se las prueba de esta manera, tienden a crecer. Pero no se tiene que permitir que el alma se inquiete, porque ella no puede en verdad ayudarse a sí misma.

Regresemos ahora a lo que decía de estos "alocuciones" que puede experimentar el alma. Las diferentes clases que he mencionado pueden provenir de Dios, o del diablo o de la propia imaginación. Voy a mencionar los rasgos que pertenecen a estas diferentes clases y notar cuando estas "alocuciones" pueden ser peligrosas. Porque hay muchas almas entre las personas de oración que las perciben. No deseo, hermanas, que se imaginen que hacen mal en creer o no creer en ellas. Cuando son sólo para vuestro placer o para revelarles alguna falta, no importa realmente si son verdaderas o falsas. Porque les aviso que no piensen, aunque sean de Dios, que por eso son ustedes mejores, porque nuestro Señor mismo habló con frecuencia con los fariseos.

Todo el bien consiste en la manera en que se aprovechan estas palabras. De modo que no presten atención a ninguna "alocución" que no se conforme estrictamente a las Escrituras, porque en ese caso sería lo mismo que si la oyesen del mismo demonio. Porque tales palabras, de hecho, provienen únicamente de vuestra débil imaginación. Por lo tanto, las tienen que considerar como tentaciones de cosas de la fe. Siempre tienen que resistirlas para que gradualmente desaparezcan. Y lo harán, porque tienen muy poca fuerza propia.

Regresemos ahora a nuestro primer punto. A menos que las locuciones vengan de Dios, poco importa si creemos que vienen del interior o del mundo exterior. La evidencia más importante que pueden tener, a mi parecer, es la siguiente: la primera y más verdadera es el poderío y señoría que estas "alocuciones" traen consigo. Son coherentes en obrar lo que dicen. Me voy a explicar un poco más claramente. Por ejemplo, un alma puede estar bastante abrumada por las tribulaciones y alborotos interiores, junto con la aridez y oscuridad del entendimiento. Si todo el mundo y todos sus letrados se unieran para darle al alma razones para no estar apenada, no podrían mediante todos sus esfuerzos quitar aquella aflicción [aquí Teresa está hablando de su propia experiencia].

El alma puede estar afligida porque su confesor y otros pueden haberle dicho que "ella está poseída por un espíritu maligno". Sin embargo, si con una palabra que le diga: "Soy yo, no tengas miedo," el alma queda libre de todos sus temores y se alegra y le parece que nadie podría hacerle creer lo contrario, entonces es una experiencia genuina. No importa cuán ansiosa esté el alma por las consecuencias de su depresión y el pesimismo con el que ve su futuro, si escucha esta sola afirmación: "Sosiégate, todo irá bien," el alma puede estar segura y sin ninguna preocupación en el mundo. Esta promesa puede tener el mismo efecto en muchas otras cosas.

La segunda señal es que queda en el alma una profunda paz que le permite disfrutar de un recogimiento devoto y apacible y está dispuesta a alabar a Dios. ¡Oh, Señor! Si una palabra comunicada por uno de tus siervos tiene tanta fuerza (al menos en estas moradas), ¿cómo será cuando Tú mismo estés unido al alma y mediante dicho amor esté el alma unida a ti?

La tercera señal es que no se olvidan estas palabras por mucho tiempo. Por cierto, algunas no se olvidan jamás. Esto es muy diferente a lo que ocurre con las palabras que pronuncian los hombres, por sabios y letrados que sean. Porque sus palabras no podrían imprimirse jamás tan profundamente en nuestra memoria, ni les podemos dar semejante crédito a ellas en comparación con las palabras que Él nos da. Si se refieren a cosas futuras, tampoco las creemos como a éstas, aunque estas últimas se refieran a cosas imposibles de imaginar.

A veces pueden surgir dudas sobre la posibilidad de que ocurran o no, o si son verdaderas o falsas, y entonces el alma vacila un poco. Sin embargo, existe en el alma misma una seguridad tan profunda que no la podemos persuadir de lo contrario, a pesar de que todo parezca opuesto a lo escuchado. Aunque pasen algunos años, el alma permanece convencida de que Dios empleará otros medios que los hombres no entienden para que, al final, todo esto ocurra.

No obstante, el alma no puede evitar sufrir cuando ve tantos obstáculos en su contra. Porque las circunstancias que puede haber experimentado en el momento en que escuchó las palabras y la certidumbre que dejaron en ella por parte de Dios ya han pasado y comienzan a surgir nuevas dudas. ¿Vienen estas palabras del diablo o son simplemente producto de la imaginación? Sin embargo, cuando el alma experimenta las palabras, no tiene dudas ni temores; hasta moriría por la verdad.

Hay mucho que temer con respecto al diablo y el ejercicio de nuestra imaginación. Pero si ocurren las señales que acabamos de mencionar, la persona puede descansar segura de que esa obra proviene de Dios. Sin embargo, esta podría no ser la manera en que experimentamos las palabras habladas en relación con algunos asuntos importantes que pueden involucrar alguna acción por parte del que las escucha, o asuntos que afectan a un tercero. En dicha situación, por supuesto uno no tendría que hacer nada ni considerar hacer nada sin el consejo de un director sabio, aunque entienda más y más y le parezca claro que proviene de Dios.

No es simplemente una cuestión de investigar si es racional o no, sino de entender si ésta es la voluntad de Dios. Porque lo esencial es hacer lo que Él manda. Si experimentamos esto, no podemos permitir entonces que nuestro director espiritual tome el lugar de Dios cuando no hay duda de que estas palabras son su mandato. Si el asunto es complejo, estas palabras nos ayudarán a tener coraje y nuestro Señor le hablará también al director. Si tal es su deseo, Él le permitirá reconocer que ésta es obra de su Espíritu. Si Dios no lo hace, no tenemos más obligaciones. Hacer algo diferente a lo que se nos haya dicho y dejarnos guiar por nuestra propia opinión es una práctica muy peligrosa. De modo que les advierto, hermanas, en el nombre de nuestro Señor, que pongan atención para que esto jamás les acontezca.

Existe otra manera en la que nuestro Señor le habla al alma. Yo considero con alguna certeza que proviene realmente de Él y lo hace mediante una cierta visión intelectual de la que hablaré más adelante. Esto ocurre en lo íntimo del alma. Se escuchan sus palabras con tanta claridad dentro del alma que son como palabras dichas por el mismo Señor. Es tan íntima la forma en que se comunican, que la manera misma en que el alma las entiende, junto con los efectos producidos por la visión en sí, asegura y da certidumbre al alma que no puede ser obra del diablo. La experiencia deja tan maravillosos efectos, que estos son suficientes para hacernos creer la realidad de lo que ha ocurrido.

Queda bastante claro que esto no procede de la imaginación y, si hay alguna advertencia, la puede tener de esto por las siguientes razones: la primera, porque hay diferencia en la claridad del discurso. Es tan claro, que el alma recuerda cada sílaba que escuchó. También sabe en qué estilo particular se dijeron las palabras, aunque no tenga todo un solo significado. Por el contrario, lo que surge por antojo o de la imaginación nunca se dice tan claramente ni con palabras tan distintas, sino como algo dicho por una persona que está medio dormida.

La segunda razón es que, con frecuencia, lo que se escucha no fue algo en lo que se estaba pensando. Lo que quiero decir es que la locución viene de manera inesperada y, a veces, cuando la persona está en medio de una conversación, aunque muchas veces es una respuesta a lo que pasa rápidamente por la mente o a lo que se ha pensado antes. A menudo se refiere a cosas que no recordamos que fueran ni que serían. Por lo tanto, no puede haberlas fabricado la imaginación para que el alma se engañase en desear lo que nunca había deseado, ni querido, ni notado.

La tercera, cuando Dios habla somos como alguien que sólo oye. Cuando surge de la imaginación es como si uno estuviera gradualmente componiendo lo que quiere que le digan.

La cuarta, hay una gran diferencia entre las palabras mismas y todo aquello que uno normalmente escucha. Por ejemplo, en un discurso auténtico, una palabra puede comunicar todo un mundo de significado que el entendimiento mismo no podría jamás haber construido tan rápidamente y puesto en lenguaje humano.

La quinta, porque junto con las palabras, de una manera que no puedo explicar, se da a entender mucho más. Hay una profundidad de entendimiento que no puede pronunciarse. Es una cosa muy delicada por lo que deberíamos alabar a nuestro Señor.

Con respecto a estas diferentes clases de locución y la distinción entre ellas, existen personas muy escépticas. Conozco a una en particular que dudaba [o sea, Teresa misma]. Existen también otras que no las podían entender. Pero esta persona de la que hablo, yo sé, las consideraba con mucho escrutinio, porque el Señor le había a menudo concedido este favor [a Teresa].

Cuando lo experimentó por primera vez, la mayor duda que ella tenía era si estaría imaginando todo. Porque cuando las alocuciones vienen del diablo, su fuente puede ser mucho más fácil de reconocer, aunque son tantas sus sutilezas que sabe muy bien adulterar el espíritu de luz. Yo creo que lo hace pronunciado sus palabras con mucha claridad para que no queden dudas de que se entendieron como si fueran del espíritu de verdad. Pero no puede falsificar los efectos que han sido descritos de manera que, en vez de dejar al alma en paz y luz, sólo hay inquietud y alboroto. De modo que sólo puede hacer un poco de daño o ninguno, siempre y cuando el alma sea humilde y haga lo que he dicho, o sea, no se mueva a hacer nada de lo que escucha.

Si los favores y regalos son del Señor, que el alma observe con cuidado si se considera mejor por haberlos recibido. Si al escuchar más expresiones de cariño, no se humilla ni queda confundida, que el alma esté segura de que no es el Espíritu de Dios. Porque cuanto mayor el favor concedido, tanto menos se estimará a sí el alma y más recordará sus pecados y, olvidando su propio provecho, se dedicará con mayor frecuencia a buscar la voluntad y memoria solamente de lo que es la honra y gloria de Dios. El alma avanzará con más cuidado para no dejar de hacer la voluntad de Dios. Además, comprenderá con mayor certeza que no se merece favores, sino el infierno.

Como todas estas cosas y favores que recibe producen estos efectos, no se espante el alma. Que confíe más bien en la misericordia de nuestro Señor, que es fiel y no dejará al demonio que la engañe. Sin embargo, siempre es mejor que el alma ande con temor.

Que nos conceda su divina Majestad luchar sólo por contentarle y olvidarnos de nosotros mismos, amén. Que el Señor permita que haya explicado correctamente lo que he pretendido y que sirva para dar dirección a aquellos que reciben dichos favores.

Cuarta parte: Se requiere gran valentía para experimentar semejantes cosas de Dios

En medio de todos estos esfuerzos y aflicciones, ¿qué descanso puede tomar la pobre mariposita? Porque todo sirve para encender su deseo de gozar al Esposo. Su Majestad, que conoce nuestra debilidad, continúa preparando al alma para que tenga la valentía de escogerlo como esposo de esta y otras maneras.

Quizás piensen que es absurdo y se rían de lo que digo, porque posiblemente piensen que una mujer que desea desposarse con el rey no necesita valentía. Sin embargo, pienso que es así con respecto a un rey terrenal.

Pero les digo, desposarse con el Rey del cielo requiere mucha mayor valentía de la que piensan. Porque nuestra naturaleza es muy tímida y baja para algo tan sublime. Por cierto, pienso que esto sería imposible salvo que Dios nos concediera la fuerza para semejante empresa. Alabémosle mucho porque se complace en permitirnos conocerle. Amén, amén.

Quinta parte: El arrobamiento llamado "vuelo del espíritu"

Existe una segunda clase de rapto que yo llamo "el vuelo del espíritu". A pesar de que es sustancialmente lo mismo que un arrobamiento común, se lo experimenta interiormente de una manera muy diferente. Porque a veces se siente como un movimiento acelerado del alma que parece que el espíritu es arrebatado con una gran velocidad. Al principio puede ocasionar mucho temor y ésta es la razón por la que les dije que se necesita verdadera valentía para semejante experiencia. Además se requiere fe, confianza y gran resignación para que Dios haga del alma lo que quiera.

No hay manera de resistir esta experiencia. Parece sugerir que Dios desea que el alma se entregue a menudo y verdaderamente en sus manos de modo que no tenga derecho propio y, por lo tanto, sea arrebatada notablemente con un movimiento más impetuoso aún.

Esto nos recuerda ese pilar de agua ya mencionado (creo que en la cuarta morada) que se llenaba con mucha suavidad y mansedumbre, o sea, sin hacer ruido.

De la misma manera este gran Dios, que controla todos los manantiales de agua y no permite que el mar salga de sus límites, aquí desata los arroyos y corrientes de los que proviene este pilar de agua. Con mucho ímpetu se levanta una ola tan poderosa que levanta esta pequeña navecilla de nuestra alma. Si en tales circunstancias, la nave no puede hacer nada, ni un piloto o tripulación tiene poder alguno para controlarla cuando la asaltan con furia las olas, y el oleaje la sacude a voluntad, cuánto menos puede el interior del alma permanecer donde quiere. De igual manera, ni los sentidos, ni las facultades pueden hacer más de lo que se les ordena.

De sólo escribir sobre esto, hermanas, me espanto cuando pienso cuán vasto es el poder de este gran Rey y Emperador que se manifiesta mediante dichas experiencias.

Sexta parte: Los efectos prácticos de dichas experiencias

De la experiencia de favores tan sublimes, el alma desea fervientemente disfrutar por completo de Él que se los concede.

Estos anhelos son tan grandes que la vida se convierte en un delicioso tormento y el alma tiene ansias de morir. Por lo tanto, con lágrimas continuas, el alma le implora a Dios que la saque de este destierro. Todo lo que ve en este mundo la cansa. En soledad, tiene algún alivio, pero luego la asola nuevamente esta pena.

En una palabra, esta pobre mariposita no puede encontrar reposo duradero. Por cierto, como el alma está tan llena de amor tierno, cualquier oportunidad que se le presenta de encender más ese fuego la hace volar. Así en esta morada, los arrobamientos son muy continuos, sin que ella tenga manera de evitarlos, aun cuando sean en público. Luego vienen las persecuciones y murmuraciones. Porque aunque ella no quiera sentir temor, no la dejan, porque son muchas las personas que los ocasionan, especialmente los confesores.

Aunque parezca por un lado tener mucha seguridad en lo interior del alma, especialmente cuando está a solas con Dios, por otro lado anda muy afligida. Teme que la engañe el diablo de manera que la lleve a ofender a quien ama tan tiernamente. Poco la afecta lo que piensan y dicen los demás sobre ella, salvo cuando su propio confesor la aflige y le dice que podría hacer más para evitar esos raptos. De modo que no hace más que pedir que todos oren por ella y suplicar a Su Majestad que la lleve por otro camino.

Pero no tienes que sentir lástima de ella, ya que con vuestra fortaleza, ella puede cargar muchas cruces. Está determinada a hacerlo: desea cargarlas todas. ¡Alarga, Señor, tu brazo poderoso! No permitas que su vida se desperdicie en cosas tan bajas. Permite que tu grandeza aparezca en una criatura tan femenina y baja que todos los hombres, viendo que no pueden hacer nada, te alaben, cueste lo que cueste. Porque esto es lo que ella desea, y daría mil vidas (si las tuviera) que por su causa un alma te alabara un poquito más. Ella las consideraría bien vividas, sabiendo perfectamente bien que no merece padecer por ti la más pequeña aflicción, cuánto menos morir.

Dios le da a estas almas un deseo muy grande de no ofenderlo en lo más mínimo, y si fuera posible, en no cometer siquiera la más pequeña imperfección. Por esta razón únicamente, si no existiera otra, ella querría huir de la gente. De manera que envidia a los que viven, o vivían anteriormente, en desiertos. Por otra parte, el alma querría meterse en la mitad del mundo para poder formar parte de los que logran que un alma alabe más a Dios. Si es mujer, se aflige que su naturaleza ponga una desventaja que le impide hacerlo. Así que envidia mucho a los que tienen el poder de dar voces, proclamando quién es este gran Dios de las Caballerías.

¡Oh, pobre mariposita! Estás atada con tantas cadenas que no te dejan volar como tú lo deseas. ¡Ten piedad de ella, mi Dios! Ordena todo de manera que ella pueda satisfacer en algo sus deseos para tu honra y gloria. No mires lo poco que lo merece, ni su natural bajeza. Porque Tú eres poderoso, Señor, para hacer lo imposible: que el mar se retire y el gran Jordán permita que pasen los hijos de Israel.

Tales deseos ocurren en las personas maduras. El diablo puede muy bien hacerlos imaginar que son mucho más expertos en su destreza debido a la cantidad de experiencias que han tenido. Por lo tanto es siempre bueno vivir con sensación de temor. Al mismo tiempo, no creo que el diablo pueda jamás llenar el alma con paz y quietud. En cambio, los sentimientos que despierta son apasionados, como los que experimentamos cuando estamos preocupados por los asuntos del mundo.

Séptima parte: la mayor sensibilidad al pecado

Quizás piensen, hermanas, que esas almas con las que se comunica nuestro Señor de manera especial están tan seguras en su gozo eterno de Él que no temen ni lloran jamás sus pecados. Los que piensan esto son aquellos que no han sido bendecidos por semejantes favores. Porque si los hubieran experimentado, y vinieran de Dios, habrían entendido lo que estoy diciendo. Pero éste es un gran error, ya que el dolor de los pecados crece más cuanto más se recibe de nuestro Dios. Por mi parte, yo creo que hasta que estemos allí adonde nada nos pueda dar pena, ésta nunca se alejará.

Es verdad que esta aflicción puede afectarnos algunas veces más que otras, y de diferente manera. Porque dicha alma no piensa en la pena que ha de tener por sus pecados, sino de cómo fue ingrata a quien tanto debe y a quien tanto merece ser servido. Porque mediante estos sublimes favores que Él le comunica, el alma descubre mucho mejor la grandeza de Dios. Se espanta por haber sido tan atrevida; llora su poco respeto; lamenta su desatino. Nunca deja de penar cuando se acuerda las cosas tan bajas que la llevaron a dejar a una Majestad tan grande.

El alma piensa más en estas cosas que en las bendiciones que ha recibido, que aunque grandes, parece que las lleva y trae un río caudaloso. Sin embargo, los pecados son como un cieno que permanece siempre en la memoria y que son una gran cruz.

Yo no tendría por seguro que un alma, por favorecida que esté por Dios, se olvide que alguna vez se encontró en un estado miserable. Aunque sea un pensamiento doloroso, en muchos aspectos es una gran ventaja. Porque yo he sido tan ruin, ésta es quizás la razón por la que me parece esto y ésta es la causa de tenerlo siempre presente en la memoria. Las personas que han sido buenas, no tienen nada de que lamentarse, aunque haya siempre imperfecciones mientras se viva en este cuerpo mortal.

El dolor no se alivia al considerar que nuestro Señor ya ha perdonado nuestros pecados y los ha olvidado. Antes aumenta, ya que ve tanta bondad y que Dios concede tanta misericordia a quien no merece sino el infierno. Pienso que éste fue el gran martirio que soportaron San Pedro y María Magdalena. Como tenían un inmenso amor y habían recibido tantos favores y conocían la grandeza y majestad de Dios, el recuerdo de sus pecados tiene que haber sido una enorme aflicción. Lo deben haber sentido de manera muy tierna.

Les debe parecer que quien goza semejantes favores no necesita meditar en los misterios de la sagradísima Humanidad de nuestro Señor Jesucristo. ¿No está ya el alma ocupada y dedicada a amar? Pero es imposible que un alma que haya recibido tanto de Dios olvide semejantes pruebas preciosas de su amor.

El alma entiende estos misterios de la manera más perfecta. Porque el entendimiento se los representa y ellos quedan estampados en la memoria de manera que sólo ver al Señor caído con aquel espantoso sudor en el Huerto, basta para no sólo una hora, sino muchos días.

Hay unos principios, y aun métodos, que tienen algunas almas que están comenzando a llegar a la oración de quietud. Ellas disfrutan los regalos y deleites que les da el Señor. Aprecian mucho estar continuamente allí disfrutando semejantes experiencias. Pero créanme y no se absorban demasiado, porque la vida es larga y posee muchos problemas. Por lo tanto, para soportar tantas dificultades con perfección, tenemos que mirar a Cristo, cómo los pasó, e incluso a sus apóstoles y santos.

La presencia del buen Jesús es muy buena compañía. No debemos apartarnos de ella. Él se complace mucho en que nos duelan sus penas, aunque dejemos de lado nuestro contento y deleite. Él se complace mucho más, porque el deleite que se encuentra en la oración no es algo tan frecuente; luego podemos tener tiempo para todo. [Aquí Teresa advierte a aquellos que desean deleitarse en raptos y arrobamientos en vez de constantemente meditar en la pasión de nuestro Señor en los momentos de contemplación.]

Octava parte: No deseen buscar visiones (La octava parte en la obra original de Teresa está excluida.)

No diré nada más sobre este tema, excepto advertirles primero que, aunque sepan que Dios concede estos favores a ciertas almas, nunca se los deben pedir, ni desear que los lleve por este camino. Porque aun cuando les parezca algo muy deseable y digno de estima, no conviene por algunas razones.

La primera, porque demuestra falta de humildad querer lo que nunca se ha merecido. Así creo que el que quiere estas experiencias demuestra poca humildad. Un labrador está lejos de desear ser rey, y le parece imposible, porque no lo merece. Lo mismo ocurre con la persona humilde, que lejos está de desear semejantes favores divinos. Estoy segura de que nunca se los concederán, excepto a aquellos de corazón humilde. Porque antes de conceder estos favores, nuestro Señor da un gran conocimiento propio. Tendríamos que verdaderamente entender que el alma goza de un inmenso favor al no ser echada al infierno. Tenemos que ejercitar dicha gratitud.

La segunda, porque semejante persona será probablemente engañada, o corre el peligro de serlo, ya que el diablo no necesita más que encontrar una pequeña puerta abierta para realizar mil engaños.

La tercera, porque el deseo es fuerte y la imaginación, vívida. Hacen pensar que uno ve y escucha lo que desea. Dicho estímulo le ocurre a aquellos que durante el día piensan mucho en ello y lo sueñan durante la noche.

La cuarta, porque es un gran atrevimiento que yo quiera escoger el camino no sabiendo cuál es el que más me conviene. Antes, tendríamos que dejar que el Señor, que nos conoce, nos lleve por el que nos conviene, para que se haga en todo su voluntad.

La quinta, porque los problemas consiguientes no son tan pocos como se imaginan. Más bien, los que padecen estas almas que reciben los favores del Señor son innumerables y de diversas clases. ¿Cómo saben si tendrán la capacidad de soportarlos?

La sexta, porque puede ocurrir que pierdan lo que pensaban haber ganado mediante esta misma experiencia. Esto es lo que le ocurrió a Saúl por ser rey.

En fin, hermanas, existen otras razones para no desear visiones que debemos recordar. Créanme que lo mejor es no querer sino lo que quiere Dios. Pongámonos en sus manos, para que se haga en nosotros su voluntad. Él nos ama mucho y no podemos errar, si con una voluntad férrea, perseveramos en su amor. Tienen que saber además que, por recibir muchos de estos favores no se merece más gloria. Antes, a causa de ello, estamos obligados a servirlo aún más.

Que sea alabado para siempre el Señor que se complace en revelar su gloria, rebajándose a conversar con criaturas tan miserables. Amén.

LAS SÉPTIMAS MORADAS: LA ORACIÓN DE MATRIMONIO CON JESÚS COMO UNA TRANSFERENCIA TOTAL DE VIDA

Primera parte: ¿Qué más se puede decir?

Quizás les parezca, hermanas, que si tanto se ha dicho ya del camino espiritual, no puede quedar nada por añadir. Pero es un gran error pensar esto, porque así como la grandeza de Dios no tiene límite, tampoco lo tienen sus obras. ¿Quién terminará de contar sus misericordias y grandezas? Es imposible. Así que no se espanten de lo dicho, ni de lo que queda por decir, porque es apenas una mera fracción en comparación con lo que se puede decir de Dios. Él ha sido muy misericordioso con nosotros al comunicar estas cosas a una persona [o sea, Teresa misma], mediante la cual podemos conocerlas. Cuanto más sepamos que se comunica con las criaturas, más alabaremos su grandeza y nos esforzaremos en apreciar esa alma en la que se deleita el Señor. Todos tenemos un alma semejante, pero como no la apreciamos como lo merece una criatura hecha a la imagen de Dios, no entendemos los grandes secretos que residen en ella.

Sin embargo, si la voluntad de Su Majestad es la de mover mi pluma, que me conceda el favor de poder explicar las muchas cosas que aún quedan por decir, y que Él revela a aquellos a quienes conduce a esta morada. Le he suplicado mucho a Su Majestad, ya que Él sabe que mi único deseo es permitir que se revelen sus misericordias. Tengo la esperanza, hermanas, que Él me concederá este favor, no por mí, sino por nosotras, para que ustedes puedan entender qué importante es para vuestro Esposo celebrar este matrimonio espiritual con vuestras almas. Trae consigo muchas bendiciones. Es necesario que no pongan ningún obstáculo en su camino.

¡Oh, gran Dios! Siendo una criatura tan miserable, y teniendo que hablar de un tema que no merezco entender, yo tiemblo. La verdad es que he sido lanzada a una gran confusión, porque no estoy segura si sería mejor acabar con pocas palabras esta morada. Tengo mucho miedo de que los demás piensen que mi conocimiento viene de la experiencia, y esto me hace sentir muy avergonzada. El hecho es que, conociéndome como me conozco, semejante pensamiento es terrible. Por otra parte, sea cual sea tu juicio, esta vergüenza obedece a debilidad y tentación.

Que todo el mundo me grite, siempre y cuando sea Dios alabado y entendido un poquito más. Quizás yo estaré muerta antes de que otros vean este libro. Sea bendito el que vive y vivirá para siempre, amén.

Cuando el Señor se complace en sentir piedad por lo que padece y ha padecido esta alma por su deseo por Él, le permite que ingrese en esta séptima morada. Porque ahora la ha tomado espiritualmente como esposa para consumar el matrimonio espiritual. Porque así como tiene un hogar en el cielo, Su Majestad debe tener una estancia en el alma, donde sólo mora Él. Llamémoslo un cielo sagrado.

Es muy importante, hermanas, que no imaginemos que el alma está oscurecida. Como no la vemos, generalmente pensamos que no hay otra luz interior excepto la que vemos, y que dentro de nuestra alma hay una cierta oscuridad. Por cierto, yo les garantizo esto a ustedes con relación al alma que no está en estado de gracia, porque esta alma no es capaz de recibir la luz, como lo he mencionado en las primeras moradas.

No tenemos que pensar en el alma como una criatura limitada e insignificante, sino como una palabra interior que contiene muchas lindas moradas. Cuando Su Majestad se complace en concederle a esta alma el favor que he mencionado del matrimonio divino, la mete en su morada. Su Majestad no desea que sea como otras veces, cuando envía arrobamientos. En ese momento ella se une con Él, como ocurre en la ya mencionada oración de unión. Entonces el alma no se siente llamada a entrar en su centro, como aquí en esta morada, sino a la parte superior.

Sin embargo, poco importa lo que está ocurriendo. De una manera u otra, el Señor une el alma consigo mismo.

Pero la hace ciega y muda, como le ocurrió al apóstol Pablo en su conversión (Hechos 9.8). Esto ocurrió para evitar que el alma tuviera algún sentido de cómo, o de qué manera, se le concedía ese favor que goza. De lo que el alma está consciente es del gran deleite que siente al verse cerca de Dios. Pero cuando Él la une a sí, el alma no entiende, ni comprende nada, porque todas las facultades están perdidas y absortas.

Aquí, en estas moradas, todo es diferente. Porque nuestro buen Dios se complace en quitar las escamas de nuestros ojos, para que el alma pueda ver y comprender algo del favor que Él le concede. Lo hace de una manera extraña. Metida el alma en esa morada, por visión intelectual, la Santísima Trinidad, todas las tres Personas, se le muestran al alma. Estas tres personas son distintas y, mediante el maravilloso entendimiento que se le da al alma, ésta comprende con gran verdad que estas tres Personas son una sustancia y un poder y un saber y un solo Dios.

De manera que lo que tenemos por fe, el alma entiende allí, podríamos decir, por vista. Sin embargo, esta visión no es con los ojos del cuerpo, porque no es visión imaginaria. Aquí se le comunican las tres Personas, y le hablan, y le dan a entender aquellas palabras que dice el Evangelio que dijo nuestro Señor: que vendría Él y el Padre y el Espíritu Santo a morar con el alma que le ama y guarda sus mandamientos (Juan 14.23).

¡Oh, válgame Dios! ¡Qué cosa diferente es oír estas palabras y creerlas a entender cuán verdaderas son! Dicha alma se espanta más y más cada día, porque estas palabras nunca parecen apartarse de ella, sino que claramente ve, de la manera en que queda dicho, que están en lo más profundo de su alma. Como nunca aprendió a expresarlo, no puede hacerlo, porque sólo percibe que esta divina compañía esta dentro de sí.

Quizás piensen que con semejante experiencia el alma está tan fuera de sí y tan absorta que no puede entender otra cosa. Por el contrario, está más ocupada que antes en todo lo que se relaciona al servicio de Dios. Cuando no está muy ocupada, descansa aún en esa agradable compañía. A menos que el alma falte a Dios, Él jamás le faltará, porque creo que le da la más completa garantía de su Presencia. El alma tiene gran confianza que Dios no la abandonará y que, habiéndole otorgado esta bendición, no va a permitir que pierda esta confianza, bien podría pensar esto el alma, aunque no deje de caminar con más cuidado que nunca, para no desagradarle en nada.

El experimentar esta presencia dentro del alma no es necesariamente una experiencia más querida que cuando se le manifiesta al alma por primera vez. Porque si esto fuera así, el alma no podría pensar en ninguna otra cosa, ni tampoco vivir entre la gente. Aunque la luz que la acompaña no es muy clara, el alma está consciente de que está experimentando constantemente esta compañía.

Podemos comparar esto a la analogía de una persona que está con otros en una habitación muy clara. Supongamos entonces que se cerraran las ventanas y se quedasen a oscuras. No porque se apague la luz que permite verlas, que hasta que vuelva la luz no las podrá ver, se deja de entender que están allí. De manera que podríamos preguntar si esta persona las mirará nuevamente si vuelve la luz. Hacerlo no está en sus manos, sino en las manos de nuestro Señor, cuando quiera abrir la ventana del entendimiento. Su misericordia es suficiente para el alma, porque nunca la dejará, y Él desea que el alma lo entienda claramente.

Sin embargo parece que la divina Majestad, mediante su admirable compañía, está preparando el alma para un gran favor. Porque es claro que esta alma está siendo muy fortalecida para ir adelante en perfección y perder el temor que solía tener cuando se le concedían otros favores. Esto prueba ser así, porque esta persona [Teresa] se encontró mejorada en todo, y pensó que a pesar de todas las pruebas y problemas que tenía, lo esencial de su alma jamás se movía de aquel aposento. De alguna manera, le parecía que había división entre ella y su alma, porque poco después que Dios le concedió este favor, cuando andaba con muchos problemas, ella se quejaba de su alma, como Marta se quejaba de María. Ella no disfrutaba siempre esta quietud. En cambio, se sentía lanzada hacia tantos problemas y ocupaciones que no podía guardar la compañía de su alma.

Esto les parecerá ridículo, pero es lo que realmente sucede. Por supuesto, el alma nunca se dividió, pero esta impresión es una experiencia muy común. Porque es posible observar una clara diferencia entre el alma y el espíritu. Aunque sea todo uno, sin embargo se entiende que, de alguna manera, hay diferencia del alma al espíritu. A veces, parece que obran de manera diferente lo uno de lo otro, como el conocimiento que les quiere dar el Señor. También me parece que el alma es diferente de las facultades. En una palabra, hay tantas diferencias sutiles en nuestro interior, que sería presuntuoso tratar de explicarlas. Las veremos en el cielo, siempre y cuando nuestro Señor, por su misericordia, nos conceda la merced de llevarnos allí adonde entenderemos estos secretos.

Segunda parte: La diferencia entre la unión espiritual y el matrimonio espiritual

A pesar de que no es posible poseer este sublime favor mientras vivamos, hablemos ahora del matrimonio divino y espiritual. Hagámoslo con precaución, porque si nos apartáramos de Dios, se perdería este gran bien. La primera vez que Dios concede este favor, Su Majestad se complace en mostrarse al alma mediante una visión imaginaria de su sagradísima Humanidad. Lo hace para que el alma lo pueda entender bien y que no ignore que está recibiendo un don muy soberano. A otras personas se les podría aparecer de otra forma. Pero a ésta de la que hablamos [Teresa], nuestro Señor se le mostró, cuando acababa de comulgar, como una figura de gran resplandor y hermosura y majestad, tal como después de resucitado. Le dijo que era tiempo de que ella tomara los asuntos del Señor como suyos y que Él, a su vez, se ocuparía de los de ella. Se dijeron otras palabras que son más aptas para sentir que para decir.

Quizás les parezca que esto no era ninguna novedad, porque otras veces el Señor se le había presentado a esta alma de esta manera. Sin embargo, ésta fue tan diferente que la dejó abrumada y sorprendida. Primero, por la fuerza de esta visión y las palabras que Él le dijo. Además, porque en lo más interior de su alma, adonde se le reveló, ella nunca había experimentado visiones semejantes. Porque tienen que entender que hay una enorme diferencia entre esta morada y las anteriores. La diferencia es tan grande como la que existe entre los que están solamente comprometidos y los que ya están casados.

Ya he mencionado que, a pesar de que se utilizan estas comparaciones porque no se pueden encontrar otras más adecuadas, sin embargo hay que entender que aquí no se piensa más en el cuerpo que si el alma estuviera fuera de él. Entre el matrimonio espiritual y el cuerpo existe menos conexión todavía. Porque esta unión secreta se realiza en el centro interior del alma, que debe ser adonde está el mismo Dios. A mi parecer, no se necesita puerta para que entre.

En todo lo que he dicho hasta ahora, los efectos parecen haberse producido mediante los sentidos y las facultades, y la aparición de la Humanidad del Señor tiene que haber sido ciertamente así. Lo que aquí se lleva a cabo en la unión del matrimonio espiritual es muy diferente. Porque aquí el Señor aparece en el centro del alma, no mediante visiones imaginarias, sino por convencimiento de fe. Esta visión es más delicada que las que he mencionado anteriormente. Él aparece, como se les apareció a los apóstoles, sin entrar por la puerta. A ellos les dijo: "¡La paz sea con ustedes!" (Juan 20.19-22).

Lo que Dios comunica aquí al alma en un instante es un secreto tan íntimo y una gracia tan sublime que el alma siente un grandísimo deleite, imposible de comparar. Lo único que puedo decir es que el Señor se complace en ese momento de revelar al alma la gloria que hay en el cielo. Esto lo hace de manera más sublime que mediante alguna visión o deleite espiritual.

No se puede decir más, ni tampoco entender otra cosa más que esta alma se une a Dios. Como Dios es espíritu, Su Majestad se complace en revelar el amor que nos tiene, dando a entender a algunas personas hasta donde llega ese amor para que alabemos su grandeza. Porque de tal manera ha querido unirse a la criatura que, así como el esposo no puede separarse de la esposa, Él no se quiere apartar de ella jamás.

El Rey está en su palacio, sin embargo hay muchas guerras dentro de su reino. Se pueden cometer muchas cosas penosas.

Sin embargo, no por eso deja su puesto en el trono. Así es acá. Aunque pueda haber mucho bullicio y fieras ponzoñosas en las otras moradas, y se escuche el ruido, ninguna de esas cosas puede ingresar en estas moradas, ni tampoco se puede quitar de allí el alma. Aunque le puedan dar pena al alma, no será de manera que la alboroten y le quiten la paz. Porque las pasiones están ya derrotadas de tal manera que tienen miedo de entrar aquí, porque saldrán aún más rendidas. Nos duele todo el cuerpo, pero si la cabeza está sana, no porque duela el cuerpo, dolerá la cabeza.

Me río de estas comparaciones, porque realmente no me satisfacen. Pero no puedo encontrar mejores. Piensen lo que quieran de ellas, lo que he dicho es verdad.

Conclusíon

Cuando comencé a escribir este discurso, sentí la contradicción que mencioné al principio. Sin embargo, después de terminado, me siento muy satisfecha con él y considero que mi esfuerzo ha sido bien empleado.

Por lo tanto, considerando el encierro estricto y los pocos entretenimientos que tienen, mis hermanas, y que vuestras casas no son siempre tan grandes como convendría a algunos de vuestros monasterios, pienso que les será de consuelo deleitarse en este castillo interior, ya que pueden ingresar sin permiso de las superioras y pasearse por él a cualquier hora. Amén y amén.

CAPÍTULO OCHO

LAS CONSECUENCIAS PRÁCTICAS DE UNA VIDA DE ORACIÓN

Hemos dicho antes que esta mariposa muere, muy feliz de haber encontrado reposo. Ella sabe que Cristo vive en ella. Consideremos ahora qué clase de vida hace, cuál es la diferencia entre su estado presente y su existencia pasada cuando estaba viva. Porque veremos por sus efectos si lo que se ha descrito es cierto. A lo que puedo entender, estos son algunos de los efectos.

La primera consecuencia es un olvido de sí. Pareciera, como he dicho, que ella ya no existe. Está afectada de tal manera que no se conoce ni se acuerda que para ella hay cielo y vida y honra, porque está completamente entregada a procurar sólo la gloria de Dios.

Las palabras que le dijo Su Majestad hicieron efecto: que ella se ocupara de los asuntos de Él, ya que Él se ocuparía de los de ella. De modo que no está preocupada por lo que le pueda ocurrir. Experimenta un extraño olvido. Le parece que ya no existe, ni quiere ser nada en nada, si no es para cuando percibe que de alguna manera puede haber algo por su parte que acreciente la gloria y honra de Dios. Por esto, ella sacrificaría de buena gana su vida.

No se imaginen, hijas, que debido a esto deja de tener en cuenta el comer y dormir y hacer todo lo que está obligada a realizar conforme a su estado. Estamos hablando aquí más bien de las cosas interiores. En lo concerniente a las obras exteriores, hay poco que decir. Más bien, el dolor del alma yace en ver que es poco lo que puede hacer por su propia fuerza. Por nada en el mundo dejaría de hacer todo lo que puede y entiende que es para el servicio de nuestro Señor.

El segundo efecto es un gran deseo de padecer. No es de manera que la inquiete, como solía ocurrir antes. El deseo que tienen estas almas de que se haga la voluntad de Dios en ellas es tan extremo, que reciben con gozo todo lo que hace Su Majestad. Si Él quiere que padezcan, están contentas. Si no, no se atormentan como solían hacer en otras ocasiones.

Estas almas tienen también un gran gozo interior cuando son perseguidas, porque entonces disfrutan con mucha más paz lo que he dicho. No sienten ni el más mínimo rencor contra sus perseguidores. Por cierto, experimentan por ellos una clase particular de afecto. Los aman tanto, que si los ven en alguna aflicción, lo sienten tiernamente y sienten lástima de ellos. Los encomiendan de buena gana a Dios y estarían dispuestas a perder los favores que les concede Su Majestad para que se los conceda a ellos, con tal que no ofendan a nuestro Señor.

Si están tan dispuestas a soportar tales sufrimientos y aflicciones y están preparadas a morir para disfrutar de nuestro Señor, ¿qué ocurre con sus deseos de servirle? ¿Puede acaso ser alabado mediante sus vidas de esta manera también?

Sí. Ellas anhelan ayudar a los demás y, por lo tanto, no desean morir, sino poder vivir muchos años. Ellas soportan muchas cruces para que nuestro Señor, por sus medios, sea alabado, aunque fuese en muy poca cosa. Aunque sepan que cuando el alma abandona el cuerpo van a disfrutar de inmediato de

Dios, no les importa. Y tampoco les importa pensar en la gloria que tienen los santos. Porque no la desean en este momento, ya que toda su gloria consiste en poder asistir en algo al Señor crucificado. Cuando ven al Señor tan ofendido y, especialmente, cuando son tan pocos los que de veras desean cuidar su honra, estos siervos desean vivir aún más para Él.

Algunas veces, cuando sus siervos se olvidan de su propósito, vuelven con ternura los deseos de gozar de Dios y salir de este destierro. Dios es verdaderamente tierno, considerando lo poco que realmente le sirven. Pero inmediatamente vuelven en sí y reflexionan cómo tienen a Dios frente a ellas, y con esto se contentan. De modo que le ofrecen a Su Majestad el querer vivir como la ofrenda más costosa que le pueden dar. No tienen temor a la muerte, sino que la miran como un suave arrobamiento. Lo cierto es que el que les daba aquellos deseos con excesivo tormento, ahora les da este suave deseo. ¡Que sea por siempre bendito y alabado!

Los deseos de estas almas no son ya de consuelos ni de deleites, sencillamente porque saben que tienen a Cristo nuestro Señor siempre consigo. Su Majestad vive ahora en ellas. Está claro que la vida del Señor no fue más que un continuo tormento, de manera que Él hace que la nuestra sea así, al menos con lo mucho que lo deseamos. Él conduce las almas en debilidad, dándoles su fortaleza cuando lo considera necesario. Ellas se sienten despegadas de todo y tienen el deseo de estar siempre a solas u ocupadas en aquellas cosas que se relacionan con el bienestar de algún alma. No tienen sequedades, ni sufrimientos interiores, sino un recuerdo y ternura por nuestro Señor. Con gusto, lo único que querrían hacer es darle alabanzas.

Cuando dichas almas descuidan sus tareas, el mismo Señor las despierta. Se ve con mucha claridad que este impulso, o como se lo llame, procede de lo interior del alma. Aquí se lleva a cabo con gran suavidad, pero no proviene del pensamiento, ni de la memoria, ni de nada que el alma haya hecho de su parte. Esto es tan normal, y ocurre con tanta frecuencia, que se lo puede observar. Porque de la misma manera que un fuego, por grande que sea, no echa la llama hacia abajo, sino hacia arriba, este movimiento interior procede del centro del alma y despierta las facultades (*Castillo interior*, VII).